·能源经济文库·

加快生态文明建设 推动能源发展转型

U1000406

黄河流域能源基地转型发展研究

张有生 苏铭◎著

中国经济出版社
CHINA ECONOMIC PUBLISHING HOUSE
·北京·

图书在版编目（CIP）数据

黄河流域能源基地转型发展研究 / 张有生，苏铭著
. --北京：中国经济出版社，2022. 11
ISBN 978-7-5136-7151-4

Ⅰ. ①黄… Ⅱ. ①张… ②苏… Ⅲ. ①黄河流域-能源工业-工业基地-转型经济-研究 Ⅳ. ①F426. 2

中国版本图书馆 CIP 数据核字（2022）第 205945 号

策划编辑 姜 静
责任编辑 李玄璇
责任印制 马小宾
封面设计 任燕飞工作室

出版发行 中国经济出版社
印 刷 者 北京富泰印刷有限责任公司
经 销 者 各地新华书店
开　　本 710mm×1000mm 1/16
印　　张 18
字　　数 300 千字
版　　次 2022 年 11 月第 1 版
印　　次 2022 年 11 月第 1 次
定　　价 78. 00 元
广告经营许可证 京西工商广字第 8179 号

中国经济出版社 网址 www. economyph. com 社址 北京市东城区安定门外大街 58 号 邮编 100011
本版图书如存在印装质量问题，请与本社销售中心联系调换（联系电话：010-57512564）

版权所有 盗版必究（举报电话：010-57512600）
国家版权局反盗版举报中心（举报电话：12390） 服务热线：010-57512564

前　言

2019年9月，习近平总书记在郑州召开座谈会，将黄河流域生态保护和高质量发展上升为国家战略。黄河流域又被称为“能源流域”，但高强度能源开发与生态环境矛盾日趋尖锐，流域资源型经济依赖程度深、发展惯性大等问题突出。进入新时代，面对能源供需新特征、黄河流域新战略、碳达峰碳中和新愿景，黄河流域能源基地必须加快转型发展步伐。及时开展针对性课题研究，厘清黄河流域能源基地转型发展的思路、方向、目标、任务，是贯彻落实黄河流域“共同抓好大保护，协同推进大治理”战略方针的重要举措。

黄河流域能源基地数量众多、类型不一，其转型发展既涉及产业、技术、经济、社会等方面，又包括时间、空间等维度。系统回答黄河流域能源基地转型发展问题，既要整体回答其转型发展的方向、目标以及结构、空间布局优化路径问题，又要分区、分类、分型，有针对性地提出各能源基地转型发展的主要目标和任务举措，还要探索能源基地所在城市经济可持续发展和人的高质量发展路径，破解转型发展面临的体制机制障碍。为此，本书从区域位置、资源类型和产业发展周期三个层面对能源基地进行划分归类，并选取上游成长型可再生能源基地、“几”字弯区域稳定型化石能源基地、下游衰退型化石能源基地作为典型对象，围绕黄河流域能源基地转型发展基础、黄河流域能源基地转型发展的路径和模式、黄河上游成长型可再生能源基地多元互补发展、黄河“几”字弯区域稳定型化石能源基地协同发展、黄河下游衰退型化石能源基地转型发展、促进黄河流域能源基地转型发展的体制机制等开展专题研究。此外，课题组还赴相关能源基地实地调研，了解其进展、成效、问题、挑战，形成了一些调研报告。

本书的创新性成果主要如下：

第一，阐明新形势、新战略和新愿景下黄河流域能源基地发展必须统筹好“五大关系”，实现“五大转型”。统筹好“五大关系”即统筹好能源基地开发与资源节约、环境保护的关系；统筹好能源基地开发与能源产业优化升级的关系；统筹好能源基地开发与城市、人的可持续发展的关系；统筹好能源基地自身发展与流域能源基地协同发展、国家能源安全保障之间的关系；统筹好转型目标约束硬化与实现方式有效性之间的关系。实现“五大转型”即实现发展理念转型，由能源开发优先转向生态环境保护优先；实现产业结构转型，发展重心由化石能源逐步转向清洁能源；实现空间布局转型，由流域全面开发转向集约式基地开发和分布式高效开发利用并重；实现资源经济转型，由能源经济依赖型转向产、城、人可持续发展新路径；实现体制机制转型，由政府强制管控型转向市场激励型制度体系。

第二，从流域整体性视角，系统地回答了黄河流域能源基地转型发展的主要目标及在全国的地位变化问题。规模上，“十四五”时期及中长期，黄河流域将始终发挥全国极重要的能源基地作用，一次能源生产总量始终占全国的55%以上，其中煤炭产量比重进一步增加，夯实全国能源保障基础；非化石能源开发规模大幅增长，引领全国能源绿色低碳转型。结构上，非化石能源将成为黄河流域支柱能源，2035年非化石能源占一次能源生产总量比重达30%。布局上，增量重心进一步向上中游转移，2035年上游地区产量占黄河流域比重将增长到近10%，下游地区占比稳中趋降。二次能源实现优化发展，火电装机容量将得到有效控制并逐步削减，煤制油气产能将被合理控制，着力挖掘和提升氢能在能源系统中的价值和地位。

第三，按照“分区分类分型分策”思路，从区域位置、资源类型和产业发展周期三个层面对黄河流域众多能源基地进行化分归类，并在系统总结归纳各类型能源基地转型模式和路径基础上，研究提出了黄河流域三大典型能源基地转型发展的具体目标和主要任务。其中，上游成长型可再生能源基地要风、光、水、储多元互补发展，成为清洁能源高质量开发“中国样板”。“几”字弯区域稳定型化石能源基地发展要与生态环境治理、水资源保护、清洁能源开发、区域经济社会发展相协同，更好地锻造保障国家能源安全的“黄河底气”。下游衰退型化石能源基地要加快转型发展，还清生态环境“欠账”，实现矿区资产与城市基础设施建设相融合，促产、城、人共同转型。

第四，围绕能源基地转型面临的制度性障碍，研究提出了促进黄河流域能源基地转型发展的四项体制机制改革举措。主要包括建立生态环境保护与能源基地转型发展相协调的激励机制，完善能源转型导向下的市场化手段和竞争性市场体系，健全促进能源基地产、城、人共同转型发展的长效机制，探索建立各地区能源基地协同发展和联动转型机制等。

本书是在国家发展改革委宏观经济研究院 2020 年度院重点课题“黄河流域能源基地转型研究”研究成果基础上修订完成的，课题组组长张有生研究员和课题技术负责人苏铭副研究员负责全书统稿与审定，各章撰写分工如下：第一章，张有生、苏铭、田智宇等；第二章，苏铭；第三章，苏铭、蒋茂荣；第四章，苏铭、田智宇；第五章，田智宇、符冠云；第六章，姚明涛、郑雅楠；第七章，肖新建；第八章，谭琦璐、惠婧璇；第九章，苏铭、谭琦璐、惠婧璇；附录，蒋茂荣。

研究工作自始至终得到国家发展改革委、国家能源局、国家发展改革委宏观经济研究院领导、专家的指导与帮助，在此表示衷心的感谢。研究过程中，课题组还专门赴山西、内蒙古、山东、陕西、甘肃、宁夏等地开展实地调研，在此对提供帮助的单位和同人表示衷心感谢！

本书的观点仅代表课题组意见，不代表政府部门的意见，更不代表社会共识。请广大读者对本书的不足之处给予批评指正。

课题组

2022 年 10 月

目　录

第一章

总论：黄河流域能源基地转型发展研究

内容提要：黄河流域被称为“能源流域”，但存在开发与生态环境矛盾日趋尖锐、资源型经济依赖程度深、发展惯性大等突出问题。进入新时代，黄河流域生态保护和高质量发展战略、碳达峰碳中和目标以及更好统筹转型发展和能源安全保障等对能源基地发展提出新的更高的要求。面对新形势和新要求，从流域整体视角提出要加快发展理念、产业结构、布局结构、资源经济、体制机制转型，使非化石能源成长为支柱能源，将开发重心进一步向上中游转移，实现二次能源优化发展，始终发挥全国极重要能源基地作用。同时，按照“分区分类分型分策”思路，选取上游成长型可再生能源基地、“几”字弯区域稳定型化石能源基地、下游衰退型化石能源基地三类代表性基地，分别研究其多元互补发展、协同发展、转型发展的目标和任务。进一步提出建立生态保护与能源基地转型发展相协调的激励机制，完善能源转型导向下的市场化手段和竞争性市场体系，健全促进能源基地产、城、人共同转型发展的长效机制，探索建立各地区能源基地协同发展和联动转型机制。

黄河流经青海、四川、甘肃、宁夏、内蒙古、陕西、山西、河南、山东九省区，黄河流域涉及九省区的69个地级以上市（州、盟）。其中，黄河流经四川省甘孜州、阿坝州，但两州的水电基地均处于长江流域，本书不予研究。而在能源基地划分中，基于资源赋存特征，边界划分方法不一而足。有的以全省为边界，如山西能源基地；有的以盆地为边界，如鄂尔多斯能源基地；有的以大片区域为边界，如鲁西煤炭基地。因此本书以除四川外的八省区为研究边界，“黄河流域能源基地”是八省区内所有能源基地的统称。

一、黄河流域能源基地转型发展意义重大

（一）新中国成立以来黄河流域逐步成长为“能源流域”

习近平总书记指出，黄河流域又被称为“能源流域”。这句话高屋建瓴地总结概括了新中国成立以来黄河流域能源基地的重要地位。

新中国成立的头30年，黄河流域中下游的山东、河南、山西能源基地建设取得长足发展。到1978年，山东、河南、山西三省煤炭产量合计占全国近1/3；胜利油田产量达1946万吨，居全国第二位；中原油田也于1975年被发现。

改革开放到20世纪末，山西能源基地在全国煤炭供应中的地位持续得到强化。1980年，国家提出把山西建设成为全国重要能源基地。山西煤炭开发力度加强，1997年产量达3.4亿吨，占全国的25.7%。大秦、侯月等晋煤外运线先后通车，2000年煤炭调出量达2.25亿吨。

21世纪头十余年，“几”字弯区域各省区综合能源基地建设力度空前，而山东、河南能源基地逐步由峰值期转入衰退期。2001—2012年，“几”字弯区域山西、陕西、内蒙古、宁夏四省区煤炭产量合计从4.3亿吨增加到25.1亿吨，石油产量从995万吨增加到3736万吨，天然气产量从44亿

立方米增加到343亿立方米，火电发电量从1600亿千瓦时增长到7688亿千瓦时。外送规模持续增加，2012年约2/3的煤炭、3/4的天然气、1/3的火电供应区外。其间，山东煤炭、石油产量基本稳定，河南逐步下滑，很多煤炭矿井因枯竭而关闭。

党的十八大以来，“几”字弯区域综合能源基地地位进一步提升，黄河流域上中游清洁能源基地建设取得长足进展，而山东、河南煤炭和石油产量持续下滑，山东、河南的煤矿和油田整体进入衰退期。“几”字弯区域成为煤炭优产能、油气增储上产的核心地带，2019年煤炭产量达27.7亿吨，占全国的72%；石油产量达3728万吨，占全国的20%；天然气产量达560亿立方米，占全国的32%；现代煤化工产能达2500万吨油当量。上中游六省区清洁能源基地建设加快，截至2019年底，风电、光伏发电装机分别达7665万千瓦、6072万千瓦，分别占全国的37%、30%，已成为全国风电、光伏发电高地。

展望未来，黄河流域作为国家重要能源基地的地位长期难以改变。目前，黄河流域煤炭基础储量占全国的73%，油气基础储量约占全国的34%，陆地80米高度风能资源技术开发量占全国的59%，集中式光伏电站开发潜力占全国的38%。能源外送基础设施遍布黄河流域，长距离铁路运煤能力超过20亿吨/年，已建在建特高压输送能力超过1.2亿千瓦，陕京天然气管线输送能力达500亿米^3/年，将源源不断地为全国提供能源动力。

（二）新形势、新战略和新目标对黄河流域能源基地发展提出新要求

第一，黄河流域生态保护和高质量发展战略对能源基地转型发展提出新的更高的要求。2019年9月，习近平总书记在郑州召开座谈会，将黄河流域生态保护和高质量发展上升为国家战略，确立了“共同抓好大保护，协同推进大治理”的战略方针。为此，黄河流域能源基地发展必须与生态保护相协调，加大生态环境欠账治理修复力度，有序退出或合理避让生态保护红线，做到开发中保护，保护中开发。必须严格以水定产，量水而行，强化水资源利用总量和用水效率控制红线，处理好与流域水资源调配、生态补水、农业用水之间的关系。必须牢固树立以人民为中心的思想，既要着力发展现代能源经济，实现产业转型发展，更要推动产城联动转型，提升从业人员人力资本水平，提高人民群众福利水平。

第二，碳达峰碳中和目标的提出，给黄河流域大规模的化石能源生产

与加工转化戴上“金箍”。2020 年 9 月 22 日，习近平总书记在第 75 届联合国大会一般性辩论上的讲话提出，中国将提高国家自主贡献力度，采取更加有力的政策和措施，二氧化碳排放力争于 2030 年前达到峰值，努力争取 2060 年前实现碳中和。在碳捕获、利用与封存（CCUS）技术、成本以及适用规模均不明朗的情况下，黄河流域化石能源开发转化规模受到碳排放总量硬约束，必须加快探索低碳无碳发展路径。

第三，黄河流域能源基地必须处理好转型发展和国家能源安全保障的关系。能源安全是关系国家经济社会发展的全局性、战略性问题，对国家繁荣发展、人民生活改善、社会长治久安至关重要。社会主义现代化强国建设目标实现离不开能源资源的供应保障，碳达峰碳中和目标如期实现的关键在于能源的转型发展。但是，能源转型是个长期的过程，不可能一蹴而就，传统能源逐步退出必须建立在新能源安全可靠的基础上。黄河流域是我国重要的能源基地，尤其是全国煤炭生产供应的主产场，必须推动煤炭和新能源优化组合，在做好国家能源安全保障的基础上实现高质量转型发展。

综上，黄河流域曾经是、现在是、未来还将是我国极为重要的能源基地。面对黄河流域新战略、碳达峰碳中和目标以及统筹发展和安全的新要求，必须加快转型发展步伐，既要整体上谋划黄河流域能源基地转型发展的方向和目标，又要分类施策，针对性地提出各类典型基地转型发展的路径和举措，以可持续能源供应夯实国家能源安全基石。黄河流域能源基地类型特征见表 1-1。

表 1-1　黄河流域能源基地类型特征

按区域位置	按资源类型	按产业发展周期	主要能源基地名录
上游（青海、甘肃）	化石能源	稳定型	陇东煤炭基地、兰州炼化基地
		衰退型	玉门油气基地
	可再生能源	成长型	青海水电基地、青海风光基地、甘肃风光基地
“几”字弯区域（山西、陕西、内蒙古、宁夏）	化石能源	成长型	鄂尔多斯盆地油气基地、鄂尔多斯东缘煤层气基地、沁水盆地煤层气基地
		稳定型	宁东煤炭基地、黄陇煤炭基地、陕北煤炭基地、神东煤炭基地、晋北煤炭基地、晋中煤炭基地、晋东煤炭基地；鄂尔多斯煤电基地、陕北煤电基地、宁东煤电基地、晋北煤电基地、晋中煤电基地、晋东煤电基地；宁

续表

按区域位置	按资源类型	按产业发展周期	主要能源基地名录
“几”字弯区域（山西、陕西、内蒙古、宁夏）	化石能源	稳定型	东煤化工基地、鄂尔多斯煤化工基地、山西煤化工基地、榆林煤化工基地
		衰退型	内蒙古乌海煤炭基地
	可再生能源	成长型	晋北风光基地、内蒙古西风光基地
下游（河南、山东）	化石能源	衰退型	鲁西煤炭基地、河南煤炭基地、胜利油田基地、中原油气基地
	可再生能源	成长型	山东（海上）风电基地

资料来源：国家与地方能源发展规划，笔者整理。

二、黄河流域能源基地转型发展面临的突出问题

（一）能源基地开发与生态环境矛盾日趋尖锐

黄河流域化石能源大规模、高强度开发利用导致生态空间被挤占、生态系统功能失衡，能源开发利用与生态红线冲突的问题突出。上游地区生态功能严重退化，煤矿无证非法开采、小水电无序开发等问题依然存在。中游地区水土流失严重，煤炭开发对土地资源、水资源造成不可逆的严重损害。下游地区自然湿地萎缩严重，生态环境治理欠账较多，一些废弃矿山可能造成生态系统二次破坏。许多地区生态红线范围内仍存在化石能源开采活动。

（二）流域能源资源型经济依赖程度深、发展惯性大

黄河流域经济增长整体比较粗放，对化石能源资源开发的依赖程度较高。2019 年，八省区单位地区生产总值能耗是全国平均水平的 1.4 倍，全国能耗强度最高的五个地区有四个在黄河流域。许多地区经济发展主要依靠高耗能、高排放产业，山西等地区煤炭相关产业占工业经济产出的 70%以上。新兴产业发展滞后，人才、资本、创新等要素集聚能力不强，民营经济发展缓慢。许多传统工矿区城市发展活力不足，人口净流出压力大。

（三）上游可再生能源基地无序开发现象较为严重

上游地区存在能源无序开发问题，导致大量产能闲置和投资浪费。一些地区对可再生能源发展缺乏统筹，盲目建设问题突出，2016 年甘肃风电基地弃风率曾高达 43%。一些地区以“打捆外送”的名义，规划建设大量

燃煤发电项目，挤占了可再生能源的发展空间。部分地区对煤炭产业依赖程度高，化石能源开发与清洁能源发展不匹配。许多地区片面重视可再生能源开发，对可再生能源供暖等创新技术应用不足。

（四）“几”字弯区域化石能源基地“争水”“争产”等不协同问题突出

山西、陕西、内蒙古、宁夏地区能源用水需求快速增长，但用水结构和方式不合理，用水效率不高，能源产业与生态、农业等用水竞争激烈，水权分配矛盾突出。由于缺少区域整体规划，存在矿权叠加等问题，各地区存在无序建设煤炭基地现象。许多能源基地都以煤炭、煤电、煤化工产业为主，同质化问题突出，低水平竞争愈演愈烈。由于资金、人才等要素资源过度集中在能源领域，导致其他产业发展受到抑制，转型动力和创新能力不强。

（五）下游衰退型化石能源基地面临能源产业和城市转型双重挑战

下游化石能源基地的资源优势加速消减，面临严重的发展动力不足问题。山东、河南等许多地区由于资源日趋枯竭，矿区与城乡建设用地大量交叠，加之采煤塌陷地给粮食生产带来严重冲击，已经没有进一步加大化石能源开发规模的空间。许多地区替代接续产业仍以“两高一低”初级项目为主，新兴产业发展能力不足。许多衰退型能源基地、资源枯竭型城市存在就业、居住、社保等众多历史积累问题，转型负担普遍较重。

三、黄河流域能源基地转型发展的思路和目标

（一）总体思路

深刻领会和准确把握习近平总书记关于黄河流域生态保护和高质量发展战略的本质要求，牢固树立创新、协调、绿色、开放、共享的新发展理念，把握世界新一轮能源变革趋势、我国能源供需新特征以及碳达峰碳中和长远目标要求，坚持生态优先、以水定产，统筹好能源基地开发与资源节约、环境保护的关系；坚持绿色高效，统筹好能源基地开发与能源产业优化升级的关系；坚持以人民为中心，统筹好能源基地开发与城市、人的可持续发展的关系；坚持开放协作，统筹好能源基地自身发展与流域能源基地协同发展、国家能源安全保障之间的关系；坚持改革创新，统筹好转型目标约束硬化与实现方式有效性之间的关系。整体推进和分类施策相结

合，强化流域衰退型化石能源基地转型发展，促进流域稳定型化石能源基地协同发展，加快流域成长型可再生能源基地多元互补发展，推动黄河流域能源基地开发整体上由生态破坏型向生态友好型转变，由粗放型发展向高质量发展转型，持续发挥好保障国家能源安全的重大作用，充分挖掘更好满足流域人民美好生活需要、引领全国能源绿色低碳转型的重要能力。

（二）转型方向

——发展理念转型，由能源开发优先转向生态环境保护优先。切实将生态环境和水资源作为能源开发首要约束，确保从源头上降低能源开发利用的水资源和生态环境负荷，增强国家能源、水资源和生态安全协同保障能力。

——产业结构转型，由化石能源开发为主转向清洁能源发展为主。加快建立“清洁能源为主、化石能源为辅”的开发体系，实现煤炭绿色减量开发，实现油气长期稳产开发，实现风电、太阳能发电等大规模发展。

——空间布局转型，由流域全面开发为主转向集约式基地开发和分布式高效开发利用并重。化石能源开发进一步实现向“几”字弯区域集聚，上游地区加快退出，下游地区逐步降低开发强度；可再生能源开发实现集中式和分布式并举，中上游地区加大基地建设力度，全流域大力推动分布式开发利用。

——资源经济转型，由能源经济依赖型转向产、城、人协调可持续发展型。统筹推进能源基地转型和新型城镇化建设，大力发展现代能源经济，实现传统能源开发企业向综合能源环保服务等领域拓展，实现能源开发收益向再就业和低收入群体等倾斜，实现产业发展向中高端迈进。

——体制机制转型，由政府强制管控型转向市场激励型制度体系。建立健全自然生态资源产权制度和定价机制，设计更有效的水权和排污权交易机制，加快竞争性能源电力市场体系建设，更多依靠市场力量促进能源基地转型。

（三）主要目标

在参考关于全国低碳发展转型的研究成果基础上，贯彻落实“十四五”规划目标和 2035 年远景目标，把握好碳达峰碳中和长远目标要求，根据黄河流域生态保护和高质量发展要求，确定黄河流域能源基地转型发展的主要目标。

——规模上，始终发挥全国极重要能源基地作用。2025 年一次能源生产总量增至 26.2 亿吨标准煤，占全国的 60.2%；2035 年进一步增至 29 亿吨标准煤，占比降至 55.2%。其中，煤炭占比 2025 年超过 80%，2035 年增至 85.3%。非化石能源开发规模大幅增长，占比由 2019 年的约 20%增至 2035 年的近 35%（见图 1-1）。

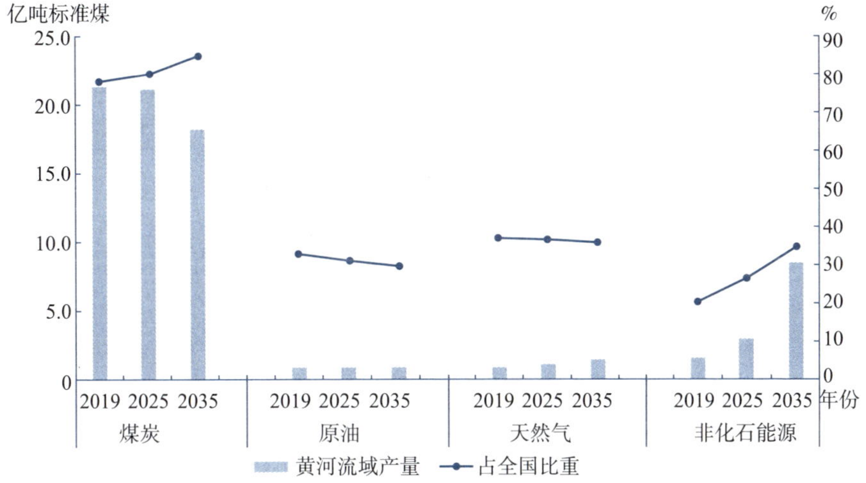

图 1-1　黄河流域能源基地各类能源开发目标及在全国的地位

资料来源：现状数据来自《中国能源统计年鉴》，展望数据为笔者测算。

——结构上，非化石能源将成为黄河流域支柱能源。2025 年黄河流域非化石能源占一次能源生产总量的 12%，2035 年将进一步增至近 30%，煤炭占比降至 63%。其中，2035 年上游地区将建成以非化石能源为主导的能源供给体系，“几”字弯区域非化石能源产量占比增至近 20%，下游地区分布式光伏发电、海上风电、核电将快速发展（见图 1-2）。

——布局上，增量重心进一步向上中游转移。上游地区将成为黄河流域一次能源生产增长最快的区域，2035 年产量占黄河流域比重将增长到近 10%。下游地区一次能源生产总量略有增长，占比稳中趋降。“几”字弯区域始终发挥中流砥柱作用，一次能源生产总量占比始终超过 80%，其中 2035 年煤炭产量占黄河流域比重将进一步增至 95%以上（见图 1-3）。

——有保有压，实现二次能源优化发展。有效控制并逐步削减黄河流域火电装机容量，2025 年力争控制在 4 亿千瓦左右，2035 年降至 3.5 亿千瓦以内。“十四五”及中长期将煤制油气产能控制在 4000 万吨油当量以内。

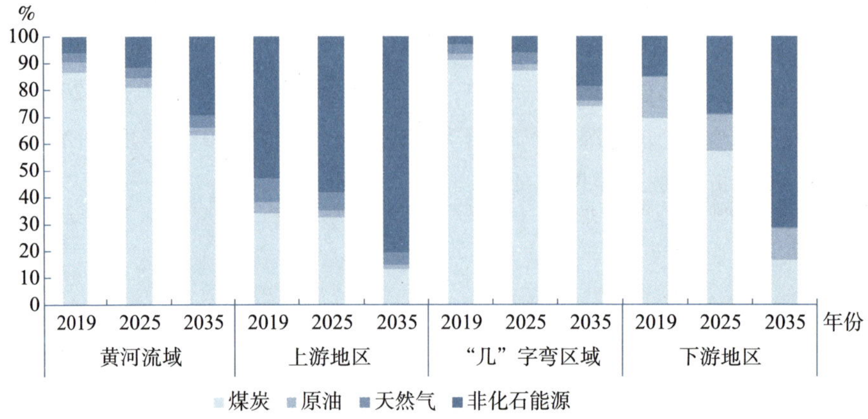

图 1–2　黄河流域能源开发结构转型目标

资料来源：现状数据来自《中国能源统计年鉴》，展望数据为笔者测算。

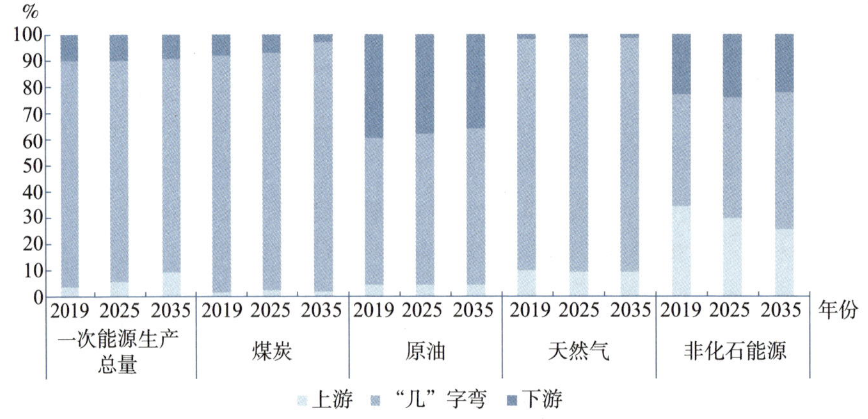

图 1–3　黄河流域能源开发布局转型目标

资料来源：现状数据来自《中国能源统计年鉴》，展望数据为笔者测算。

着力挖掘和提升氢能在能源系统中的价值和地位，上游地区 2035 年力争形成百万吨绿氢供应能力。

四、推动上游成长型可再生能源基地多元互补发展

黄河上游地区是我国重要的“生态高地”，可再生能源资源优势突出，在高水平开发利用清洁能源、促进区域经济绿色转型方面具有很大潜力。要把生态保护放在首位，统筹推进多元互补开发、多渠道外送和高水平利用，充分发挥清洁能源在节水减排、防风治沙、惠民富民等方面的作用，

促进区域经济发展、产业升级和民生福祉改善。

（一）推进可再生能源协调、互补开发，打造清洁能源高质量发展“中国样板”

创新清洁能源发展理念，探索“以清洁能源调清洁能源”的多元互补发展模式，强化“源网荷储”一体化清洁能源调峰体系建设，促进各类能源资源高效开发和优化配置。第一，深度挖掘黄河上游水电调峰能力，构建“水光互补”“风、光、水”一体开发等模式。第二，依托光热发电、电化学储能、氢能等新技术，构建“源网荷储”一体化清洁能源调峰体系。第三，示范应用智能控制、大数据分析、卫星遥感等创新技术，持续降低可再生能源开发成本。到 2025 年，风电、太阳能发电等清洁能源装机规模合计达 1 亿千瓦，初步建成清洁能源与火电、电网、储能协调互补的发展格局。到 2035 年，风电、太阳能发电等清洁能源装机规模较 2025 年倍增，全面实现区域内资源高效利用、跨区域资源优化配置，引领高比例可再生能源发展。

（二）多渠道、多举措扩大清洁能源外送能力，形成助推低碳转型的“源头活水”

加快部署清洁能源多元外送网络，创新输送手段，不断增加清洁能源外送规模。第一，完善省间互济、域内支撑的绿电通道建设布局，统筹推进河西走廊基础设施体系建设，发挥青海、甘肃位于西北电网枢纽地区的优势，不断加强与周边省份的联络能力。第二，加大跨区输电通道布局，完善青海—河南±800 千伏特高压直流配套工程，高标准建设甘肃—山东±800 千伏特高压直流工程。第三，探索“Power to X”模式，将可再生能源制成绿色氢能和绿色化工产品，满足下游不同领域需求。力争到 2025 年清洁电力外送能力实现倍增，2035 年建成沿黄清洁电力走廊和绿氢廊道。

（三）依托资源和市场优势，探索新技术、发展新产业、聚集“绿色新动能”

转变片面依靠资源开发的粗放发展方式，构建“绿色能源+绿色产业”的发展新格局。第一，围绕清洁能源产业链开展招商引资，打造清洁能源装备制造、综合能源服务等产业集群。第二，加强新技术新业态创新示范，建设大容量、高效率储能系统示范工程，加快发展能效电厂、智能分布式光伏及微电网等。第三，发挥青海、甘肃等地区气候适宜、电力资源丰富等特点，适度发展数据中心、云上经济等附加值较高的绿色高载能、高耗电产业。2025 年形成若干清洁能源示范产业集群，带动就业人数超过 20 万人。2035 年建成多个国家级千亿绿色产业基地，带动就业人数超过 50 万人。

（四）协同推进生态保护与民生工程建设，实现能源、生态、民生“三重效益”

转变清洁能源开发方式、创新消纳利用途径，发挥清洁能源在节水、防风、治沙、惠民等方面的优势。第一，全面推广光伏治沙模式，利用高支架光伏技术修复戈壁荒漠、荒山荒坡。第二，在光伏扶贫工作基础上，积极发展光伏取水、农光互补、牧光互补等模式，推动由“惠民”向“富民”不断提升。第三，推进被动式太阳能暖房改造，推动高寒地区和农牧区清洁可再生能源供暖。2025 年，惠民富民成效显著、生态效益逐步显现。2035 年，实现清洁能源开发与生态高水平保护、区域高质量发展、人民高品质生活互促互进。

五、推动“几”字弯区域稳定型化石能源基地协同发展

“几”字弯区域是黄河流域水土保持、雾霾治理的重点地区，也是我国化石能源优化开发的核心地区，在保障国家能源供应安全中占据重要地位。要以绿色协同发展为方向，坚持“以水定产”“以碳控产”“化石能源与非化石能源协同开发”，加快打造绿色低碳的现代能源产业，实现生态保护、经济转型、区域发展协同共进。

（一）深化供给侧结构性改革，推动煤炭绿色减量智能开发

严格落实生态优先理念，推广先进绿色开采技术，应用信息化手段，加快形成安全高效、环境友好的煤炭开发体系。第一，强化生态环境、水资源、节能减排降碳、安全生产等标准约束，加快淘汰低效无效产能，推动煤炭绿色减量开发。第二，普及充填开采、保水开采等先进技术，全面推进绿色矿山建设，推进现有煤矿系统升级、生产装备高端化。第三，以神东煤炭基地、陕北煤炭基地和晋北煤炭基地等为重点，加快智能煤矿建设，推广智能采掘工作面、卡车无人驾驶、煤矿机器人等。2025 年，山

西、陕西、内蒙古、宁夏煤炭产量控制在27亿吨以内，先进产能占比超过80%；2035年，煤炭产量控制在25亿吨以内，先进产能占比超过90%。

（二）强化“以水定产”“以碳控产”，推动煤基产业示范升级发展

强化水资源、生态环境容量、碳排放等约束，推动煤电、煤化工等煤基产业布局优化、升级发展。第一，强化“以水定产”，落实最严格的水资源管理制度，严格控制缺水地区布局建设煤基项目，推广新型节水、循环水利用技术工艺。第二，探索“以碳控产”，着眼碳达峰碳中和目标，及时调整煤炭相关产业发展规模和建设节奏，推动CCUS技术示范和规模化应用，加强“绿氢”代替“灰氢”、二氧化碳加氢制化工产品等技术研发。第三，坚持煤化工战略性技术储备的发展定位，加强区域内在建拟建项目统筹，避免低水平重复建设。2025年，山西、陕西、内蒙古、宁夏煤化工产能基本稳定，能源和水资源利用效率达到国内先进水平。2035年，山西、陕西、内蒙古、宁夏煤化工产能稳中有降，CCUS等技术实现规模化示范应用。

（三）创新能源开发方式，推进化石能源和可再生能源一体发展

整合矿区资源，推广成熟先进共采技术，挖掘清洁能源开发潜力，推动煤油气和可再生能源等一体化开发。第一，加快制定鄂尔多斯盆地煤资源勘探开发的统一规划，推动煤油气、可再生能源等资源一体化开发。第二，做好“风光文章”，在鄂尔多斯毛乌素沙漠、库布齐沙漠等地区建设光伏发电基地，在阿拉善、榆林等地区建设风电基地，积极发展分布式可再生能源，推动可再生能源成为区域新增能源开发主体。第三，推广先进的低品位油气资源共采技术，加大煤层气以及其他伴生资源的开发力度，提升化石能源资源开采效率和效益。力争2025年油气产量增至近1亿吨油当量，可再生能源发电装机达2.5亿千瓦；2035年油气产量较2025年有所增长，可再生能源发电装机较2025年实现倍增。

（四）加强区域统筹，推进能源基地与相关产业协调有序发展

推动区域内产业链耦合共生和循环化升级发展，引导各能源基地合理发挥比较优势，实现产业高端化、区域差异化发展。第一，以能源基地循环化改造为重点，加强煤矸石、矿井水、工业余热余能等资源综合利用，推动产业链纵向延伸和横向耦合，提升产业附加值水平。第二，根据不同区域特点，优化煤炭、煤电和煤化工等开发布局，协调不同基地发展定位

和重点，发挥能源基地相关设施在城市区域供热、污水垃圾处理中的支撑作用。第三，健全统一开放的市场体系，严格查处人为压低资源环境成本的现象，推动跨省开展产能置换交易和生态补偿。

六、推动下游衰退型化石能源基地转型发展

黄河下游地区是我国北方人口和经济集聚的重要区域，也是重要的产粮地区，面临加快能源基地转型升级、促进绿色高质量发展、协同保障粮食安全等多重挑战。要把生态保护和绿色发展作为重要前提，在加快解决生态环境历史积累问题的同时，因地制宜培育绿色接续产业，促进产城融合发展，持续改善基本公共服务水平，逐步实现绿色升级发展。

（一）加强矿区生态修复治理和再利用，还清生态环境“欠账”

强化废弃矿区环境整治，优化生产、生活和生态空间布局，稳步改善矿区生态环境质量水平。第一，综合采取生物、工程和农业手段，推进废弃矿区复垦、复绿。第二，在与耕地重叠较多的矿区推进农业型生态治理和重建，高标准恢复耕地，利用矿坑和塌陷地发展生态农业、农渔互补等。第三，在毗邻城市地区开展“废地”深度治理，将之转化为湿地公园、绿色生态廊道、储气储水空间、城市建设用地等。2025 年，历史遗留煤炭矿山恢复治理率达到 100%，土壤重金属污染治理率达到 50%。2035 年，所有矿区达到绿色矿山标准，土壤重金属污染治理率达到 90%。

（二）推进优势产能整合和布局优化，实现集约绿色发展

尽管整体上资源优势日趋衰减，但黄河下游仍存在许多生产型矿区和深加工生产能力，要进一步推动布局优化、整合重组、升级发展。第一，针对煤炭矿区与生态红线冲突问题，要分批分步、梯次推进生态红线内产能退出。第二，以城市建成区、重大基础设施和生态敏感脆弱区的压煤地区为重点，有序推进煤炭限采、减采和缓采。第三，优化生产型矿区资源开发与产能布局，推动东营地方炼化企业整合重组，支持优势产能利用区外、境外资源提升产业链附加值水平。2025 年煤炭、石油产能全部退出生态保护红线核心区，2035 年既有煤炭、石油开发利用产能绿色环保水平达到世界先进水平。

（三）构建高效清洁的现代产业体系，推动产城融合升级发展

大幅提升既有产业绿色发展水平，积极发展清洁接续能源，培育高端

产业，推动衰退型能源基地产城融合发展。第一，推动高耗能、高排放行业节能环保改造升级，构建跨行业、跨企业消纳矿区、园区余热余能和废弃资源的循环利用产业体系。第二，积极发展清洁能源，拓展“光伏+”和“风电+”等应用模式，加强农林废弃物、地热等开发利用。第三，因地制宜发展各具特色的非能源接续产业，加快战略新兴产业规模化、特色化、错位化发展。2025年，单位国内生产总值能源消耗降低15%以上，非资源型产业销售收入比重达70%以上。2035年，单位国内生产总值能源消耗降低30%以上，非资源型产业销售收入比重达80%以上。

（四）促进产、城、人协同发展，提升人民群众获得感

加快解决企业办社会历史遗留问题，着力补齐民生短板，实现产、城、人协同升级发展。第一，以棚户区改造搬迁为重点，完善供水、供暖等公共服务和配套设施，全面解决关闭企业人员、失地农民社会保障等问题。第二，推动能源基地与区域公共设施互联互通、共建共享，推广电厂余热供暖、废弃矿井改地下储气库等。第三，对矿区下岗职工、失地农民等加大就业创业帮扶力度，提升人力资源素质和技能水平，积极发展物流运输、特色旅游等劳动密集型产业，着力培育形式多样的小微企业。2025年，矿区民生欠账全面解决，棚户区改造任务完成率达100%。2035年，矿区与城区实现融合发展，生态宜居水平大幅提升。

七、建立健全促进黄河流域能源基地转型发展的体制机制

（一）建立生态保护与能源基地转型发展相协调的激励机制

一是完善能源基地合理退出和准入的自然生态资源产权制度和定价机制。针对既有能源开发项目与生态保护红线的矛盾，在确定自然生态资源产权的基础上，制定红线内能源开发项目有偿退出办法。针对红线内能源项目的准入问题，可采用“一事一议”原则进行评估；若允许开发，要确保其对生态环境扰动最小，并对产生的损害进行生态补偿。

二是设计更有效的水权交易和排污权交易等市场化激励手段。水权交易本质上是节水量交易，应加快建立水权交易平台，重点探索高耗水能源基地的企业间水权交易机制，有序发展工业用水量与农业节水量之间的水权交易。建立健全排污权交易制度，引导能源基地内企业清洁发展。

（二）完善能源转型导向下的市场化手段和竞争性市场体系

一是健全煤炭、煤电去产能、优产能的市场化手段。全面推动产能指标交易，既实现“僵尸企业”、落后产能有效退出，又提高新进入者门槛。坚持市场导向、企业主体原则，以优化资源配置、推动基地可持续发展为目标，按照市场化方式推进企业兼并重组。

二是加快推进油气勘探开发环节竞争性市场体系建设。现阶段对新进入者可不完全采用竞争出让办法，真正鼓励社会资本进入油气勘发环节。提高探矿权占用费和最低勘查投入标准，盘活探矿权存量。加快落实矿业权转让交易、资料共享等配套改革。

三是大力构建功能更完备、覆盖区域更广的现代电力市场。扩充电力市场功能，结合各地实践，建立健全容量市场和调峰调频辅助服务市场机制。扩大电力市场边界，完善各省级电力市场，加强西北、华北等区域电力市场建设，协同促进可再生能源电力消纳，把握黄河流域横贯东（电力负荷中心）、中（火电基地）、西（可再生能源基地）特征，探索推动统一电力市场建设。

（三）健全促进能源基地产、城、人共同转型发展的长效机制

一是加强能源产业政策和资源型城市转型政策统筹衔接。加强规划政策衔接，统筹提出明确的方向性和计划性安排。通过建立工业园区和产业集聚区等方式，促进能源产业集约高效利用土地等资源。促进能源基地绿色低碳转型与城市生态环境治理紧密结合，以产业生态化、循环化发展带动城市生态环境质量改善。

二是高度重视人的转型，完善就业政策和人才政策。加大转职再就业技能培训力度，给予再就业补助金、职业培训补助金等援助。对安置失业人员的企业提供补助、实施优惠贷款或其他差别优惠政策。健全以企业家为主的高端人才引进激励体系，包括聘用考核、薪酬激励和融资支持制度，切实吸引人才、留住人才。

三是健全长效多元投资融资机制。加大中央财政转移支付、预算内投资和专项资金对能源基地产、城、人共同转型发展的重大任务、项目和工程的支持力度。建立能源资源型企业可持续发展准备金制度。推动金融机构设立资源型城市可持续发展专项贷款。鼓励民间资本参与资源型城市产业、生态和基础设施建设。

（四）探索建立各地区能源基地协同发展和联动转型机制

一是搭建高层次、跨行政区域的能源发展协商平台和协作机制。发挥黄河流域生态保护和高质量发展领导小组办公室作用，对能源基地规划编制、政策制定、跨省重大项目和工程建设等进行总体指导和统筹协调。建立健全跨省区联席会议制度和会商机制，制定能源基地资源整合、投资共筹、项目共建办法。

二是健全能源基地转型发展的协同机制。重点在陕宁内蒙古、晋陕豫、晋陕内蒙古、鲁豫等毗邻或省际交界地区加强区域产能总量管控。科学定位区域内各市县、园区产业发展方向，构建差异化发展格局。成立跨区产业联盟，加强分工协作、错位发展和上下游产业配套，联合构建多元、完整、有韧性的能源产业体系。

第二章

研究背景

内容提要：黄河流域能源资源赋存丰富，能源生产总量巨大，能源外调规模很高，在保障国家能源安全中地位突出，被称为“能源流域”。进入新时代，黄河流域生态保护和高质量发展战略对能源基地发展提出更高要求，碳达峰碳中和目标要求黄河流域化石能源开发必须戴上碳排放的“金箍”，而且在新发展阶段下必须处理好自身转型发展和国家能源安全保障的关系。面临新形势和新要求，必须深入研究黄河流域能源基地转型发展的思路、目标和路径，以高质量转型发展支撑未来更高水平的定位。

一、黄河流域被称为“能源流域”

习近平总书记指出，黄河流域又被称为“能源流域”，煤炭、石油、天然气和有色金属资源丰富，煤炭储量占全国一半以上，是我国重要的能源、化工、原材料和基础工业基地。这句话高屋建瓴地总结概括了黄河流域能源基地的重要地位。具体体现如下：

（一）能源资源赋存丰富

根据自然资源部《全国矿产资源储量通报》，截至2016年底，黄河流域煤炭资源预测资源量超过2万亿吨，查明资源储量近1万亿吨；基础储量达1800亿吨，占全国的73%。煤炭资源主要集中在黄河“几”字弯区域，资源品质上佳，多是低硫、低磷、低灰、中高发热量的优质动力煤和化工用煤。石油资源基础储量近12亿吨，天然气基础储量近1.9万亿立方米，均占全国1/3；油气资源主要集中在鄂尔多斯盆地、渤海湾盆地和柴达木盆地。同时，黄河流域可再生能源资源得天独厚。根据气象局测算，流域陆地80米高度风能资源技术开发量达20.7亿千瓦，占全国的59%。青海、甘肃、宁夏、内蒙古高原的总辐射量和日照时数均为全国最高水平，属世界太阳能资源丰富地区之一；据测算，流域集中式光伏电站开发潜力近10亿千瓦，约占全国的38%。此外，流域内水能、海上风能、地热、生物质、铀等资源也较为丰富。

（二）能源生产总量巨大

2019年，黄河流域煤炭产量超过30亿吨，占全国的近80%，煤电装机接近全国的40%，火力发电量超过1.9万亿千瓦时，占全国的37%；原油产量为6445万吨，占全国的34%左右；天然气产量为632亿立方米，占全国的36%。风电、光伏发电增长迅猛，2019年黄河流域风电并网装机容量达9813万千瓦，发电量达1766亿千瓦时，占全国的近45%；光伏发电装机容量达8708万千瓦，发电量达546亿千瓦时，占全国的近47%。黄河流域也是我国能源化工产业集聚地区，2019年传统煤化工产品焦炭的产量为2.6亿吨，占全国的56%；现代煤化工产业正在规模化发展，截至2018年底，煤制天然气、煤制烯烃、煤制油、煤制乙二醇投产产能占全国的比例分别为34%、81%、100%、68%。

（三）能源外调规模很大

21世纪以来黄河流域能源净调出量由2000年的1.0亿吨标准煤增长到2017年的9.2亿吨标准煤，目前流域内超过40%的能源生产服务于其他省份能源需求，有力地保障了全国能源供应。分能源品种来看，2018年黄河流域煤炭净调出量超过9亿吨，电力净调出量超过2000亿千瓦时，鄂尔多斯盆地向京津冀地区输气超过400亿立方米。为有效实现跨区域能源供需衔接，西煤东调、北煤南运、西电东送、西气东输等能源基础设施大规模建设，遍布黄河流域。截至2019年底，黄河流域已建成大秦、石太、侯月、瓦日线、蒙冀、浩吉等长距离铁路运煤通道，合计输送能力超过20亿吨/年；已建成特高压交直流线路11条，在建3条，合计输送能力超过1.2亿千瓦；已建成的陕京天然气管线，输送能力达500亿米^3/年。

二、黄河流域生态保护和高质量发展战略要求加快能源基地转型

2019年9月，习近平总书记在郑州召开座谈会，将黄河流域生态保护和高质量发展上升为国家战略，明确了“保护黄河是事关中华民族伟大复兴的千秋大计”这一战略定位，确立了“共同抓好大保护，协同推进大治理”的战略方针，部署了“着力加强生态保护治理、保障黄河长治久安、促进全流域高质量发展、改善人民群众生活、保护传承弘扬黄河文化，让黄河成为造福人民的幸福河”等目标任务。黄河流域与长江经济带类似，必须要走生态优先、绿色发展道路，对黄河流域基地转型发展提出新的更高的要求。

（一）黄河流域能源基地发展必须与生态保护相协调

能源是人类社会生存发展的重要物质基础，长期以来黄河流域能源基地开发为国民经济持续快速发展提供了重要支撑。特别是进入21世纪，伴随着工业化、城镇化进程加快，“十五”期间我国能源需求大幅增长，再加上西部大开发战略导向作用，黄河流域能源基地建设迈入快车道。“十一五”期间，在煤油气电供应全面偏紧的态势下，我国在黄河流域规划

布局了一批能源基地建设工程，有序开发煤炭基地，加快建设油气基地，积极开发水电基地，优化建设煤电基地。“十二五”期间，我国成为世界上最大的能源消费国，国家强化国内能源资源勘探开发力度，在黄河流域规划布局了山西、鄂尔多斯盆地等国家综合能源基地，相应加快一批大型煤炭、油气、煤电、风电基地建设以及煤炭深加工示范项目、炼油产业集群发展。“十三五”期间，尽管我国能源需求增速趋缓，但能源基地建设仍快速推进，除五大国家综合能源基地外，宁夏宁东、甘肃陇东等区域能源基地建设也稳步推进。

但是，长期以来高强度的能源开发已造成严重的生态环境欠账，必须加大治理修复力度，逐步恢复能源基地区域生态环境。而且，当前很多能源基地开发布局与生态保护红线存在冲突，必须加大整改力度，有序退出或合理避让生态保护红线范围。未来能源基地发展，必须执行更高准入标准，做到开发中保护、保护中开发，甚至还要促进生态环境质量改善。

（二）黄河流域能源基地发展必须严格以水定产，量水而行

黄河流域水资源匮乏，河道流量严重衰减，水资源紧缺与用水增长矛盾十分突出，已成为其高质量发展的最大刚性约束。煤炭、石油、天然气、煤电、煤化工等各类能源项目用水耗水量普遍很高，必须强化用水效率控制红线，持续提高节水技术水平，不断降低水资源破坏以及废水排放量。进一步，黄河“几”字弯区域大型综合能源基地众多，各能源基地的项目整体规模巨大，能源基地发展用水总量必须处理好与流域水资源调配、生态补水、农业用水之间的关系，严守水资源利用总量红线，坚决避免对生态安全、粮食安全造成冲击。

（三）黄河流域能源基地不仅要实现产业转型发展，更要实现城市和人的转型发展

黄河流域高质量发展，核心是人的高质量发展。对黄河流域能源基地而言，一方面，要强化产业转型力度，不断优化产业结构和空间布局，始终发挥保障全国能源安全的重要作用。另一方面，必须牢固树立以人民为中心的思想，不能掠夺式开采，留下一个烂摊子；要着力发展现代能源经济，推动产城联动转型，带动所在城市可持续发展，提升从业人员人力资本水平，提高人民群众福利水平。

三、碳达峰碳中和目标要求黄河流域化石能源开发必须戴上碳排放的“金箍”

2020 年 9 月 22 日，习近平总书记在第 75 届联合国大会一般性辩论上的讲话提出，“中国将提高国家自主贡献力度，采取更加有力的政策和措施，二氧化碳排放力争于 2030 年前达到峰值，努力争取 2060 年前实现碳中和”。作为世界上最大的发展中国家和二氧化碳排放国，中国明确提出碳达峰碳中和目标，是以习近平同志为核心的党中央统筹国际国内两个大局作出的重大战略决策，是中国实现可持续发展、高质量发展的内在要求，也是中国积极应对气候变化、推动构建人类命运共同体的必然选择。

我国能源消费贡献了近 90%的二氧化碳排放，碳达峰碳中和目标的实现离不开能源的转型发展。《中共中央　国务院关于完整准确全面贯彻新发展理念做好碳达峰碳中和工作的意见》指出，如期实现碳达峰碳中和目标，必须“以经济社会发展全面绿色转型为引领，以能源绿色低碳发展为关键”，并确定了能源转型的相关目标，强调严格控制化石能源消费，加快煤炭减量步伐，“十四五”时期严控煤炭消费增长，“十五五”时期逐步减少煤炭消费。

固然，煤电、煤化工、石油化工等行业要加大 CCUS 技术的研发和应用力度，但在 CCUS 技术、成本以及适用规模均不甚明朗的情况下，黄河流域高碳化石能源开发转化规模必然要受到硬约束，能源基地必须加快探索低碳无碳发展路径。

四、黄河流域能源基地必须处理好转型发展和国家能源安全保障的关系

能源安全是关系国家经济社会发展的全局性、战略性问题，对国家繁荣发展、人民生活改善、社会长治久安至关重要。习近平总书记在党的十九届五中全会上强调，当前和今后一个时期是我国各类矛盾和风险易发期，各种可以预见和难以预见的风险因素明显增多，安全是发展的前提，发展是安全的保障，我们必须坚持统筹发展和安全，有效防范化解各类风险挑战，确保社会主义现代化事业顺利推进。社会主义现代化强国建设目标实现离不开能源资源的供应保障，碳达峰碳中和目标如期实现的关键在于能源的转型发展。未来较长一段时期，在立足新发展阶段、贯彻新发展

理念、构建新发展格局的总体要求下，必须更好地统筹能源发展和安全，才能更好地支撑国家发展和安全。

能源转型是个长期的过程，不可能一蹴而就。习近平总书记明确指出，要“坚持先立后破、通盘谋划，传统能源逐步退出必须建立在新能源安全可靠的替代基础上”。黄河流域是我国重要的能源基地，更是全国煤炭生产供应的主产场。未来较长一段时期，煤炭将发挥重要的国家能源安全托底保障作用，其作用的发挥高度依赖黄河流域的供应。因此，黄河流域能源基地需立足自身资源禀赋特点，推动煤炭和新能源优化组合，在做好国家能源安全保障的基础上实现高质量转型发展。

综上，亟须在新形势下，贯彻落实黄河流域生态保护和高质量发展以及碳达峰碳中和目标新要求，处理好自身转型发展和国家能源安全保障的关系，研究探索黄河流域能源基地与资源生态气候相协调的高质量发展新路径，更好地完成黄河流域能源基地的历史使命和时代任务。

五、研究基本思路和方法

黄河流域曾经是、现在是、未来还将是我国极为重要的能源基地，这是一个整体观察视角，需要对其未来转型发展的方向和路径作出全局性判断。同时，黄河流域又是类型不一、数量众多的能源基地的集合，各个能源基地的区位特点、资源特征以及开发现状和潜力均不尽相同，必须分区分类分型，才能针对性地提出其转型发展的主要目标和任务举措。再者，能源基地不仅是能源产业发展的集聚点，其背后更是一座座城市和大量的直接或间接从业人员，既要关注能源基地产业结构和空间布局优化调整问题，更要关注城市和人的转型发展问题。

基于此，本书拟采取总分结合、时间序列分析、聚类分析、比较分析的方法，系统研究黄河流域能源基地转型发展问题：

第一，从流域整体性视角出发，按照“一盘棋”思路，贯彻黄河流域生态环境保护和高质量发展新要求，把握世界能源转型变革大势和我国能源供需形势新变化，从历史、现状和未来三个维度辨析黄河流域能源基地在保障国家能源供应安全中的地位和作用，从整体上回答黄河流域能源基地转型发展方向和结构布局优化路径问题。

第二，按照“分区分类分型分策”思路，区分流域上中下游，区分化石能源和清洁能源，区分能源基地发展阶段和开发潜力，选取黄河流域若干典型能源基地，深入分析其与流域生态环境保护和区域经济社会高质量发展的关系，广泛借鉴和参考国际国内能源基地转型的模式和路径，针对性地提出典型能源基地转型发展的目标和任务。

第三，借鉴资源型经济转型研究范式，统筹能源基地产、城、人关系，在全面回答黄河流域能源基地开发模式、产业结构、空间布局调整优化等问题的同时，研究探索黄河流域能源基地所在城市经济、社会、民生的高质量发展路径，并着力破解黄河流域能源基地转型发展面临的体制机制障碍。

第三章

黄河流域能源基地发展历程、特征及存在问题

内容提要：新中国成立以来，黄河流域逐步成长为“能源流域”，始终在保障国家能源安全中发挥着至关重要的作用。黄河流域又包含众多能源基地，从区域位置、资源类型、产业发展周期三个维度进行聚类，区分上中下游、化石能源和非化石能源、发展阶段，从而采取“分区分类分型分策”思路方法选取上游成长型可再生能源基地、“几”字弯区域稳定型化石能源基地、下游衰退型化石能源基地三类代表性基地进行研究。在此基础上，研究识别了黄河流域能源基地发展中面临的突出问题，从流域整体来看，能源基地开发与生态环境矛盾日趋尖锐，流域能源资源型经济依赖程度深、发展惯性大；从典型能源基地来看，上游成长型可再生能源基地无序开发现象较为严重，“几”字弯区域稳定型化石能源基地“争水”“争产”等不协同问题突出，下游衰退型化石能源基地面临能源产业和城市转型双重挑战，从而揭示了其转型发展的必要性和紧迫性。

一、黄河流域能源基地发展历程

新中国成立的头 30 年，黄河流域中下游的山东、河南、山西能源基地建设取得长足发展。基于已有煤炭资源开发，伴随着国民经济恢复建设和改造建设，山东、河南、山西三省的机械化开采煤矿开始大量建设，一批大中型煤炭基地建成运行。其中，山东兖州、河南平顶山、山西大同等均成为全国重要煤炭基地。1949—1978 年，山东省煤炭产量由 179 万吨增长到 4200 万吨，河南省煤炭产量由 90 万吨增长到近 5500 万吨，山西省煤炭产量由 267 万吨增长到 9800 万吨。1978 年山东、河南、山西三省煤炭产量合计占全国比重近 1/3，有力地夯实了我国能源保障基础。石油开发从无到有，山东胜利油田于 1961 年首见工业油流，于 1965 年发现坨 11 井和坨 9 井千吨级油井，到 1978 年原油产量达到 1946 万吨，跃居全国第二位，成为全国重要石油基地；河南中原油田于 1975 年被发现。

改革开放到 20 世纪末，山西能源基地在全国煤炭供应中的地位得到进一步强化。1980 年，党中央和国务院作出把山西建设成为全国重要能源基地的重大决策。山西煤炭开发力度持续加强，由 1978 年的不到 1 亿吨增长到 1997 年的 3.4 亿吨，占全国煤炭产量比重由 14.4%增加到 25.7%；之后几年煤炭生产统计数据存在较大偏差，根据消费量和调出量估计，2000 年产量约 3.9 亿吨。为有效地满足东部沿海地区煤炭需求，大秦铁路、侯月铁路等煤炭专运线分别于 1992 年、1994 年建成通车，成为晋煤外运的重要通道。山西煤炭调出量从 1978 年的 0.5 亿吨增长到 2000 年的 2.25 亿吨，近 60%的煤炭产量供应其他地区。

20 世纪头十余年间，“几”字弯区域各省区综合能源基地建设力度空前，地位不断加强，而山东、河南能源基地逐步由峰值期转入衰退期。2001—2012 年是我国能源消费增长最快的一段时期，由 15.6 亿吨标准煤增长到 40.2 亿吨标准煤，年均增速达 9.0%。在此背景下，不仅山西，还有“几”字弯区域陕西、内蒙古、宁夏三省区均全面加强能源基地建设；不仅强化煤炭、油气基地建设，还纷纷加大火电、煤化工基地建设力度。2001—2012年，“几”字弯区域四省区煤炭产量合计由4.3亿吨增加到25.1亿吨，石油产量由995万吨增加到3736万吨，天然气产量由44亿立方米增加到343亿立方米，火力发电量由1600亿千瓦时增长到7688亿千瓦时；外送规模持续增加，煤炭净调出量由2.9亿吨增长到15.3亿吨，天然气净调出量由33亿立方米增长到264亿立方米，电力净调出量由310亿千瓦时增长到2652亿千瓦时。在此期间，山东煤炭产量基本维持在1.5亿吨上下，石油产量基本维持在2700余万吨水平。河南煤炭产量于2009年达到2.3亿吨峰值，2012年已跌至1.6亿吨以下，龙口、新汶、肥城、焦作、鹤壁等煤炭矿区很多矿井因枯竭而关闭。

党的十八大以来，“几”字弯区域综合能源基地地位进一步提升，黄河流域上中游清洁能源基地建设取得长足进展，而山东、河南煤炭和石油产量持续下滑。随着我国经济加快转型升级步伐，供给侧结构性改革成为工作主线，能源领域成为其工作重点，黄河流域则成为其主战场之一。山东、河南的煤矿和油田整体进入衰退期，化石能源基地地位不断下降。“几”字弯区域成为煤炭优产能、油气增储上产的核心地带，2019年四省区煤炭产量合计达27.7亿吨，占全国比重高达72%；石油产量达3728万吨，占全国比重20%；天然气产量达560亿立方米，占全国比重32%；现代煤化工产能已达到2500万吨油当量。与此同时，黄河流域能源发展模式出现了重大转变，上中游六省区清洁能源开发“异军突起”。截至2019年底，水电装机规模达3030万千瓦，已基本开发完毕；风电、光伏发电装机分别达7665万千瓦、6072万千瓦，分别占全国的37%、30%，已成为全国风电、光伏发电高地。

展望未来，黄河流域仍将是我国重要能源基地，但发展重心将向中上游转移，开发重点将向以清洁能源开发为主转变。清洁能源方面，黄河中上游风光资源丰富，水能资源条件较好，通过利用可再生资源分布广泛、水电的灵活调节能力和外送通道基础设施等优势，在扩大集中式和分布式利用规模方面都有很大潜力。油气方面，黄河流域油气储产量快速增长，是我国油气生产的战略接替区域，通过深化油气体制改革，突破油气勘探开发关键技术，有望成为加快油气增储上产的重要依托。煤炭方面，伴随我国煤炭消费不断减量替代，黄河流域绿色减量和优化开发不断加快，新增煤炭开发主要来自陕北、神东、黄陇区域，其他地区煤炭开发将呈不断下降态势。

二、黄河流域能源基地类型特征

当前，黄河流域已布局了数量众多、类型不一的能源基地。为研究其转型发展方向和路径，可从区域位置、资源类型、产业发展周期三个层面对其进行分类，归纳其主要特征。

（一）按区域位置划分

根据流域特征，黄河干流以南分为上、中、下游，其中河源至内蒙古托克托县的河口镇为上游，内蒙古河口镇至河南郑州市的桃花峪为中游，黄河桃花峪至入海口为下游。考虑到省区之间能源资源分布特征的相似性，以及省区能源开发与区域资源环境承载力的相近关系，与流域分界有所差异，将黄河流域能源基地分为上游能源基地、“几”字弯区域能源基地、下游能源基地。其中，上游能源基地覆盖青海、甘肃两省；“几”字弯区域能源基地覆盖宁夏、内蒙古、陕西、山西四省区；下游能源基地覆盖河南、山东两省。

（二）按资源类型划分

根据能源资源特征，将黄河流域能源基地划分为化石能源基地和可再生能源基地两大类。其中，化石能源基地包括煤炭、石油、天然气、煤层气、煤电、煤化工、石油化工等各类基地；可再生能源基地包括水电、风电、光伏发电等各类基地。

（三）按产业发展周期划分

根据产业发展周期特征，可将黄河流域内能源基地划分为成长型能源基地、稳定型能源基地和衰退型能源基地。其中，成长型能源基地绝大部分为可再生能源基地，处于产业发展初期，未来发展空间巨大；稳定型和衰退型能源基地皆为化石能源基地，有的处于开发中期，未来一段时期可保持当前开发强度，有的开发强度已很大，未来将逐步衰竭。

从以上三个维度对黄河流域能源基地进行划分，相应的主要能源基地归类情况见表 3-1。考虑到上游可再生能源占比较高且持续快速增加、“几”字弯区域化石能源开发利用规模巨大、下游普遍为衰退型化石能源基地，因此在对黄河流域能源基地整体研判的基础上，进一步选取上游成长型可再生能源基地、“几”字弯区域稳定型化石能源基地、下游衰退型化石能源基地作为典型对象，深入研究各代表性能源基地未来转型发展的方向、目标和任务。

表 3-1　黄河流域能源基地类型特征

按区域位置	按资源类型	按产业发展周期	主要能源基地名录
上游（青海、甘肃）	化石能源	稳定型	陇东煤炭基地、兰州炼化基地
		衰退型	玉门油气基地
	可再生能源	成长型	青海水电基地、青海风光基地、甘肃风光基地
“几”字弯区域（山西、陕西、内蒙古、宁夏）	化石能源	成长型	鄂尔多斯盆地油气基地、鄂尔多斯盆地东缘煤层气基地、沁水盆地煤层气基地
		稳定型	宁东煤炭基地、黄陇煤炭基地、陕北煤炭基地、神东煤炭基地、晋北煤炭基地、晋中煤炭基地、晋东煤炭基地；鄂尔多斯煤电基地、陕北煤电基地、宁东煤电基地、晋北煤电基地、晋中煤电基地、晋东煤电基地；宁东煤化工基地、鄂尔多斯煤化工基地、山西煤化工基地、榆林煤化工基地
		衰退型	内蒙古乌海煤炭基地
	可再生能源	成长型	晋北风光基地、内蒙古西风光基地
下游（河南、山东）	化石能源	衰退型	鲁西煤炭基地、河南煤炭基地、胜利油田基地、中原油气基地
	可再生能源	成长型	山东（海上）风电基地

资料来源：国家与地方能源发展规划，课题组整理。

三、黄河流域能源基地发展面临的突出问题

（一）能源基地开发与生态环境矛盾日趋尖锐

黄河流域化石能源大规模、高强度开发利用导致生态空间被挤占、生态系统功能失衡，能源开发利用与生态红线冲突的问题突出。近年来，虽然黄河流域生态环境质量有所改善，但仍未到达整体改善的拐点。上游地区生态功能持续退化，中游地区水土流失严重，下游地区自然湿地仍在萎缩。目前，许多地区虽然划定了生态红线，但部分红线范围与能源开发区域重叠，红线内仍然存在大量的化石能源开采活动，甚至一些违规建设的

风电项目。2017 年以来，山西、甘肃、宁夏和内蒙古初步划定了生态红线，但红线内年产原油 279.01 万吨，占长庆原油总产量的 11.74%；红线内年产天然气 26.83 亿立方米，占长庆气区天然气总产量的 6.93%。位于山东东营的黄河三角洲湿地是我国重要的生态功能区和重点自然保护区，但保护区内仍有油气井 700 多口。

上游地区生态系统十分脆弱，统筹能源开发利用与构建绿色生态屏障的挑战巨大。黄河上游地区是我国的“生态高地”“中华水塔”，对保障全流域生态安全具有重要作用。但长期以来，上游地区存在煤炭资源等掠夺式开发现象，导致土地沙化、草地退化、水生态破坏，给生态屏障定位带来严峻挑战。例如，祁连山生态破坏初期以森林砍伐、盗伐为主，但 20 世纪 80 年代以后，主要缘于煤矿等矿山开采和小水电无序开发。虽然多次被中央通报和问责，并实施了祁连山史上最大规模的生态保卫战，但据媒体报道，在祁连山南麓腹地的木里煤田，长期以来仍存在掠夺式的、堪称“开膛破肚”的无证非法开采，2006 年以来累计非法采煤 2600 多万吨。此外，水电大规模开发也给黄河上游地区脆弱的生态带来了一定影响，例如黄河鱼类资源呈现严重衰减态势，从 20 世纪 80 年代的 24 种减少到 15 种；另外羊曲水电站的建设也将对怪柳林珍稀树种造成影响。

中游地区由于煤炭开发规模巨大，对土地资源、水资源造成许多不可逆的严重损害。目前，山西、陕西、内蒙古、宁夏地区煤炭开采导致的地表塌陷面积约达 501.6 平方千米[①]；2016 年，山西煤炭采空区达 5000 万平方千米，其中土地塌陷面积近 3000 平方千米，有 2/3 的塌陷区尚未修复治理。加之大量煤矸石堆积及其有毒物质排放，造成严重的土地资源破坏。同时，煤炭开采产生大量的废污水，占我国工业废污水总量的 15%左右，严重污染地下水和地表水资源。2005—2017 年，鄂尔多斯市原煤累计产量为 58.7 亿吨，产生的煤矿涌水量达到 76.3 亿立方米，相当于抽采了等量的地下水资源，对地下水位造成重大影响。

下游地区生态环境治理欠账多，还面临生态破坏加剧的风险。在河南、山东等煤炭开发基地，采煤塌陷地面积较大，煤矸石等固体废物堆积压占较多，对土壤、植被等生态要素造成严重破坏，且有持续加重风险。目前，山东采煤塌陷地损毁的土地面积已达 724 平方千米，据预测，塌陷

① 按 95%煤炭产量来自井工开采，平均井工每开采万吨煤地表塌陷 0.2 万平方米计。

面积未来还将扩大50%以上。由于黄河下游煤炭矿区多处于高地下水潜水位区，塌陷挖损区极易形成积水，加之矸石、废土堆山通常结构松散、土壤质量功能低下，对其的修复、治理、重建难度高、不确定性大。同时，煤矸石等固体废物堆山、地下水采空区形成对地表水、地下水、土壤等多介质污染，已形成采空区的矿井在闭矿后，其地下水污染会持续扩散至较大范围，而回补漏斗则可能造成静水水体二次污染。

（二）流域能源资源型经济依赖程度深、发展惯性大

经济增长整体比较粗放，对化石能源资源开发的依赖程度较高，传统产业转型升级步伐滞后。2012 年以来，黄河流域 GDP 占全国的比重持续降低，对全国经济增长的拉动作用明显下降；除山东外，其余省区都属于发展不充分的地区，2018 年人均地区生产总值只有全国平均水平的 78%。经济增长所需能源投入较大，2018 年八省区单位地区生产总值能耗是全国平均水平的 1. 3 倍，全国能耗强度最高的五个地区中有四个在黄河流域。产业结构长期偏重，许多地区经济发展主要依靠采掘业和高耗能、高排放行业，山西等地区煤炭相关产业占工业经济产出的 70%以上，部分地区采掘业占工业产出的 20%以上，一些地区税收收入的 1/3 左右来自煤炭开采和洗选业。

新兴产业发展相对滞后，人才、资本、创新等要素集聚能力不强，经济增长的内生动力不足。2019 年我国新产业、新业态、新商业模式“三新”经济增加值占 GDP 的比重达 16. 3%，而黄河流域省区普遍落后于全国平均水平。许多地区民营经济发展缓慢，吸引外来资本比较有限，经济转型缺乏市场主体支撑。传统工矿区城市、资源枯竭型城市发展活力不足，人口净流出压力大，对高端科技人才吸引力不强，制约了新兴产业发展壮大。科技研发投入普遍不足，2015—2018 年，黄河流域仅有山东和陕西的 R&D 经费投入强度与全国平均水平基本持平，其余六省区的投入强度远低于全国平均水平。创新发展水平不均衡，2006—2017 年，山东的有效专利数约占黄河流域的一半。在经济下行压力加大情况下，许多地区采取扩大煤炭、煤化工、煤电等领域投资规模等方式，造成传统资源型经济恶性循环，进一步加剧了经济转型压力。

（三）上游成长型可再生能源基地无序开发现象较为严重

黄河上游许多地区片面追求扩大清洁能源开发规模，导致乱开发、上

网难、弃电多和投资损失。可再生能源产业是西部大开发以来，黄河上游地区工业发展的突出亮点，甘肃省曾经一度位居风电装机的全国第二、光伏发电装机的全国第一。但由于缺乏统筹，盲目建设问题突出，导致大量弃风弃光和投资浪费。以酒泉风电基地为例，在开发过程中，甚至出现地方政府向相关企业下达年度“建设任务”、提出“进度要求”的情况，甚至威胁“完不成开发任务的企业，剩余指标的开发权中止”。加之电网接入、市场消纳等条件没有得到有效落实，造成风电利用小时数大幅下降，由 2013 年的 1800 多小时降至 2016 年的 1100 小时以下，给参与风电基地建设的各方带来了极大的损失。

许多地区未能将清洁能源作为开发首选项，甚至出现化石能源挤压清洁能源现象。受发展阶段、经济布局、产业结构等因素影响，部分地区经济发展仍主要依靠高耗能、高排放产业，甚至把煤化工等作为拉动投资增长的重要内容，对化石能源开发利用的路径依赖仍然严重。一些地区以“打捆外送”名义，在可再生能源高速发展形势下，仍然规划建设燃煤发电项目，实质上挤占了可再生能源的发展空间。许多地区片面重视可再生能源开发，对扩大利用和消纳重视不够。青海等地区在推进清洁取暖过程中主要依靠煤炭，对可再生能源供暖等创新技术应用不足。

（四）“几”字弯区域稳定型化石能源基地“争水”“争产”等不协同问题突出

化石能源基地水资源消耗量大，与民争水、与农争水、与邻争水等现象普遍。山西、陕西、内蒙古、宁夏地区水资源匮乏，用水总量占全国用水总量比重均较低，除内蒙古外，其余三省的占比均在 1.5%及以下，工业用水占比甚至在 1%及以下。近年来，能源相关用水需求快速增长，加之用水结构和方式不合理、用水效率不高，导致能源产业与生态、农业等用水竞争日趋激烈。例如，在国家不新增宁夏用水指标情况下，2030 年宁夏缺水量达 14.2 亿立方米，仅宁东能源化工基地用水缺口就达 1.4 亿立方米。同时，虽然国家在“八七分水”方案中，分配给山西、陕西、内蒙古、宁夏地区的年耗水量占黄河流域总耗水量的 48.5%，但由于黄河流域可供利用的水资源量持续减少，“几”字弯各地区争相建设煤炭等能源基地，区域间水权分配矛盾仍十分突出。

化石能源基地建设同质化问题严峻，产业发展整体粗放，低水平盲目竞争问题突出。囿于资源条件，山西、陕西、内蒙古、宁夏四省区能源基地发展均以煤炭生产、煤炭加工和煤电建设为主，产业同质化问题严重，产品普遍供大于需，恶性竞争愈演愈烈。在同一工业园区内，许多能源企业技术与产品雷同，存在产能重复建设现象。同时，由于缺少区域整体规划，存在矿权叠加等问题，煤炭整装资源条块分割、无序开发问题突出，导致煤炭资源严重浪费。此外，由于能源基地建设的无序与不协同，导致山西、陕西、内蒙古、宁夏地区产生严重的能源资源开发路径依赖，资金、人才等要素资源过度集中在能源领域，又导致其他新兴产业发展受到抑制，转型动力和创新能力不强。

（五）下游衰退型化石能源基地面临能源产业和城市转型双重挑战

下游衰退型化石能源基地的资源优势加速消减，但发展惯性巨大、接续产业量小质差，面临严重的发展动力不足问题。在山东、河南等许多煤炭资源地区，由于资源日趋枯竭、煤炭矿区与城乡建设用地大量交叠，加之采煤塌陷地给粮食生产带来严重冲击，资源开发已达“天花板”。目前，山东、河南煤炭矿区与城乡建设用地交叠总面积近1500平方千米，其中农村居民点和城镇建设用地占比近90%。同时，新兴产业等发展不充分、质量不高。相关地区存在巨大发展惯性和转型惰性，资本、人才等生产要素匮乏，科技储备薄弱，造成接续产业量小质差，表现为深加工能力低、附加值不高，中高端产品存在较大缺口。

许多衰退型能源基地、资源枯竭型城市存在就业、居住、社保等历史问题，影响城市社会转型发展。就业方面，下游山东、河南两省能源资源型行业，低技能低就业结构特征突出。伴随资源枯竭及政策性产能退出，原来从事资源型行业的劳动力大量闲置，导致失业规模居高不下、失业率明显高于其他地区。居住方面，两省矿区有大量人居环境差、基础设施不足的棚户区，其中河南焦作、濮阳，山东枣庄待改造棚户区面积均超过100万平方米。社会保障方面，低保人口数量多、比重大，由于历史发展原因造成社保资源和资金存在较大缺口。由于地方财力不足，转型负担较重，缺乏统筹产、城、人转型的系统顶层设计，进一步加大了下游能源基地的转型难度。

第四章

黄河流域能源基地转型发展的思路和目标

内容提要：本章从流域整体视角出发，研判了黄河流域能源基地转型发展思路、方向和目标。提出应统筹好“五大关系”，即统筹好能源基地开发与资源节约、环境保护的关系；统筹好能源基地开发与能源产业优化升级的关系；统筹好能源基地开发与城市、人的可持续发展的关系；统筹好能源基地自身发展与流域能源基地协同发展、国家能源安全保障之间的关系；统筹好转型目标约束硬化与实现方式有效性之间的关系。指出了“五大转型”方向，分别是发展理念转型、产业结构转型、空间布局转型、资源经济转型和体制机制转型。研判出黄河流域过去、现在和未来都将始终发挥国家极重要能源基地作用，但随着转型步伐加快，非化石能源将成为黄河流域支柱能源，能源开发重心进一步向上中游转移，并实现二次能源优化发展。

一、总体思路

深刻领会和准确把握习近平总书记关于黄河流域生态保护和高质量发展战略的本质要求，牢固树立创新、协调、绿色、开放、共享的新发展理念，把握世界新一轮能源变革趋势、我国能源供需新特征以及碳达峰碳中和长远目标实现路径，坚持生态优先、以水定产，坚持绿色高效，坚持以人民为中心，坚持开放协作，坚持改革创新，整体推进和分类施策相结合，强化流域衰退型化石能源基地转型发展，促进流域稳定型化石能源基地协同发展，加快流域成长型可再生能源基地多元互补发展，推动黄河流域能源基地开发整体上由生态破坏型向生态友好型转变，由粗放型发展向高质量发展转型，持续发挥好黄河流域能源基地保障国家能源安全的重大作用，充分挖掘更好地满足流域人民美好生活需要、引领全国能源绿色低碳转型的重要能力。

二、基本原则

第一，坚持生态优先、以水定产，统筹好能源基地开发与资源节约、环境保护的关系。强化生态环境和水资源硬约束，着力解决能源基地开发布局与生态保护红线冲突问题，着力解决能源基地超量取水用水问题，着力解决长期高强度资源开发带来的生态环境历史欠账问题。实施更严格的生态环境和水资源准入标准，做到开发中保护、保护中开发，从源头降低能源基地开发的水资源和生态环境负荷，坚决避免对生态安全、粮食安全造成冲击。发挥好清洁能源基地开发改善区域生态环境的红利作用，实现生态环境优势与清洁能源优势相互促进，促进自然财富、生态财富不断增值。

第二，坚持绿色高效，统筹好能源基地开发与能源产业优化升级的关系。把握能源清洁低碳转型发展大势，深入推进能源供给侧结构性改革，优化黄河流域能源基地产能和布局，建设具有黄河流域特色的现代能源经济。持续淘汰煤炭落后产能以及“僵尸企业”，推动煤炭绿色减量开发，进一步推进煤炭向优质资源富集地集聚。有效控制煤电基地、煤化工基地建设规模，聚焦提质增效，加快应用创新技术工艺，大幅提升能源和环境生产力。以清洁能源基地大发展为引领，培育壮大清洁能源研发、制造、应用产业链条，建设国际领先的清洁能源产业集群。

第三，坚持以人民为中心，统筹好能源基地开发与城市、人的可持续发展的关系。成长型可再生能源基地在扩大开发规模的同时，着力打造绿色能源产业集群，有力带动城市经济社会发展，充分发挥可再生能源惠民富民效应。稳定型化石能源基地要瞄准能源产业技术链和价值链的高端，大力发展现代能源经济，不断提升从业人员人力资本水平，为城市经济升级发展培育绿色增长动能。衰退型化石能源基地要健全产、城、人共同转型长效机制，加快培育壮大非能源资源型支柱产业，强化职工技能培训和再教育，有序推动职工向其他行业转移，推动城市可持续发展。

第四，坚持开放协作，统筹好能源基地自身发展与流域能源基地协同发展、国家能源安全保障之间的关系。树立流域整体性思维，探索建立各地区能源基地协同发展和联动转型机制，有力解决黄河流域能源基地同质化、无序化过度竞争问题，推动黄河流域能源基地协同改善流域区域生态环境、共同迈向绿色高质量发展。把握黄河流域能源基地开发逐步西移趋势，加强流域能源基础设施互联互通以及外送通道建设，联动做好能源资源开发接续，协同推进能源资源消纳和外送，共同保障国家能源安全。

第五，坚持改革创新，统筹好转型目标约束硬化与实现方式有效性之间的关系。建立健全自然生态资源确权和有偿使用制度，运用激励性市场化手段，推动既有矿权有偿退出生态保护红线范围，推进能源基地开发有偿占用及合理保护水资源和自然生态空间。贯彻供给侧结构性改革的总体要求，更多以市场化手段去产能、优产能，有效推动能源产业结构和基地布局优化。全面放开和积极培育油气上游市场，更大地激发油气资源勘探开发的活力和潜力；大力构建功能更完备、覆盖区域更广的现代电力市场，更好地促进黄河流域可再生能源基地大发展。

三、转型方向

今后较长时期，黄河流域在保障我国能源安全中的中流砥柱地位不会改变，但黄河流域能源基地的发展理念、产业结构、空间布局、发展模式、体制机制等亟待转型变革。

——加快发展理念转型，由能源开发优先转向生态环境保护优先。当前，黄河流域仍单纯注重能源资源开发，单纯把水资源和生态环境视为无节制利用对象。未来，必须把生态环境和水资源作为能源开发的首要约束，不仅污染物排放标准和水资源利用水平要达到国内外先进水平，而且污染物排放量和用水总量要持续减少，确保从源头上降低能源开发利用的水资源和生态环境负荷，增强国家能源、水资源和生态安全协同保障能力。

——加快产业结构转型，发展重心由化石能源逐步转向清洁能源。当前，黄河流域能源开发仍然以传统化石能源为主。未来，加快建立“清洁能源为主、化石能源为辅”的开发体系，优化开发煤炭、油气等化石能源，大力发展可再生能源。综合考虑生态环境承载力、水资源约束、运输条件、市场需求等因素，合理优化煤炭开发布局和时序，统筹常规与非常规油气资源开发，实现煤炭绿色减量开发，油气长期稳产开发，风电、太阳能发电等大规模发展。

——加快空间布局转型，由流域全面开发转向集约式基地开发和分布式高效开发利用并重。当前，黄河流域各地均基于自身资源禀赋条件，在全流域全面推动各种规模的能源基地建设。未来，应继续深化能源供给侧结构性改革，化石能源开发进一步实现向“几”字弯区域优质资源地集聚，上游生态环境脆弱敏感地区和资源枯竭地区化石能源产能加速退出，中下游人口和经济密集地区逐步降低化石能源开发利用强度。可再生能源发展应实现集中式和分布式并举，中上游地区继续加大清洁能源基地建设力度，全流域应贴近用户，大力发展分布式可再生能源，提高就近开发、就近利用水平。

——加快资源经济转型，由能源经济依赖型转向产、城、人可持续发展新路径。当前，黄河流域能源基地资源型经济特征显著，很多地方一煤独大、一油独大，面临资源枯竭后经济衰退风险。未来，应统筹推进能源基地转型和新型城镇化建设，大力发展现代能源经济，加快产、城、人融合发展，着力提升人力资本水平，实现传统能源开发企业向综合能源环保服务等领域拓展，能源开发收益向再就业和低收入群体等倾斜，产业发展向中高端迈进。

——加快体制机制转型，由政府强制管控型转向市场激励型制度体系。当前，无论是生态环境硬约束还是能源供给侧结构性改革，均主要依赖政府强制性管制手段以及财政补贴手段来推进。未来，应更多使用市场手段、加快市场体系建设，实现能源资源与自然资源合理定价、有序有偿有效占用（或退出），实现煤炭、煤电去产能、优产能更多依靠市场化手段，油气增储上产、可再生能源大发展更多依靠能源电力市场体系，实现产、城、人协同转型更多依靠长效机制，实现各能源基地协同联动转型。

四、主要目标

贯彻落实“十四五”规划目标和2035年远景目标，把握好碳达峰碳中和长远目标实现路径，参考最新研究成果①，对全国能源需求总量及结构进行研判。在此基础上，综合考虑各地区资源赋存条件、开发潜力以及全国能源供需平衡要求，确定黄河流域能源基地转型发展的主要目标。

（一）规模上，始终发挥全国极重要能源基地作用

“十四五”末黄河流域一次能源生产总量增至26.2亿吨标准煤，占全国的60.2%；2035年进一步增至29亿吨标准煤，占比稳中趋降，降为55.2%。其中，煤炭产量将逐步减少，2025年较2019年略有减少，2035年进一步降至25.6亿吨，但占全国比重持续上升，2025年超过80%，2035年将增至85.3%，夯实全国能源保障基础。非化石能源开发规模大幅增长，2025年达3.0亿吨标准煤，2035年进一步增至8.5亿吨标准煤，占全国比重由2019年的约20%增至近35%，引领全国能源绿色低碳转型。努力实现原油稳产、天然气（含煤层气）增产，占全国比重基本稳定在1/3左右（见图4-1）。

（二）结构上，非化石能源将成为黄河流域支柱能源

“十四五”末黄河流域非化石能源占一次能源生产总量比重将较2019年翻倍，达12%左右，2035年将进一步增至近30%；而煤炭产量占比则由2019年的86.7%逐步降至63%左右；油气产量占比保持在7%～8%。其中，2035年上游地区非化石能源产量占比将由2019年的53.1%增至80%以上，将建成以非化石能源为主导的清洁低碳能源供给体系，在全国乃至

① 清华大学气候变化与可持续发展研究院．中国低碳发展战略与转型路径研究［EB/OL］．http：//www.iccsd.tsinghua.edu.cn，2020.

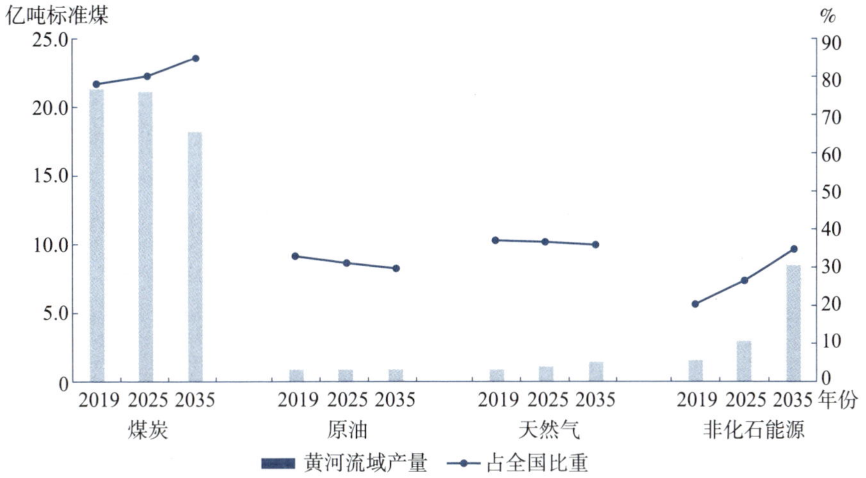

图 4-1　黄河流域能源基地各类能源开发目标及在全国的地位

资料来源：现状数据来自《中国能源统计年鉴》，展望数据为笔者测算。

全球具有引领性。2035 年“几”字弯区域非化石能源产量占比由 2019 年的 3.1%增至近 20%，煤炭占比则由 91%降至 74%以内，风电、太阳能大规模发展对于其优化能源供给结构和降低化石能源经济依赖具有双重意义。受化石能源枯竭影响，2035 年下游地区煤炭产量占比将由 2019 年的 69.5%大幅降至 16%左右，油气产量占比由 15.7%降至 12%左右，而分布式光伏发电、海上风电、核电的快速发展，有力地推动非化石能源产量占比从 14.8%大幅增至 71%以上（见图 4-2）。

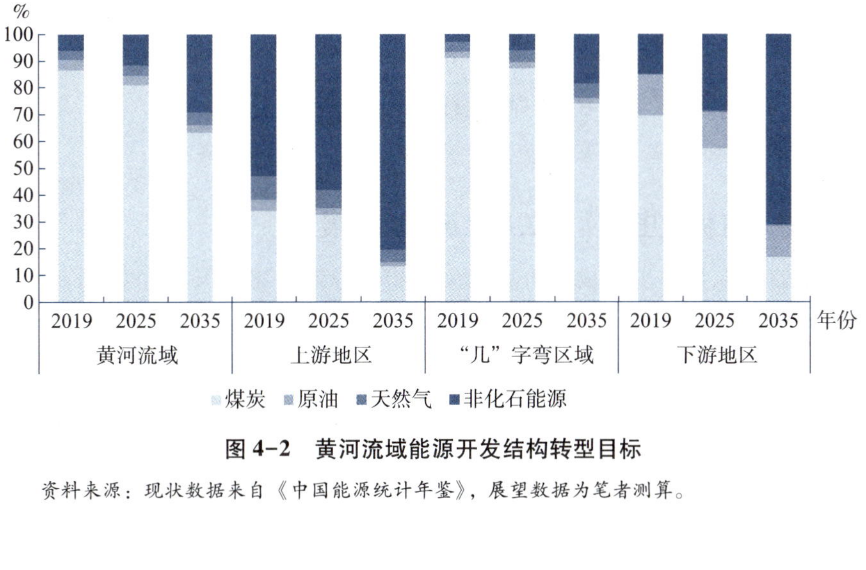

图 4-2　黄河流域能源开发结构转型目标

资料来源：现状数据来自《中国能源统计年鉴》，展望数据为笔者测算。

（三）布局上，能源开发增量重心进一步向上中游转移

上游地区将成为黄河流域一次能源生产增长最快的区域，2019—2035年产量将增长2倍，占黄河流域比重也将由4%增长到近10%，其中煤炭生产受生态约束将大幅缩减，增量主要依靠非化石能源开发实现。下游地区一次能源生产总量略有增长，占黄河流域比重稳中趋降，2035年将由2019年的9.5%降至9%以内，在煤炭、石油产量逐步衰退的同时，非化石能源开发将有效填补缺口。“几”字弯区域是能源优化开发的重心，各类能源生产均在黄河流域占据主导地位，一次能源生产总量稳步增长，占黄河流域比重有所下降，但2019—2035年始终超过80%，其中2035年煤炭产量占黄河流域比重将进一步增至95%以上，原油和天然气占比分别增至60%和90%左右，非化石能源产量占比将由2019年的43.1%增至50%以上（见图4-3）。

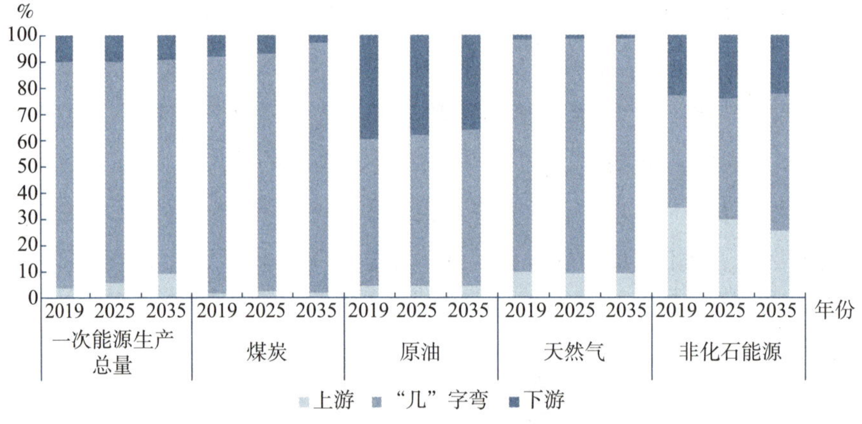

图4-3　黄河流域能源开发布局转型目标

资料来源：现状数据来自《中国能源统计年鉴》，展望数据为笔者测算。

（四）有保有压，实现二次能源优化发展

有效控制并逐步削减黄河流域火电装机容量，2025年力争控制在4亿千瓦左右，2035年降至3.5亿千瓦以内。其中上游火电要支撑风电、光伏有效并网，下游火电要承担负荷中心电力系统调节功能，装机规模均稳中趋降；“几”字弯区域要加大落后机组淘汰力度，稳步削减装机规模。贯彻战略替代能源定位，严格以水定产，“十四五”及中长期将煤制油、煤制气总产能控制在4000万吨油当量以内，均布局在“几”字弯区域。着

力挖掘和提升氢能在能源系统的价值和地位，上游地区立足可再生能源资源优势，2035 年力争形成百万吨绿氢供应能力；“几”字弯区域在探索“煤制氢+CCUS”技术路径基础上适度开发灰氢；下游地区宜高效开发工业副产氢资源。

第五章

黄河流域能源基地转型发展的路径和模式研究

内容提要：黄河流域化石能源和清洁能源的资源禀赋优势突出，在未来较长时期都将作为我国重要能源基地。但在国内外能源发展加快变革、生态环境和气候变化约束日趋严格的背景下，黄河流域各类能源基地必须开拓高质量发展的创新路径。本章综述了国内外相关典型能源基地转型模式，针对黄河流域成长型、稳定性和衰退型等不同类型能源基地，按照生态保护和高质量发展总体要求，从转变发展理念、空间布局、产业结构、一体化融合、治理体系等方面，提出了各类能源基地转型发展的具体路径。

一、黄河流域在未来我国能源供需发展格局中的地位和作用

我国已是世界第一能源大国，伴随经济持续发展，能源供需规模还将不断增长，能源结构和布局调整将进一步加快，面临保障能源安全、建设现代能源经济和实现能源绿色低碳转型等多重艰巨任务。黄河流域化石能源和可再生能源的资源禀赋优势都十分突出，在保障我国能源安全中的地位更加凸显。但在新的国内外发展形势下，我国能源供需结构和格局不断深刻调整，黄河流域能源基地的地位作用和传统发展方式面临重大变革。

（一）黄河流域整体能源供大于需，是保障我国能源供应安全的重要支撑

我国人口、经济与能源资源分布不均衡，各地区能源需求刚性增长压力大，面临跨区域能源资源优化配置的长期挑战。在解决能源生产和消费不平衡问题过程中，我国逐步形成了“北煤南运、西电东送、西气东输”的能源跨区域调配格局，其中黄河流域整体是能源的重要来源，对保障我国能源供应安全发挥了关键支撑作用。2017 年，黄河流域八省区整体净调出煤炭 10.2 亿吨，净调出石油 2997 万吨，净调出天然气 175 亿立方米，净调出电力 1977 亿千瓦时。其中，一次能源方面，山西、内蒙古、陕西是净调出省区，山东、河南、甘肃、宁夏、青海是净调入省（见图 5-1）。

黄河流域在我国能源供应体系中的地位与作用，既与许多地区资源禀赋条件有关，也与区位优势、产业基础、本地区供需状况等因素有关。例如，石油方面，山东具有沿海地理优势，加之炼油产能居全国首位，2017 年本地原油产量为 2235 万吨，但进口和外省区调入量达 9366 万吨，不仅满足自身石油需求，还成为石油净调出地区。类似地，宁夏虽然本地原油产量仅 0.7 万吨，但依托本地炼化产能从外省调入原油 590 万吨，也成为石油产品净调出地区。电力方面，青海虽然可再生电力发展迅速，但由于本地电力需求快速增长，2017 年净调入电力达 60 亿千瓦时。

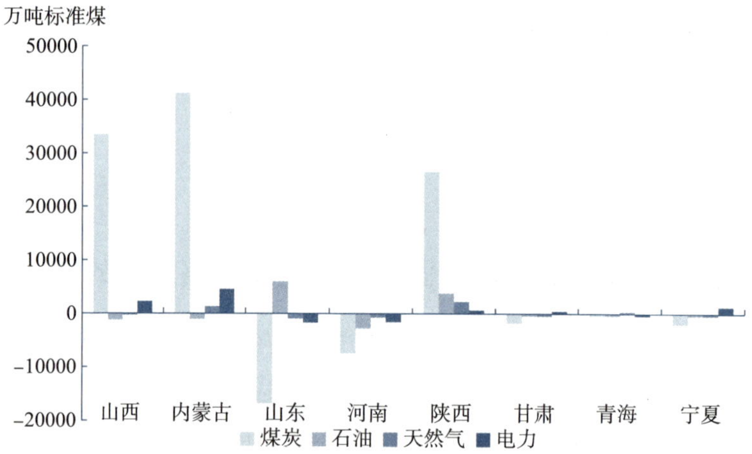

图 5-1　黄河流域八省区能源调入调出情况（2017 年）

资料来源：国家统计局。

从人口、经济、能源资源占全国比重来看，黄河流域在能源资源要素特别是可再生能源资源要素方面优势比较明显，加之整体能源供大于需，在土地资源、能源产业基础等方面具有较好条件，将在较长时期保持能源净调出的状况。作为一个整体，2017 年黄河流域八省区能源净调出量占其他地区煤炭消费量的 40.2%，石油消费量的 8.6%，天然气消费量的 9.9%，电力消费量的 4.3%。今后随着其他地区扩大利用外来清洁电力规模，加快退出落后的煤炭和煤电产能，推动减量替代煤炭等化石能源消费，黄河流域在我国能源供应保障格局中的地位更加凸显。

（二）黄河流域是保障煤炭供应的中坚力量，绿色减量和优化开发不断加快

从煤炭开发格局变化来看，我国煤炭开发自东、经中、向西转移的趋势明显。新中国成立初期，我国煤炭开发以东北地区为主，改革开放以后，我国提出“稳住东部、战略西进”，“十一五”时期提出“稳定东部、加快中部、适度加快西部”，到“十二五”时期的“控制东部、稳定中部、发展西部”，再到“十三五”时期的“压缩东部、限制中部和东北、优化西部”。随着我国南方地区和东部地区煤炭开发加快退出，黄河流域的山西、陕西、内蒙古地区作为我国煤炭资源最具经济价值和开发潜力的地区，在我国煤炭开发中的地位不断提升。

近年来，随着我国煤炭产量增长放缓，黄河流域煤炭开发格局不断调整。目前，下游山东、河南煤炭资源趋于枯竭，开采条件复杂，生产成本较高，地下煤炭资源开发与城乡建设矛盾突出，生产规模不断压减。上游甘肃、青海煤炭资源有限，生态环境脆弱，水资源紧缺，煤炭产量快速下降。在中游地区，山西水资源和环境承载力有限，煤炭接续资源多在中深部，煤质下降；宁夏煤炭开发强度过高，水资源约束严峻。从煤炭开发趋势来看，山西、内蒙古分别制定了 10 亿吨和 11.5 亿吨的煤炭产量控制目标，黄河流域新增煤炭开发主要来自陕北、神东、黄陇区域，其他地区煤炭开发都呈不断下降态势。

未来一段时期，在黄河流域生态保护和高质量发展背景下，山西、陕西、内蒙古地区保障煤炭供应的核心地位不会改变，但煤炭绿色减量和优化开发进程将进一步加快。煤炭需求方面，我国煤炭消费已进入峰值饱和阶段，清洁能源发展对煤炭的替代不断加快，加之打赢蓝天保卫战对各地区减少煤炭消费提出硬约束，我国中长期煤炭需求将显著下降。研究表明，2035 年我国煤炭需求相比目前下降 10%以上，2050 年下降 50%以上。煤炭供应方面，我国绿色煤炭资源主要集中在陕西中北部、内蒙古中西部、新疆以及宁夏部分地区①，其他地区煤炭生产将持续减量，加之进口优质煤炭的竞争，黄河流域煤炭开发将进一步向具有资源和环境优势的地区集中。

（三）黄河流域油气储产量快速增长，是我国油气生产的战略接替区域

从油气勘探开发格局变化来看，我国石油开发由陆上、东部为主，发展到陆上和海上并重，稳定东部、发展西部，常规与非常规并重。黄河流域连接了渤海湾、鄂尔多斯、柴达木等盆地，常规与非常规油气资源丰富，分布相对集中。根据中国石油第四次油气资源评价结果，黄河流域鄂尔多斯盆地、柴达木盆地石油资源量分别为 146 亿吨、38 亿吨，天然气资源量分别为 30.7 万亿立方米、3.5 万亿立方米。油气类型多样，非常规油气资源占比较高。其中，鄂尔多斯盆地致密油可采资源量为 3.5 亿吨，致密气可采资源量为 7.1 万亿立方米。

黄河流域储产量处于快速增长期，是我国油气生产的战略接替区域。目前，黄河流域总体处于石油勘探早中期阶段，鄂尔多斯盆地、柴达木

① 谢克昌，等. 农村能源革命与西部能源发展战略研究［M］. 北京：科学出版社，2019.

盆地石油资源探明率分别为 52. 1%、22. 8%，深化勘探的潜力较大。近年来，随着勘探力度不断加大，黄河流域年增油气探明储量持续快速增长。“十二五”以来，鄂尔多斯盆地新增石油储量占西部地区的 66%，新增天然气储量占西部地区的 49%。2018 年，我国又在鄂尔多斯盆地的合水油田新增 1 个亿吨级油田，在鄂尔多斯盆地的苏里格气田和米脂气田新增 2 个千亿立方米气田。研究表明，预计到 2030 年，鄂尔多斯盆地、柴达木盆地累计新增石油地质探明储量 50 亿吨，占同期全国石油储量增长的 1/3 左右①。

未来一段时期，通过深化油气体制改革，突破油气勘探开发关键技术，黄河流域将成为加快油气增储上产的重要依托。通过放开油气上游勘探开发，引入外资、民企等新的市场主体，油气勘探市场活力将进一步增强。同时，黄河流域已开发油田仍处于“高含水、中采出”阶段，相比“高含水、高采出”的东部油田，仍有较大的开发潜力。例如，长庆油田通过发展“超前注水、井网优化、压裂改造”等创新技术，2001—2017 年原油产量增长了 3. 6 倍。针对鄂尔多斯盆地、渤海湾盆地等低品位、复杂油藏资源，通过发展智能水驱及渗析采油技术、超稠油原位改质技术、页岩油原位开采技术、纳米驱油技术等，有望大幅提高油田采收率，相当于进一步增加大量可采储量。此外，通过创新勘探开发模式，用非常规思维开发常规油藏，也为老油田找到了新出路。2019 年大港油田率先实现陆相页岩油工业化开发，陇东页岩油示范区形成年产 50 万吨原油产能②。

（四）黄河流域天然气和煤层气发展潜力巨大，是天然气开发利用的重要依托

加快天然气开发利用，能够有效降低对煤炭消费的依赖，与可再生能源发展形成良性互补，是我国实现能源清洁化、低碳化发展的必由之路。近年来，我国天然气消费持续快速增长，但产量增速相对较慢，2019 年进口依存度超过 45%，成为全球第一大天然气进口国。未来较长时期，在由化石能源为主向非化石能源为主转型发展过程中，天然气作为重要过渡能源的地位更加凸显。在这种背景下，由于天然气市场化价格机制尚未理

---

① 赵文智，等．西部油气发展战略研究［M］．北京：科学出版社，2019.

② 刘朝全，姜学峰，等．2019 年国内外油气行业发展报告［M］．北京：石油工业出版社，2020.

顺，加大国内天然气勘探开发，提高国产气供应能力，是保障国家能源安全、促进天然气协调稳定发展的重要基础。

黄河流域天然气资源丰富，勘探程度总体较低，持续增储有较大潜力。近年来，黄河流域八省区天然气剩余探明可采储量持续增长，储采比一直保持在40左右，表明天然气开发增长还有提升空间。其中，鄂尔多斯盆地、柴达木盆地天然气资源探明率分别只有29%、12%，通过加深勘探程度，到2030年将有望累计新增天然气探明储量5万亿立方米①。同时，与常规天然气相比，黄河流域页岩气、煤层气等探明率不足5%，非常规天然气资源勘探开发前景广阔。统计显示，2008—2018年，我国煤层气新增探明储量5990亿立方米，约占累计探明储量的84%，主要集中在黄河流域的鄂尔多斯盆地、沁水盆地②。

通过转变勘探开发思路，加快技术进步创新，深化天然气体制改革，黄河流域具有较大的天然气增产空间。在提高采收率方面，目前鄂尔多斯盆地、柴达木盆地常规气田采收率分别为28.3%、46.2%，通过采取寻找剩余气分布、补孔转层、增压开采等措施，预计2030年采收率分别可提高4.3个百分点和4.0个百分点，相当于增加可采储量574亿立方米，并达到延缓老区递减的目的③。同时，伴随技术“瓶颈”突破，致密气、煤层气等开发成本不断下降，有利于加快对低品位储量、深部资源的规模效益开发。研究表明，在当前气价和技术经济条件下，鄂尔多斯盆地有望新增致密气产量超过200亿米^3/年，新增煤层气产量超过240亿米^3/年，相比目前非常规天然气产量增长1.3倍。

（五）黄河流域上游地区可再生能源资源丰富，将成为引领清洁能源发展的战略高地

黄河流域上游地区具有丰富的风能、太阳能等可再生资源，加之幅员辽阔、人烟稀少，可再生能源资源和地理优势突出，是我国高比例发展可再生能源的重点区域。2019年，黄河上游宁夏、青海、甘肃可再生能源电力消费量占全社会用电量比重达50.4%，比全国平均水平高22.9个百分

---

① 赵文智，等．西部油气发展战略研究［M］．北京：科学出版社，2019.

② 潘继平．突破发展瓶颈不断推进天然气增储上产［EB/OL］．中国石油新闻中心，2019-11-19.

③ 全国油气矿产储量通报（2016）［Z］．

点。其中，青海可再生能源电力消费量比重达 81.8%，甚至远高于欧盟国家 2019 年 34.6%的平均水平①。目前，黄河流域上游地区可再生能源已经进入局部地区存量替代化石能源的发展阶段，并且通过扩大外送电力，在其他地区大范围增量替代化石能源过程中发挥了重要作用。

从可再生能源发展格局变化来看，我国可再生能源发展将由集中式为主向集中式与分布式并重方向发展，但黄河流域上游地区可再生能源开发利用高地的地位不会改变。研究表明，我国 2050 年分布式可再生能源占比将达一半左右，在东部等传统受电地区，依靠发展分布式可再生能源，能源自给率将有所提高。但从总量来看，要实现能源革命发展目标，到 2050 年我国可再生能源利用规模要提高 10 倍甚至更多②，黄河流域无论是扩大可再生能源外送，还是提升自身可再生能源利用规模都有很大发展空间。特别是，黄河上游水能资源条件较好，利用水电的灵活调节能力和外送通道，能够与其他能源实现多能互补发展。同时，随着土地等非技术成本占可再生能源开发成本比重不断提高，与中东部人口经济密集地区相比，黄河流域上游地区能源、环境容量和土地要素相对丰裕的综合优势更加凸显。

未来一段时期，伴随可再生能源技术和业态加快创新，黄河流域上游地区有望成为引领国内外清洁能源发展的战略高地。可再生能源开发方面，随着太阳能、风能利用效率不断提高，技术可开发的资源量还将大幅增长。以风能为例，2006—2018 年，我国陆地风能资源技术开发量增长了 10 倍以上③。可再生能源应用方面，在积极应对气候变化背景下，可再生能源作为潜力最大的减排途径，在替代化石能源电力、替代传统供热和液体燃料、拓展氢能等新兴能源利用、支撑黄河流域率先实现低碳转型方面的作用将进一步发挥。培育增长新动能方面，可再生能源产业是绿色产业的重要组成部分，在新一轮城镇化、基础设施建设和产业升级过程中，通过高比例可再生能源与传统能源、交通、工业、建筑等加快融合，不断创新技术和业态模式，有望形成绿色跨越发展的后发竞争新优势。

---

① Agora Energiewende & Sandbag. The European Power Sector in 2019 [Z].

② 国家可再生能源中心. 中国可再生能源展望 2018 [Z].

③ 黄其励，倪维斗，王伟胜，等. 西部清洁能源发展战略研究 [M]. 北京：科学出版社，2019.

（六）黄河流域是现代能源经济发展的重要依托，是北方地区高质量发展的重要支撑

黄河流域八省区能源发展比较粗放，经济增长对能源相关产业的依赖程度普遍较高。目前，虽然山西开展了能源革命综合改革试点，内蒙古提出建设现代能源经济示范区，青海提出创新国家清洁能源示范省，但黄河流域整体能源利用的技术效率和经济效益不高，八省区单位地区生产总值能耗是全国平均水平的1.3倍，全国能耗强度最高的五个地区中有四个在黄河流域。习近平总书记指出，要把现代能源经济这篇文章做好，紧跟世界能源技术革命新趋势，延长产业链条，提高能源资源综合利用效率。在新一轮能源科技革命和产业变革背景下，作为我国新增能源供应的主要来源，黄河流域是构筑现代能源经济的重要依托。

黄河流域能源基地转型不仅是深化能源革命的必然要求，也是实现北方地区经济高质量发展的重要支撑。近年来，我国区域经济格局出现“南北分化”的新态势，北方地区整体经济发展动力不足。2012—2018年，北方地区经济总量占全国的比重由45.8%降至38.5%。黄河流域八省区是我国北方地区的主体，地理面积、常住人口和GDP总量分别占北方地区的44%、57%和56%，工业增加值和全社会固定资产投资分别占北方地区的61%和62%。加快黄河流域能源基地转型，既是新时期深化能源革命的客观要求，更具有“平衡南北方，协同东中西”的作用，对促进区域协调高质量发展具有重要意义。

二、黄河流域能源基地转型发展取向

今后较长时期，黄河流域作为我国重要能源基地的地位不会改变，但黄河流域各类能源基地的发展内容、路径和模式亟待创新。针对黄河流域上、中、下游增长型、稳定性和衰退型能源基地，要按照生态保护和高质量发展要求，在发展理念、空间布局、产业结构、一体化融合、治理体系等方面加快转型变革。

（一）坚持生态优先，协同保障国家能源、水资源和生态安全

发展理念方面，要转变单纯注重能源资源开发的理念，把生态环境和水资源作为能源开发首要约束，不仅污染物排放标准和水资源利用水平要达到国内外先进水平，而且污染物排放量和用水总量要持续减少，确保从

源头上降低能源开发利用的水资源和生态环境负荷，增强国家能源、水资源和生态安全协同保障能力。要转变单纯把水资源和生态环境视为无节制利用对象的理念，通过发挥可再生能源改善区域生态环境的红利作用，实现生态环境优势与可再生能源优势相互促进，促进自然财富、生态财富不断增值。

（二）坚持绿色低碳，加快能源开发结构和布局战略性调整

开发结构和空间布局方面，要转变化石能源为主的开发方式，加快构建以“清洁能源为主、化石能源为辅”的开发体系，生态环境脆弱敏感地区和资源枯竭地区加快退出化石能源开发。优化开发煤炭、油气等化石能源，要转变“有水快流”的发展思路，综合考虑生态环境和水资源约束、运输条件、市场需求等因素，合理优化煤炭开发布局和时序，统筹常规与非常规油气资源开发，实现煤炭绿色减量开发、油气长期稳产开发。协调推进风能、太阳能等可再生能源开发，要转变集中式为主的发展方式，加快黄河流域中下游地区分布式可再生能源开发，提高就近开发、就近利用水平。

（三）坚持质量第一，打造引领北方地区升级发展的现代能源经济

能源产业发展方面，要转变规模扩张的粗放发展方式，瞄准能源产业技术链和价值链的高端，发展国际领先的生态友好型能源产业集群，为北方地区经济升级发展培育绿色增长动能。深化能源供给侧结构性改革，要转变片面追求低水平供需平衡的思路，把大幅提升能源和环境生产力放在首位，加快淘汰高耗能、高排放，低效僵尸生产能力。聚焦提质增效，加快应用创新技术工艺，针对基地园区、产业链等实施系统节能减排、循环化改造等，提高传统能源基地绿色循环低碳发展水平。培育壮大可再生能源、节能环保、现代制造等新兴产业，增强能源领域市场定价权和全产业链综合竞争优势。

（四）坚持包容普惠，加快上、中、下游，产、城、人等协同转型

一体化融合方面，要转变低水平重复建设发展模式，树立黄河流域“一盘棋”思想，推进重大生产力合理布局和上、中、下游协同转型，加强电力、油气等设施互联互通，促进各类能源基地充分发挥比较优势。统筹推进能源基地转型和新型城镇化建设，加快产、城、人融合发展，推动传统能源开发企业向综合能源环保服务等领域拓展。落实以人民为中心的

发展思想，推动能源开发收益向资源开发地区、衰退型能源基地或城市、再就业和低收入群体等倾斜，确保能源基地转型成本和收益公平分配，稳步改善黄河流域人民生产生活条件。转变片面依靠资源优势发展思路，着力培育人力人才优势，促进产业发展向中高端迈进。

（五）坚持改革创新，构建流域一体化的现代能源环境治理体系

制度体系方面，要以新的“分两步走”战略目标为导向，聚焦关键领域深化改革和创新发展，构建流域一体化的现代能源环境治理体系。坚持能源市场化改革方向，在黄河流域先行先试电力体制、油气体制、生态产品定价、自然资源价值实现等重大改革举措，完善产能置换、生态补偿、水权交易等市场化机制。健全市场一体化发展机制，严格流域统一的产业、环境准入标准，建立统一开放的能源市场，消除区域市场壁垒，防止出现政策洼地、地方保护主义等问题。按照因地施策、分类指导原则，针对不同区域、不同类型的能源基地，提高财税、产业、土地等政策的精准性和有效性。完善流域上、中、下游合作机制，推进能源产业有序转移和优化升级，加强流域生态环境共建共治。

三、成长型能源基地转型发展路径与模式

黄河上游（青海、甘肃等）地区风力、太阳能、水力等自然资源丰富，在能源转型背景下，可再生能源开发有望成为拉动经济增长的重要动力引擎。然而，黄河上游地区海拔较高、气候寒冷、热量条件差，导致生态修复能力较差、环境容量不足，一旦生态环境遭到破坏，甚至会对黄河中下游地区发展造成冲击。因此，在大力开发黄河上游可再生能源、打造可再生能源基地的过程中，要将生态保护放在首位，从资源开发、输送和利用三个角度入手，构建与生态环境保护相适应的可再生能源供应体系，多渠道、多举措、多模式扩大可再生能源外送能力，并着力提升可再生能源的本地消纳能力和利用水平。

（一）构建与生态环境保护相适应的可再生能源供应体系

1. 创新发展模式与手段，实现可再生能源多元互补开发

黄河上游地区风力、太阳能、水力资源丰富，可再生能源发展的资源基础雄厚。在传统开发模式下，各可再生能源基地各自为战，造成了电力

系统安全问题、调峰难、上网难、输送设备利用率低等一系列问题。由于风电、光伏发电、水电的出力特点各不相同，且具有一定的互补互济关系，因此，应创新可再生能源发展理念，探索“以清洁能源调清洁能源”的多元互补开发模式，整合黄河上游地区各类可再生能源资源，实现统筹规划、协调发展和大规模开发。

多能互补打破了单一的能源供应模式，为用户提供综合能源服务，从而提升输电通道的利用效率和能源系统的综合利用效率，缓解能源供需矛盾、加大可再生能源的消纳，同时获得较好的环境效益的用能方式，是未来能源发展的大势所趋。我国已在青海、西南（藏区）地区水电资源较为丰富的地区试点开发水光互补能源基地。依托水电的可调节性，在水电输送中配套一定的光伏电力，在系统负荷高峰时段，电站可在系统中承担调峰任务；在系统负荷低谷时段，视系统需要和下游用水要求调整电站出力。这种互补模式可以充分利用已有输电通道，优化系统出力曲线，进而保证清洁电力的外送（见图 5-2）。大力发展多能互补集成优化系统，既是深入推进我国能源生产和消费革命的题中之义，也是破解我国能源电力发展中弃风、弃光、弃水等现实难题的有效手段之一。

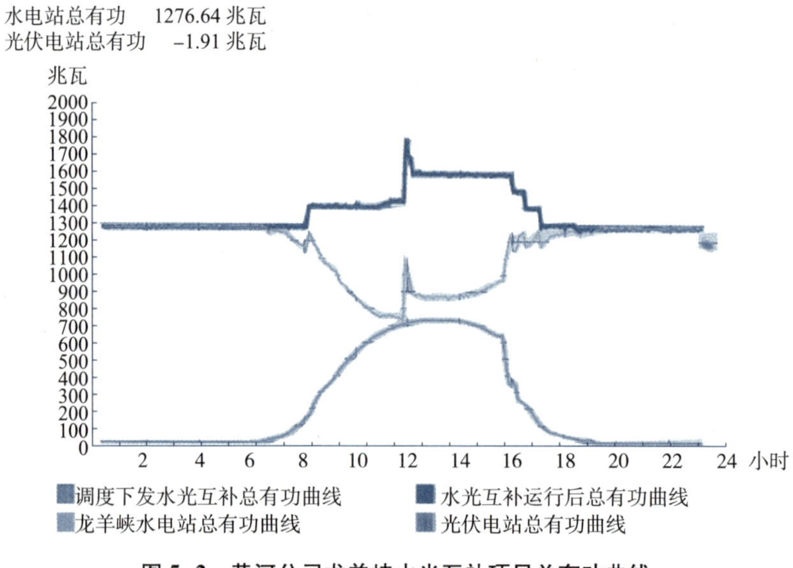

图 5-2 黄河公司龙羊峡水光互补项目总有功曲线

资料来源：澎湃新闻（2018）。

随着能源开发、储能等技术的不断进步，更为多元、智能的多能互补模式正在不断涌现，开拓了“以清洁能源调清洁能源”的发展空间。例如，青海省鲁能海西州多能互补集成优化示范项目（一期）示范基地是国际领先的“风、光、热、蓄”多能互补、智能调度的纯清洁能源综合利用创新基地。项目建设光伏发电项目 20 万千瓦，风电项目 40 万千瓦，光热发电项目 5 万千瓦，蓄电池储能电站 5 万千瓦。该示范项目总投资约 63.7 亿元，其中风电项目投资金额为 32 亿元，光伏发电项目投资金额为 16 亿元，光热发电项目投资金额为 12 亿元，储能电池项目投资约 3.7 亿元。该项目建设地点位于格尔木东出口，采用虚拟同步机技术，使风电、光电能够主动参与一次调频、调压，对电网提供一定的有功和无功支撑。按照“统一设计、分步实施、整体集成”的原则，对风电、光伏发电、光热发电的新能源组合实施柔性控制，实现智能调控，在已签订消纳协议的基础上，实现地方发电就地消纳，最大限度地减少弃光、弃风①。

2. 践行生态优先，协同推进可再生能源开发与生态保护

黄河上游地区海拔较高、气候寒冷、热量条件差，是导致生态脆弱的根本原因。由于地处沙漠与黄土高原交会地带，黄河上游地区的生态区位极其重要。但是，由于受降水稀少、水资源短缺和用水困难的制约，区域生态环境脆弱，环境承载力低下，经济社会发展长期滞后，土地资源、能源资源、矿产资源富集的优势得不到充分发挥，实为我国生态文明建设和扶贫攻坚的主战场。2000 年以来，在国家重点林业生态工程、草原保护工程、水土保持工程带动下，黄河上游地区生态环境保护工作取得显著成效，但由于资金、人才和技术等方面的欠缺，工作中仍存在诸多问题，生态整体恶化的态势尚未从根本上得到有效遏制，环境治理形势仍然较为严峻。由上所述，黄河中上游地区严重的生态问题，造成区域经济发展长期滞后，有相当一部分群众的生存条件差，生活困难，有的地区甚至呈“生态贫困”“环境贫困”“人口贫困”的恶性循环②。

可再生能源的开发需要依托于黄河上游地区丰富的自然资源，在开发过程中，需要充分发挥可再生能源对于生态保护的积极作用，推广水电治水、光伏治沙（水电站的水库可以发挥“冷湖效应”，减缓因气候变化引

---

① 佚名．黄河水电发展“清洁能源+储能” 全力打造青海风光储新能源基地［EB/OL］．(2019-03-20)．［2020-07-28］．http：//www.sohu.com/a/302569/04-120047596.

② 张红武．解决黄河中上游区域生态环境建设与保护问题迫在眉睫［EB/OL］．(2017-03-14)．［2020-08-25］．http：// guoqing.china.com.cn /2017-03/14/ content_ 40454182.htm.

起的雪线上升，并促进水库周边植被生长；光伏板则可以发挥“遮阴作用”，有利于修复生态）（见图 5-3）等模式，协同推进清洁能源开发与生态保护。此外，可再生能源开发还能够与地区经济转型发展、脱贫扶贫等工作相结合，青海、甘肃等地区相继探索出“光伏扶贫”等新模式，实现可再生能源开发、经济社会发展、增进民生福祉三者的统一。

图 5-3　光伏治沙效果

例如，达拉特旗致力于推广光伏治沙工程，一方面，基桩能固沙，光伏板能遮阴，为植物生长明显改善环境条件，治沙效果事半功倍；另一方面，绿化治沙能减少风沙侵袭，降低光伏项目的管护成本，光伏企业自身也有治沙积极性。因此，国家电投、中广核太阳能等新能源巨头在投资建设中，每亩[①]专门配套了 3000 元治沙资金，用于栽植沙障、防护林和经济作物等。据悉，一期项目已完成生态绿化工程超过 13 平方千米，光伏发电站的建设正在让沙漠变绿洲。与此同时，达拉特旗还把一二三产融合发展作为核心关键，把发展光伏产业与沙漠有机农业、沙漠风情旅游和乡村振兴有机结合起来，最大限度地放大基地的生态效益、经济效益和社会效益。采取“板上发电、板间养殖、板下种草（药）”的方式，实现土地的综合利用[②]。

3. 调整能源发展思路，构建化石能源配合可再生能源开发格局

以青海、甘肃为代表的黄河上游地区可再生能源资源丰富，如图 5-4 所示，能源消费结构中“一次电力及其他”占比分别达到 45. 3%和 16%，都高于全国平均水平的 14. 3%。然而甘肃省煤炭能源消费占比达到

① 1 亩约等于 666. 67 平方米。

② 国家能源局．生态光伏是这样炼成的：一边发电，一边治沙［EB/OL］．（2019-12-27）．［2020-07-28］．https：//baijiahao. baidu. com/s？ id=1653938918696918809&wfr=spider&for=pc.

62.3%，比全国平均59%的水平高出3个百分点以上。数据表明，尽管黄河上游地区低碳能源占比较高，但化石能源大量使用问题依然存在，在甘肃省表现尤为严重。由于化石能源的开发、加工转换和使用都会对生态环境产生巨大负面影响，与风能、太阳能资源禀赋条件，以及生态系统的脆弱性相比，相关地区还需要在能源发展思路上作出重大调整。为践行生态优先理念、加大生态屏障保护力度，需要转变化石能源在黄河上游地区能源生产和消费体系中的定位，尽可能减少化石能源使用，将化石能源定位于辅助可再生能源发展，为构建高比例可再生能源提供必要支撑。

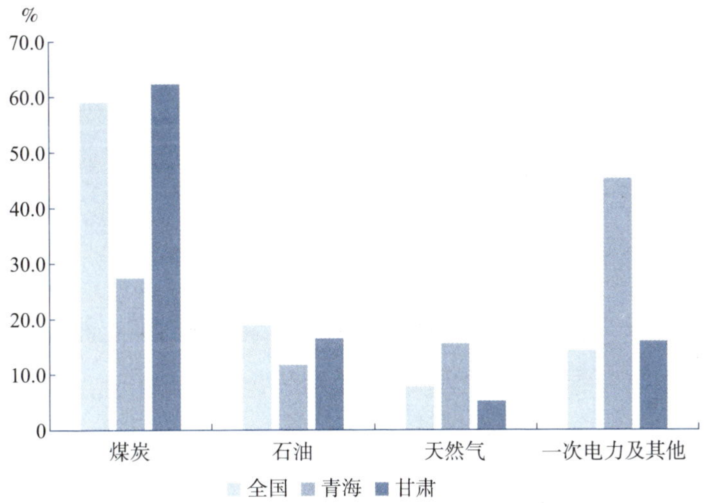

图5-4　全国、青海、甘肃能源消费结构对比（2018年）

资料来源：《中国能源统计年鉴》，青海省统计局，甘肃省统计局。

推进煤电机组灵活性改造，可提升电力系统安全水平和输电设施利用率，进而有利于可再生能源的大规模开发。风电、光伏发电等清洁能源具有随机性和波动性，保证出力率较低，基本不参与电力平衡。此外，特高压交流远距离纯送新能源电量可能存在电压稳定问题，直流送电会引起输送功率的频繁波动，对直流换流站的无功控制产生很大的影响。基于以上原因，可对黄河上游地区已有煤电机组进行灵活性改造，并构建“以化石能源调清洁能源”的能源发展模式。据分析，我国煤电机组调峰能力与德国、丹麦等国家之间存在明显差距（见图5-5），特别是热电联产机组，丹麦和德国分别为80%和65%，而我国只有20%，进而造成了供暖季大量弃风、弃光现象。据中电联分析，我国“三北”地区风电、太阳能发电装机分别占全国的 72%、61%，但灵活调节电源不足 3%，调节能力先天不足。因此，黄河上游地区应加快推进煤电机组灵活性改造，一方面设置合理的改造任务，确保调峰改造与新能源发展同步；另一方面建立辅助调峰服务补偿机制，电网也要制定合理的调度体系，优化调峰辅助服务市场运营规则。

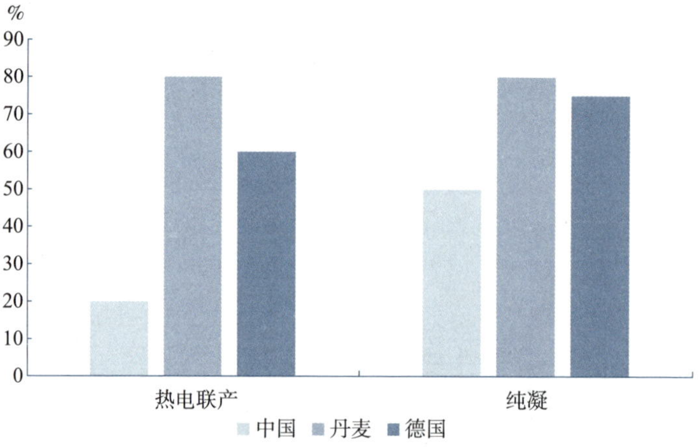

图 5-5　中国、丹麦、德国煤电机组深度调峰能力对比（2016 年）

资料来源：《为何要对煤电进行灵活性改造》（2016）。

（二）多渠道、多举措、多模式扩大可再生能源外送能力

1. 加快能源基础设施互联互通，提效率、降成本

与传统化石能源相比，可再生能源发电设备年利用小时数较少，风电年运行 2000~2500 小时，光伏年运行 1500~2000 小时，而且在空间上分布较散，不利于充分利用输电通道等基础设施。特别是对于黄河上游地区，如果每个清洁能源基地都各自建设独立外送通道，高昂的初始投资平摊到每千瓦时电上，将导致清洁能源最终使用成本过高。因此，应开展跨区域、跨基地的合作，整合不同可再生能源品种，形成稳定、连续出力，再进行统一输送，进而提高能源外送基础设施利用率，降低度电输送成本。

德国的能源转型很好地利用了欧洲的整体资源，并主导和推动这一进程。北欧电力市场的良好运行已初步证明跨越国界发展可再生能源可带来更高的系统效率和更低的系统成本。德国早在欧洲开放的电力市场形成和融合初期就意识到这一点，在推动欧盟发展可再生能源、建设统一的能源市场进程中与欧洲电力体系不断融合，在解决风电和光伏发电的不稳定

性、共享可靠的容量和利用低成本的灵活度交易上取得了巨大的成功。目前，德国已与周边7个国家实现联网，并建立了关联市场，年输出电量为600亿~700亿千瓦时，年输入电量为200亿~400亿千瓦时，与大部分国家均有双向的电量传输，为可再生能源在更大范围内的优化配置提供保障。通过电网的互联和“一日间”市场的应用，欧洲各地可再生能源发电的波动性可以在更大的范围内进行平滑，北欧的大型水电、工业需求响应以及其他类型的电力灵活性资源可以进行跨国的调用，可再生能源发电较多的国家可将多余的可再生能源电力送至其他国家消纳。德国充分利用整个欧盟范围内的供应侧和需求侧资源，以较低的成本弥补本国电力系统的不足。

2. 依托跨能源耦合技术，创新清洁能源外送方式

黄河上游地区面临清洁能源开发潜力巨大和本地能源需求有限的矛盾，清洁能源大规模开发和大规模外送是现实必然选择。但如果单一依靠输电来实现清洁能源外送，可能面临外送能力不足、终端市场受局限等问题。而近几年随着能源转化技术的发展，尤其是电化学技术的突破，使得跨能源品种耦合模式由理想变为现实。如图5-6所示，利用风能、太阳能、水能生产可再生能源电力以后，可以通过三条技术路线实现多元化外送。首先是应用特高压等先进输电技术，建设输电基础设施，提升清洁电力外送能力；其次是通过电解水制氢技术，将可再生能源制成绿氢，再通过液氢、固态储氢、天然气掺氢等先进氢气储运技术，将黄河上游绿氢输送至终端需求市场；最后是依托于先进物质转化技术，以绿氢为依托，生产绿色合成氨、绿色甲醇等化工产品再进行外送。这种“可再生能源+”的多样化外送模式，极大地扩展了可再生能源的外送途径，未来可在黄河上游地区进行重点探索。

继续推进电力基础设施建设，应用先进输配电技术，扩大清洁能源外送能力，降低输配损失。尽管在西电东送战略指引下，我国已建成多条特高压线路，将大量清洁能源从黄河上游地区送至中东部经济相对发达地区，但从规模上来看，与黄河上游地区资源开发潜力相比仍显不足。未来一段时期是我国加强西电东送、提高黄河上游地区清洁能源消纳比例以巩固能源安全保障的重要发展阶段，应在保证设备利用率前提下，大力推进特高压输电通道建设，扩展清洁能源外送通道。同时，还应大力应用先进

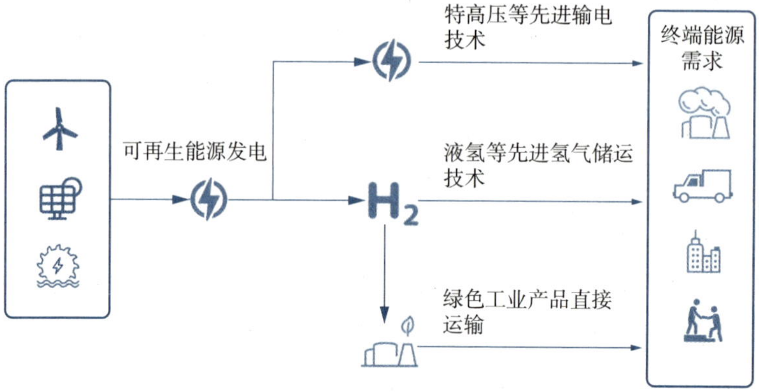

图 5-6 可再生能源多方式外送模式

输配电技术，降低输配损失。例如，意大利从 20 世纪初开始开发太阳能和风能，2018 年其光伏发电和风电装机容量分别超过 20 吉瓦和 10 吉瓦，但大部分安装在南部地区，而其主要用电负荷则集中在中北部城市，供需不平衡导致可再生能源发电量的削减。对此，政府采用动态提高输电线路容量（DLR）技术减少了由于传输限制导致的发电量削减。

随着能源转换技术的革新和终端用能技术的升级，黄河上游地区可应用前沿技术，探索“可再生能源+制氢+X”新业态，由单一输出清洁电力向输出多元化产品转型。例如，荷兰于 2020 年启动了全球最大的海上风电制氢项目——NortH_2，由荷兰壳牌公司、荷兰天然气网运营商 Gasunie 和格罗宁根港联合开发，计划到 2030 年在北海建成 3~4 吉瓦的海上风力发电能力，完全用于制造绿色氢气。该项目预计在 2027 年实现首次送电，并计划到 2040 年在区域达成 10 吉瓦海上风电装机、年产 80 万吨绿氢的目标。我国甘肃省兰州市 2020 年启动了首个太阳能燃料生产示范工程——“液态太阳能燃料合成—二氧化碳加氢合成甲醇技术开发”项目，占地 289 亩，将建设年产 1440 吨甲醇的制备装置，总投资 14100 万元。该项目由光伏发电、电解水制氢、二氧化碳加氢合成甲醇三大系统单元组成，通过装机规模为 10 兆瓦的光伏发电单元向两台功率为 1000 米^3/小时的电解槽供电实现电解水制氢，制取的氢气与气化后的二氧化碳在催化剂作用下反应生产出的绿色甲醇将被输送至下游企业，用于合成甲醚、烯烃等产品。

（三）提升可再生能源的本地化消纳能力和利用水平

1. 挖掘需求侧调峰能力，开展电力需求侧管理

电力需求侧管理是提升能源供需两侧互动水平、以较低成本移峰填谷的有效手段。与传统供应侧调峰思路相比，需求侧响应不仅注重减小负荷峰谷差，更加注重电能节约，引导高耗能大用户自觉错峰，不断提高自觉错峰效率，引导大用户改变用电方式，开发低谷用电市场，实现移峰填谷，提高电网负荷率。同时，电网也将对高耗能用电户进行合理控制，科学安排高耗能大用户企业在日间高峰、夏季高峰或不可控因素引起的负荷高峰期间进行自觉错峰，对设备进行停产检修，以腾出部分负荷空间，满足社会用电需求①。电力需求侧管理项目类型可分为能效电厂项目（永久性节约电力）、移峰填谷项目（永久性转移电力）、需求响应项目（临时性节约电力）三大类。电力需求侧管理已成为深入推进供给侧结构性改革的重要途径，既是推动能源革命和全社会节能减排的有效方式，也是促进电力经济绿色发展和生态文明建设的必要手段。电力需求侧管理系统内涵见图 5-7。

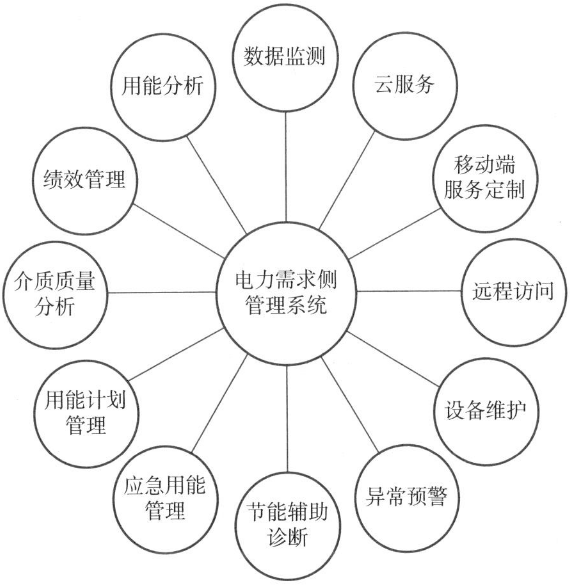

图 5-7　电力需求侧管理系统内涵

① 马林东，葛智平，张世才，等. 基于高耗能企业参与电网内风电消纳的主动调峰技术［J］. 电力建设，2013，34（10）：102-106.

电力需求侧管理工作近年来得到了相关政府管理部门和企业的重视，通过采取有效的推广措施，取得了较为显著的社会效益和经济效益。例如，工业领域广泛应用高效节能变压器、无功补偿及谐波治理技术、电动机变频调速技术、高效照明技术等；商用领域重点开展政府办公场所、居民生活以及医院、学校、宾馆、酒店等公共机构和商业场所的节电技术改造。随着用能设备智能化水平提升，电力需求侧管理的适用范围也在不断扩大，传统意义上不具备需求响应能力的连续性工业生产，如今也具备了一定响应能力。青海、甘肃等黄河上游地区已有电解铝、钢铁、化工等产业布局，建筑、生活用能也在快速增长，未来应加快提升需求侧用能的智能化管理水平，发展适应间歇性可再生能源的可中断设备用户，挖掘需求侧调峰能力，推动可再生能源发展。

青海、甘肃等黄河上游地区正面临可再生能源规模化发展的历史机遇，同时也面临系统调峰能力不足导致的电力系统安全挑战，迫切需要开展电力需求侧管理，挖掘需求侧调峰潜力，使本地负荷成为维护电力系统安全稳定运行的重要保障资源。例如，甘肃省酒钢宏电铁合金厂高炉锰铁、高钛铁合金生产线70%（7.3万千瓦）左右的负荷都是二类负荷，生产时间可以灵活安排，可以纳入到转移负荷之内，而当电网处于低峰时，可以安排部分生产线恢复生产，以增大最小等效负荷。主动参与调峰之后，风电幅度由原来的0.6万千瓦减小为0.2万千瓦左右，减小幅度在2/3以上，对平滑风电出力、减小电网负荷峰谷差起到很好的调节作用。

未来，应在开展用电企业耗电设备节能诊断的基础上，推动电力需求侧管理技术在重点行业、重点用能企业中的应用。一般而言，工业企业在不影响正常生产能力的前提下，用电负荷调整能力为该企业最高用电负荷的5%~20%，更重要的是，工业企业对价格信号敏感，基于生产成本的考虑，在适当的激励条件下，参与电力需求侧响应的积极性较高。因此，应尽快完善能效电厂建设政策支持及管理体系，制定相对完善的示范项目标准、实施规范和资金管理办法等。发挥市场化手段，鼓励电能服务机构、金融机构参与能效电厂项目建设，并在冶金、建材、化工、纺织、电力、石化等重点耗电行业和主要耗电产品领域集中实施一批能效电厂项目①。

① 翟威锋，陈春艳．新时代开展工业领域电力需求侧管理工作的思考与建议［J］．能源与环境，2018（5）：93-94.

2. 提升可再生能源消纳能力，适度发展高耗电、高附加值产业

在输配电网与可再生能源发展不匹配、跨区消纳存在技术和管理障碍的现实情况下，利用负荷端资源参与可再生能源就地消纳是可行思路。高耗电产业负荷能耗密度较大、布局集中，还具有一定调节能力，有望与可再生能源大发展形成配合。特别是近几年，随着东部沿海发达地区生产要素成本上升，产业转移在持续推进，高耗能、高耗电产业正在逐步迁往低价、低碳能源富集地区。在此背景下，黄河上游地区应结合市场需求、行业发展前景、自身比较优势等多方面因素，适度发展高耗能产业。特别是在数据中心、云上经济快速发展过程中，青海、甘肃等地区气候适宜、电力资源丰富且价格较低，可以扮演相关高耗电产业的承接者角色，提升本地可再生能源消纳能力，进而对可再生能源发展形成杠杆效应。

张家口市可再生能源资源丰富，近几年，张家口以冬奥会和承接产业转移为契机，做好“绿色加减法”，逐步构建出“绿色能源+绿色产业”的发展格局。一方面，大力推动可再生能源开发及利用，进一步提升全市能源的清洁化水平。风电方面，在原有两个国家百万千瓦级风电基地的基础上，张家口又启动了第三期规划，规划 70 个项目共计 682.5 万千瓦。光伏方面，重点推进张北、阳原、康保等区域光伏项目，在怀来至崇礼高速公路沿线两侧建成 40 万千瓦奥运迎宾光伏廊道，具备并网条件。另一方面，积极发展先进、绿色高载能产业。面对工业发展的环境限制和区域发展的需要，张家口在淘汰退出传统产业的同时，积极培育更为绿色的新型产业。依托比邻北京的区位优势和已有产业基础，重点规划发展新能源、大数据、高端装备、食品加工、冰雪等产业，支持和引进了阿里、京东、沃尔沃、蒙牛、伊利等知名企业和重大项目，通过重大项目的建设实现接续产业的培育和发展，将其生态资源优势转变为产业发展优势。

“十四五”及未来一段时间，随着风电、光伏发电成本的不断降低，国家有关管理部门预计“十四五”初期风电、光伏发电将逐步全面实现平价，并正在研究取消补贴后一段时期普遍性的支持政策。同时，国家能源局正进一步扩大和丰富市场化交易，构建以中长期交易为主、现货交易为补充的省间交易体系，不断完善可再生能源参与省间中长期交易机制，不断提升跨省跨区输电通道输送可再生能源电量，确保新能源电量应送尽送、能送尽送。“隔墙售电”等发电企业与电力用户直接交易的形式也正

在进行试点和探讨，可再生能源配额制和绿色电力证书交易制度也在逐渐完善。

3. 发展分布式能源，推动可再生能源分散化利用

与传统集中式电源相比，分布式电源更贴近用电负荷，且符合智能配电、用电的发展方向，有望成为可再生能源发展的重要途径。分布式可再生能源具有以下两方面优势：一方面是有助于并网。由于光伏发电中，经常面临的一个产业性问题和技术性问题就是并网难度大，在一些光照条件较好地方虽然建立了大型光伏发电站，但是因为并网难度较大，所以即便是在建成之后，往往也因为无法并网而导致电能浪费。而如果采用新能源分布式光伏发电，因为规模小、贴近用户，并网难度大大降低。另一方面是有助于降低成本。以往的光伏发电主要是采取集中的方式进行，所以不管是建站还是并网都需要较高的成本，这样就会给投资效益带来影响。而如果是采取新能源分布式光伏发电，则能有效地降低投入成本，并且建设微型发电站时所需的成本较低，投资风险也能有效地降低，达到降本增效的目的①。

黄河上游地区在建设可再生能源基地时，既要注重集中式可再生能源开发方式所产生的规模效益，也要看到分布式可再生能源开发方式具有的灵活性、安全性等特点，二者统筹兼顾、因地制宜发展，共同实现可再生能源的最大化开发和利用。例如企业厂房屋顶一直是光伏产业的宠儿，利用闲置的工厂屋顶建设光伏项目，既可以减少能源的消耗，又充分地利用了闲置的资源，起到了节能减排的作用，能给工厂带来巨大的经济效益、环境效益，可谓一举多得（见图 5-8）。南宁锦虹棉纺织有限责任公司在易地搬迁中，充分利用新房屋顶资源，兴建了 3 兆瓦太阳能光伏发电项目，总装机容量 3 兆瓦，年均发电量 300 万千瓦时。太阳能光伏发电工程现已投入正常运行，预计在 25 年寿命期内输出电量约 7500 万千瓦时，与同等电量的火电厂相比，相当于累计节约标准煤约 2.625 万吨（按火力发电每千瓦时电煤耗 350 克计），减排二氧化碳 6.5 万吨、二氧化硫 525 吨、粉尘 262 吨。

除了分布式可再生能源在工业、建筑领域应用以外，近几年国内外还涌现出一些新模式，进一步扩展了分布式可再生能源的应用场景和潜力。

---

① 关连松．新能源分布式光伏发电的前景及面临的问题浅析［J］．百科论坛电子杂志，2019（21）：348-349.

图 5-8　工厂屋顶光伏

例如，光伏农业是近年来在国内外新兴的一种产业模式，是在农业设施棚顶安装太阳能组件发电、棚下开展农业生产的形式。光伏农业极大地吸收了最新的光伏与农业技术，促进了两个产业的健康发展与技术进步，以期达到“1+1>2”的产业融合效果，最大限度地利用土地资源，增加生态效益和社会效益，提高农民收入，有效带动地方经济发展①。此外，随着数据中心、5G 基站等信息基础设施的大规模建设，可开展“分布式光伏发电+5G 基站+储能”等应用探索，树立分布式能源发展新模式、新样板。

专栏 5-1　“光伏+5G”模式，为新基建提供新动力

我国正处于信息基础设施高速建设时期。5G 基站、数据中心的快速发展，给能源供应带来巨大压力，也给能源系统安全带来一定挑战。例如，5G 所需要的基站更密集，对网络规划、基站选址、设施建设、电力保障等都提出了更高要求，甚至可能对部分地区的通信基础设施规划产生颠覆性影响。据预测，按照 5G 基站和数据中心的建设速度，2025 年信息基础设施消耗电量或将接近 1.5 万亿千瓦时。再加上能源成本（尤其是电力成本）占信息基础设施运行成本的 40%~60%，选择更为安全、经济、清洁的能源供应方式，对于新基建发展和信息产业“降成本”都具有重大意义。

① 佚名 . 2019—2024 年分布式光伏发电行业投资前景［J］. 电器工业，2019（11）：26-30.

首先，利用分布式光伏打造节能环保的新型绿色铁塔基站，提高了通信基站后备供电保障能力，防止因铁塔意外供电不足导致基站功能受到影响。其次，通过充分利用基站闲置屋顶或土地，实现铁塔运营成本和生产电费的大幅降低。最后，分布式光伏与5G基站的高度分散化特征完美契合，可极大地降低国家的电力基础设施投资，协助5G以最低成本、最大覆盖、最高效率服务社会和用户。

2019年底，分布式光伏领军企业联盛新能源与中国铁塔河源市分公司正式达成合作，打造国内首批5G绿色铁塔基站。由联盛新能源投资分布式光伏电站，为铁塔基站提供节能减排服务和清洁能源保障。首批项目装机总规模约11.76兆瓦，覆盖超过1000个高耗能基站，已于11月正式开工建设。该项目不仅是“光伏+”模式的又一次有力探索，将太阳能应用领域进一步延展，同时也为未来5G的应用普及奠定了良好的清洁能源基础①。

四、稳定型能源基地转型发展路径与模式

黄河中游地区（宁夏、陕西、内蒙古、山西等）化石能源资源丰富，近几年，当地政府立足资源优势发展能源经济，部署建设了多个能源基地。然而，化石能源大规模开发和利用给生态环境、水资源带来巨大压力，以大量开采、粗放使用、低水平建设为主要特点的传统发展模式，很容易导致化石能源基地及所在区域陷入“资源诅咒陷阱”。为破解能源基地建设、资源大开发和生态大保护之间的矛盾，应遵循节约用水、生态保护、资源集约、产业循环高端化发展原则，推进多种能源资源综合协同开发、能源上下游产业一体化升级，并在生态环境可承受范围内优化能源基地建设。

（一）由单一开发转向多种能源资源综合协同开发

1. 整合矿区资源，推进煤油气等化石能源一体化开发

黄河中游地区煤炭、石油、天然气以及铁矿、铝矿等资源丰富，且不同资源存在空间上的重叠。以鄂尔多斯盆地为例，该盆地的矿权重叠面积

① 东方财富网．联盛新能源携手中国铁塔打造“光伏+通信基站” 做5G时代下的拓荒者［EB/OL］．（2019-12-06）．［2020-08-26］．https：//baijiahao.baidu.com/s？id=1652156458171512155&wfr=spider&for=pc.

达 4.3 万平方千米，占矿权总面积的 15.39%，占盆地总面积的 17.67%。从矿种来看，煤矿矿业权重叠数量最多，占矿权重叠总数的 7.07%，其次依次为石油和天然气、铝土矿、岩盐，分别占矿权重叠总数的 5.92%、1.87%和 1.79%①。传统开发模式下，各开发主体各管一摊，甚至存在以邻为壑现象，矿区重叠的问题会导致大量优质资源无法得到有效开发，甚至还存在重大安全隐患。在黄河中游地区化石能源基地转型过程中，应注重矿区内多种化石能源资源的整合，统一开发主体、形成开发合力，一体化开发矿区煤油气等资源，提升安全生产水平和资源产出效率。

共生资源一体化开采技术是提升矿区各种资源综合开发效率的关键。例如，陕西黄陵矿区依托煤油气一体化开采技术，初步形成了油型气立体综合治理的“黄陵模式”。自 2012 年起，黄陵矿业公司在油型气综合勘查与预测、精准抽采、监测监控等方面做了大量科学系统的研究工作，通过集成地面钻探勘查、井下绳索取芯勘查等综合勘查技术，查明了黄陵矿区煤矿油型气储集层分布情况，提出了煤油气共生矿井采掘工作面超前预置钻孔法，同时总结出了“两堵一注”封孔及抽采孔压风排水等煤层底板油型气抽采钻孔施工工艺。该项目的成功应用全面提升了黄陵矿业公司煤油气共生条件下矿井瓦斯的治理水平，增强了油型气治理工程的有效性、针对性和经济性，实现了油型气治得住、治得准、治得省的战略目标。2014—2017 年，黄陵矿业公司成功解除了 8.28 平方千米无法开采区域的油型气威胁，释放煤炭资源 4000 万吨，增加产值 120 亿元。

推进矿区资源综合开发，政府需要发挥积极作用，调动各主体积极性、探索联合开发新模式。解决矿区重叠问题必须重视市场的作用，要充分发挥市场在资源配置中的决定性作用，充分尊重矿业企业的市场主体地位。同时，政府要利用财税等经济手段，如税收优惠、财政扶持等，积极引导矿业权重叠各方本着双赢互利、共谋发展的原则，发挥市场主体的能动作用，探索联合开发的新模式，如山西省三交地区的煤炭与煤层气重叠问题上运用得比较成功的先采气后采煤的“三交”模式，协议划分、分别开采、下游合作的“沁南模式”，青海省油气与盐湖资源重叠的承诺制方式，都是在处理矿业权上比较成功的办法，可以大力推广。此外，还可以

① 吴文盛，刘小磊．中国矿业权重叠问题探析［J］．石家庄经济学院学报，2014（2）：55-58.

探索矿业权重叠各方以矿业权折价入股形式共同开发矿业权重叠区域的矿产资源。政府还可以支持有条件的矿业企业通过矿业权重组、整合和并购，使矿业权重叠问题的外部性内部化，使矿业企业走上整装勘查、综合开采和探采合一的综合开发道路。

2. 整合区域资源，推进化石能源与可再生能源综合开发

黄河中游地区既有丰富的化石能源资源，也有丰富的可再生能源资源。以鄂尔多斯盆地、榆林、宁东为代表的地区，不仅煤炭资源丰富、开采条件好、生产成本低，风能、太阳能资源也同样丰富，开发潜力巨大。例如，鄂尔多斯盆地已探明煤炭储量1600多亿吨，约占全国的1/6，同时全市风、光资源同样丰富，据测算，境内具有开发价值的风能资源总储量在5000万千瓦以上，具备发展大型风力发电场的条件，如果能充分利用全市荒漠土地建设太阳能并网光伏电站，全市光伏发电装机容量可达6000万千瓦以上。因此，在能源基地建设过程中，应在开发化石能源资源的同时，做好“风光文章”，把清洁能源开发放到同化石能源开发同等重要的地位，整合区域内各种能源资源，明确能源基地建设目标和能源开发主体责任，加速形成跨能源品种协同发展格局，推进化石能源与清洁能源的综合开发。

推进化石能源与清洁能源综合开发，需要能源发展思路的重大调整，并引入知名企业、研究机构参与到综合开发工作格局之中。例如，陕西省榆林市立足于煤炭、风能、太阳能等资源优势（据分析，榆林市靖边县平均海拔1470米，年有效风速时数为1500~2000小时，是陕西省风力资源最好的优势地带），先后吸引了鲁能、大唐、华能等一大批国内知名风电企业落户榆林[①]，构建了以风力发电、光伏发电和兰炭为主体的能源开发格局。2010年11月，国电定边繁食沟风电场一期49.5兆瓦工程并网发电，改写了陕西省无风电的历史。2012年9月，我国第一个真正意义上的“分散式接入风电项目”——华能定边狼尔沟9兆瓦分散式示范风电场一期正式投产发电。2017年新能源和可再生能源发电装机占榆林市电力总装机的30%，实现了能源结构由化石开发为主向化石能源和非化石能源开发并举转变，可再生能源已成为促进经济发展、优化产业结构、推动生态文明建设的重要支撑。

---

① 国家能源局．榆林打造能源经济“升级版”［EB/OL］．（2017-12-22）．［2020-08-20］．http：//www. nea. gov. cn/2017-12/22/c_ 136844839. htm.

（二）能源开发、加工和利用产业一体化升级

1. 发展能源相关高端制造业和服务业，提升产业链水平

黄河中游地区虽然具有极其优越的化石能源供给能力，但在应对气候变化、区域环境治理等因素带动下，全国化石能源需求增速已从高位回落，煤炭消费量更是于 2013 年达到峰值，2018 年比 2013 年下降了近 7000 万吨标准煤。更重要的是，未来我国钢铁、建材等高耗煤产业发展或将进一步放缓，全社会对于煤炭的需求也将持续回落，扩大煤炭产能抢占更多市场的发展模式已难以为继。因此，应清楚认识到化石能源消费市场逐渐饱和的现实，摆脱"靠山吃山、靠水吃水"和"挣快钱"的传统思维，主动破解资源诅咒，立足存量化石能源产能，选择合适的产品、工艺、技术路线，做好能源资源加工转换的文章，推动基地产品结构由初级能源产品向高技术含量、高附加值产品升级。

对于以煤炭资源为主的能源基地而言，在资源、环境、技术、市场等条件允许的前提下，可适度延长煤炭产业链，有序发展现代煤化工产业，提升产品附加值。例如，宁东能源基地立足煤炭资源，积极扩展和延伸产业链，实现了从"挖煤"到"输电"、从"卖炭"到"卖油"、从"黑色煤炭"到"白色烯烃"的转变。当前，宁东能源基地正在依托科技创新，更多打造现代煤化工产业，不断延伸煤化工产业链条，突出产业集群效益。近几年，国能神华宁煤集团 400 万吨煤制油项目、世界首套年产 50 万吨的煤制烯烃项目相继投产，宁东能源基地已经发展成为我国最大的煤制油和煤制烯烃加工生产基地，并成为我国四个现代煤化工产业示范区中规模最大、产值最高的园区。截至 2017 年底，宁东能源基地形成煤炭产能 9140 万吨，火电装机容量 1325 万千瓦，新能源装机容量 488 万千瓦，煤化工产能 2150 万吨，工业总产值达 1175 亿元，成为宁夏经济增长的主要动力源和稳定器。

除了发展高附加值制造业以外，黄河中游地区还可利用其在全国煤炭经济中的优势地位，发展与煤炭经济配套的高端生产性服务业。例如，山西省近年来一直致力于加强太原煤炭交易中心建设，利用煤炭、电力和铁路市场化改革契机，研究将煤炭中长协、电力、运力等交易结合起来，推动山西省逐步成为北方地区乃至全国主要能源价格形成中心，并围绕能源交易中心，积极拓展现代物流、信息、金融等延伸服务，培育形成新的增

长点和竞争优势。黄河中游地区未来在我国煤炭资源供应版图中的作用将更加凸显，可借机推进煤炭上下游、相关产业融合，推进煤炭产业与新技术新业态融合，发展煤炭交易中心等金融服务产业、煤炭与互联网大数据、煤炭装备先进制造、煤炭无人开采与机器人技术等，推动黄河中游地区由煤炭资源输出地向煤炭装备技术、现代能源服务输出地转变。

政府可通过行政、财税等手段，引导和推动企业延长产业链、发展配套高端服务业。例如，鄂尔多斯市政府采取了严格控制煤化工产业总量的方式，倒逼企业围绕存量产能和用煤指标开展升级改造，政府与企业一同致力于打造“高加工度、精细化、高附加值”的现代煤化工产业体系。一方面，政府坚持煤炭行业控制总量、淘汰落后、调整结构、提高质量的发展思路，明确了煤化工发展范围，稳步推进存量项目建设。另一方面，继续围绕甲醇、烯烃、合成氨、油品、乙二醇、煤焦油等煤化工产品，延伸发展煤基精细化工及化工新材料产业链，坚定不移地实施品牌引领、绿色开采、清洁利用、转型升级等发展战略，进一步推动鄂尔多斯市煤炭工业健康、持续、科学发展，全力打造“鄂尔多斯煤”国优品牌，建设国家清洁能源输出基地和现代煤化工生产示范基地。

2. 推进基地产业循环耦合，实现关联产业一体化转型

黄河中游地区建设能源基地过程中，为提升资源经济产出、拉动地区经济总体发展水平，很多能源基地都选择了“煤—化”“煤—电—铝”一体化发展等模式，即以煤炭、煤电的资源和成本优势，发展下游高耗能、高耗电产业。然而，由于能源资源成本较低，一些地区在构建产业集群时，对能源资源利用效率的重视程度不足，也缺乏对于资源、能源流动特点的通盘考虑，造成各产业板块相对独立，物质、能量未能达到优化配置，还造成了工业废弃物的大量产生。王丽珊①分析了榆林煤炭基地的固体废物问题，数据显示，2017 年榆林固体废物产生量达 2787 万吨，比上年增长 16.62%，主要来自煤炭开采和洗选业、化工工业和电力工业等。因此，应着力推动基地产业的循环化改造，大力发展循环经济，推进资源综合高效利用，优化园区物质流和能量流，实现能源基地关联产业的一体化、循环化转型升级。

---

① 王丽珊．陕北地区能源产业存在的问题与对策研究［J］．广西质量监督导报，2019（2）：116-117.

专栏 5-2　煤炭基地循环发展典型模式

煤炭企业发展循环经济的基本模式是以煤炭开采部门的集约开采为基础，以煤炭精深加工部门的洁净煤产品生产为核心，以伴生资源利用部门的矿井水、煤矸石、煤层气利用等为支柱，以其他关联部门的相关多元化活动为补充的“煤伴联”综合发展模式。煤炭企业实施循环经济能够获得显著的综合效益，但面对各方面的约束因素，需要认真建构相应的保障体系，以确保循环经济走上良性发展的轨道。

以煤炭资源为基础的产业链纵向延伸方式主要有以下几种①：“煤炭—电力”模式，建设大型燃煤坑口电站和低热值燃料综合利用电站，变运煤为输电及供热；“煤炭—电力—焦化—化工”模式，发展炼焦和焦化工产业，煤炭经洗选加工后炼焦，焦油深加工形成煤化工产品链，选煤副产品用于综合利用发电、供热制冷；“煤炭—电力—高能耗产业”模式，发展火力发电并结合当地资源情况生产高耗能产品，如电解铝、金属镁等产品；“煤炭—氧化（液化）—煤化工—下游化工产品”模式，煤炭通过气化或液化，用于工业和民用，同时生成煤基化工产品。以煤炭和煤系共伴生资源的开采加工作为主导产业链，可横向耦合多条共生产业链。根据煤炭开采生产所排放的废物特征、资源条件和外部环境，延伸出“煤炭—洗煤—煤矸石、煤泥—电厂—电力和蒸汽—煤化工”“电厂—灰渣、矸石—建材厂—建材产品”“煤矸石—充填复垦—土地资源—农业或旅游”“矿井水—水处理站—供水”等多条横向生态产业链。

在企业间层面，应充分发挥煤化工产业链上、中、下游关联性强的特点，以项目为纽带，寻求企业间的关联，在相关企业间形成产业链。通过企业间的物质流传递，把不同企业连接起来，成为共享资源、互换产品的产业共生体，在实现产业链延伸、价值链增长的同时，减少对环境的影响。例如，鄂托克旗以传统产业提升、新兴产业培育为抓手，抓好各类重点项目推进，推动全旗产业能源经济的提速提质。形成了以焦煤资源为核心的煤炭开采→热电联产→煤炭洗选→煤炭焦化→下游副产品深加工的循环产业链，以煤炭、盐、石灰石资源为核心的煤炭开采洗选→发电→石灰石加工→电石→纯碱→PVC/PVA→电石渣及电厂煤渣干

① 哈聪娣．宁东能源化工基地生态产业链优化设计研究［J］．科技展望，2016（35）：230-231.

法水泥资源综合利用循环经济产业链，以发电→冶金（特种钢、多晶硅、硅镁镍钙）→粉煤灰提取氧化铝→电解铝→铝材深加工→太阳能多晶硅片、单晶硅一体的硅电联产循环经济链。不断提高新旧动能转换，实现经济高质量发展①。

煤炭基地产业链纵向延伸和横向耦合性较强，产业链上各项目之间具有紧密的共生关系，要遵循“减量化、再利用、资源化”的循环经济理念，以“低消耗、低排放、高效率”为目标，以物质流、能量流、信息流分析研究和园区一体化管理服务为手段，通过产业链条纵向延伸和横向耦合，构建资源和能源的循环利用网络，形成以能源、水资源、副产品及废弃物高效利用为重点的多层次循环经济体系，以尽可能少的资源消耗和环境代价，取得最大的经济效益，产生最少的废物排放，达到经济效益、环境效益、社会效益三者相统一②。

例如，宁东能源化工基地的主导产业有煤炭、电力、煤化工和新材料（镁、铝）四个产业。在设计生态产业链时，采取了“三步走”的战略。在初期，采用“煤电水”模式，初步探索循环经济发展模式，确定“积极发展非煤产业”的基本原则，将煤矸石、矿井水作为非煤产业的突破口。在中期，采用“煤电建”模式，以循环经济理论为指导，确定“煤与非煤并重、优先发展非煤”的基本原则，将资源节约和废弃物综合利用紧密结合，具体内容包括煤矸石深化利用、煤炭资源精深加工以及其他相关项目三个方面。在后期，采用“煤电建化”模式，不断深化循环经济，确定“煤炭产业集中化、非煤产业集优化、产业发展生态化”的发展战略，在获取战略接续资源、巩固循环经济原有项目、探索循环经济新项目等方面全力推进。

（三）能源基地开发与生态环境协同发展

1. 应用绿色开采技术，优化资源开发方式

黄河中游地区是我国水土流失和土壤破坏最为严重的地区之一。一些

① 国电建投内蒙古能源有限公司．走出高质量转型发展新路：鄂尔多斯市能源经济发展综述［EB/OL］．（2018-10-30）．［2020-08-20］．https：//aiqicha.baidu.com/yuqing? yuqingId=2b8572aeea89aba0a57f0b94bb31e0f4&type=.

② 金政伟，李瑞龙，王亮，等．煤化工业园区循环经济模式构建研究［J］．中国资源综合利用，2020，38（7）：33-35.

生态脆弱区地表土质松散，再加上绿色植物较少、气候干旱少雨，长期受到水土流失的困扰。而在生态脆弱区的矿井当中，因为煤层较浅，可能会由于操作不慎而引发严重的地质环境破坏等一系列问题。据分析，由于我国煤炭资源埋藏较深，绝大多数煤炭资源采用井工开采，传统开采方式不仅造成地面塌陷和生态环境被破坏，采空区大面积垮落还会导致瓦斯大量涌出、采空区自燃发火等灾害。2017 年国家发展改革委相关研究项目的统计数据显示，我国有 23 个省（区、市）、151 个县（区、市）分布有采煤沉陷区，面积达 2 万平方千米。其中，涉及城乡建设用地 4500～5000 平方千米，涉及约 2000 万人口①。因此，在生态脆弱区开采过程中，要对周边的环境进行治理及保护，并探索在煤炭开采的过程当中保护周边环境的措施②。

绿色开采技术旨在以岩层移动规律、水体和瓦斯在岩缝中的移动规律、岩层应力场分布理论和岩层控制技术为依托，通过处理和利用开采过程中产生的矸石、废土、废气和瓦斯等，做到各项资源的合理化分配利用，降低环境损耗。现有的绿色开采技术主要包括固体充填采煤技术、保水开采技术、煤炭气化开采技术以及煤与瓦斯共采技术③。其中，固体充填采煤技术是近年来为解决“三下”（建筑物下、铁路下、水体下）压煤和边角残煤等资源开采问题发展起来的生态保护性开采技术。具体是指随着采煤工作面的推进，向采空区送入矸石、沙石、膏体等充填材料，并在充填体保护下进行采煤。充填开采不仅可以提高煤炭资源回收率，有效控制地表沉陷，防止煤炭开采对地下含水层的破坏，还可以大量处理城市建筑垃圾及工业固体废物，取得一举多得的效果，是煤炭型城市生态环境治理的重要手段。例如，山西潞安集团提出“变废为宝、矸石回填、置换开采”的思路，在潞安高河试点推进“6 米厚煤层 100 万吨/年膏体充填开采技术”，从充填成本来看，国家对充填开采煤炭的资源税实行减半征收政策，相较垮落法开采征收 8%的资源税，采用膏体充填开采只征收 4%的资源税，单此一项，每百万吨煤炭就可节省税费 2500 万元，加之节省矸石处

① 中国能源报．煤矿充填开采为啥“叫好不叫座”［EB/OL］.（2020-08-24）.［2020-08-24］. https：//baijiahao. baidu. com/s？id=1675899594768519568&wfr=spider&for=pc.

② 高海录．生态脆弱区煤炭开采地质环境效应与评价技术研究［J］. 当代化工研究，2020（8）：105-106.

③ 李祎，杨丹，张沛喆．现有煤炭绿色化开采技术现状及特点［J］. 陕西煤炭，2020，39（z1）：146-148，158.

理费、环保费等，综合充填开采成本每百万吨可降低 5000 万元以上。随着山西省环保治理力度加大，充填开采必将产生更多效益①。

除了应用绿色开采技术，还需要创新监管手段，形成能源开发和生态环境协同发展的倒逼机制。宁夏近几年持续践行“以水定产、量水而行”理念，成功实现经济增长、煤基产业发展和用水“解耦”。宁夏是全国水资源严重短缺的省份之一，平均降水量不足全国平均水平的 1/2。2014 年，自治区政府把水权制度作为最严格水资源管理的核心，建立了用水总量控制、水资源用途管制、水权收储、水权交易等 7 项管理制度。出台《宁夏回族自治区水资源管理条例》，明确了水资源使用权确权、交易及用途管制等相关要求，建立了水权有偿转换和水权交易机制。在工作中，严格落实黄河流域的用水总量和强度控制，严格水资源论证和取水许可审批管理。自 2015 年以来，全区已开展 125 项水权转换项目，将 2. 02 亿立方米黄河水量从农业转换或交易到工业。同时，宁夏还创新建立了市场化水权交易机制，2015—2019 年，全区累计交易水量 4376 万立方米，例如 2018 年宝丰集团出资 3. 82 亿元，购买了利通区灌区节约出的 1484 万立方米农业黄河水使用权。宁夏的以水定产做法，在用水总量不增加的情况下，既承托了自治区重大战略、重大决策、重大产业和重大项目的发展用水，又优化了用水结构。

2. 应用革新性工艺，整合实现资源环境效益

黄河中游地区是我国现代煤化工产业的发展重心，已建成投产的现代煤化工项目大多分布于鄂尔多斯、榆林、银川等“金三角”地区。适度发展现代煤化工产业、提升煤炭就地转化率，既符合黄河中游地区资源禀赋特点，也是能源基地转型升级的重要途径。但是，现代煤化工产业具有高煤耗、高水耗、高排放等特点，如表 5-1 所示，尤其是当前发展势头迅猛的煤制烯烃、煤制乙二醇，吨产品水耗分别高达 16 吨和 10 吨，相关项目的上马将使得黄河中游地区水资源短缺更加突出，甚至会出现与农争水、与人争水的情况。此外，煤化工工艺过程还会排放大量高盐、含有毒物质的废水及固体废物，如果不能得到妥善处置，将会给黄河中游能源基地可持续发展带来巨大挑战。

---

① 创新充填开采，让采煤“绿”起来［EB/OL］．（2019-04-19）．［2020-08-24］．http：//gzw. shanxi. gov. cn /info/1675/ 34898. htm.

表 5-1　典型现代煤化工能耗、水耗和排放情况

项目	能耗/ （吨/吨产品）*	水耗/ （吨/吨产品）	碳排放/ （吨/吨产品）
煤制油	5.0	6	6.4
煤制天然气*	3.6	6	4.8
煤制烯烃	7.6	16	11.1
煤制乙二醇	3.4	10	5.6

注：数据信息来自煤化工协会；原煤按5000千卡热值计算，煤制天然气的产品单位为“千立方米”。

为破解煤炭、煤电、煤化工产业发展与黄河中游地区资源环境约束之间的矛盾，除了继续推进节能减排、节水、环保治理等一系列工作以外，还应以整合设计理念为指引，大胆探索、应用革新性工艺，实现资源环境效益的统一。具体工作可从三方面展开：首先，应积极探索“一步法制烯烃”等颠覆性工艺应用。如图 5-9 所示，与传统间接制烯烃法相比，“一步法制烯烃”省去了合成甲醇等工艺，进而具有非常明显的节能、节水效果。据分析，“一步法制烯烃”单位产品耗水量不足 3 吨，原煤消耗不足 2 吨，节水、节煤率高达 80%。其次，应大力推广节能型减排技术，实现节约能源与减少排放的统一。例如，上海外高桥三厂研发了包括零能耗脱硫、高效节能型电除尘、节能型全天候脱硝、脱硝催化剂高效延寿等一系列重大技术，使两台机组的煤耗逐年大幅下降、环保水平不断提高。最后，应发挥能源、环保基础设施的规模效益和社会效益。通过集中建设污水处理厂、危险废物处置中心、固体废物综合利用处置中心等公用工程一体化和公共服务平台，实现产业要素的整合。

五、衰退型能源基地转型发展路径与模式

黄河下游地区（山东、河南等地）能源基地已基本进入资源开发的中后期，其中大部分属于衰退型能源基地。这些能源基地曾依托自身资源条件，大力发展能源及下游产业，取得巨大经济发展成绩，为支撑我国经济社会快速发展作出了突出贡献。然而随着能源资源逐渐枯竭，能源基地和所在地经济发展陷入困境，持续数十年的高强度能源开发和利用过程，对当地生态环境造成极大破坏，甚至威胁到人们的生存，推动衰退型能源基地转型发展迫在眉睫。

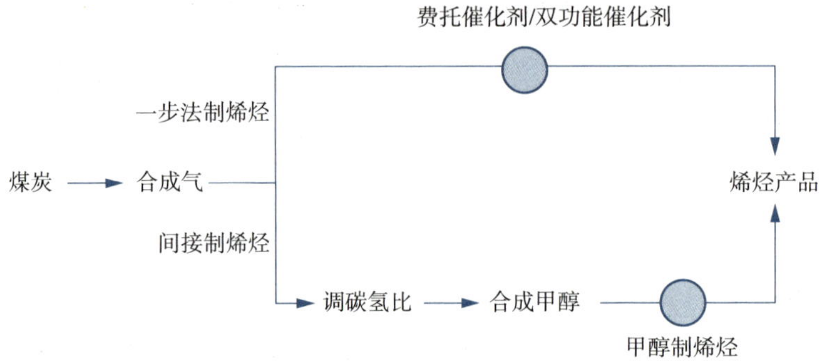

图 5-9 “一步法制烯烃”与传统间接制烯烃工艺对比

（一）推进矿区生态修复与环境治理

1. 创新生态修复手段，推进废弃矿区土地再利用

煤炭、石油等化石能源开采会对能源基地土壤、水体造成严重影响，矿区塌陷、矿井水污染、工业废水污染等问题已成为衰退型能源基地的重大安全隐患。例如，济宁煤炭基地过度开发已造成严重的土地问题。据分析，煤炭开发导致大面积的土地塌陷与耕地损毁，形成了大量积水面，2013 年已形成塌陷地 4.2 亿平方米，而且每年以 2700 万平方米的速度在塌陷，21 世纪下半叶或将塌陷 26 亿平方米，占全市耕地面积的 44%，生态本底发生巨变，这成为区域发展的突出矛盾和隐患①。因此，应通过先进生态修复技术、创新修复模式，重点推动塌陷区再开发和矿井水再利用，补上“生态欠账”，并与旅游、文化等产业相结合，实现衰退矿区变废为宝。

基于生态恢复的矿区废弃地重新开发利用，能够修补残缺不全的生态网络和空间肌理，为人们提供良好的生活环境，提高土地利用率和使用价值，促进资源的可持续利用以及社会积极有序的发展，能激活衰退的空间，从而带来巨大的生态效益、经济效益和社会效益。例如在德国鲁尔区，为恢复生态系统、推进废弃矿区整治，政府决定在原矿区基础上修建凤凰湖，挖掘了 250 万立方米土壤和 45 万立方米混凝土，由此形成了面积达 24 万平方米的湖面以及总长 80 多千米的公园景观，成为该地区重要景

① 王成金，张梦天，程佳佳．煤炭生产基地的发展阶段识别与演变——以济宁煤炭基地为例［J］．自然资源学报，2016，31（1）：77-89.

观资源。更为重要的是，通过土壤修复，盘活了废弃矿区土地，湖区包括公共绿地 14 万平方米，可容纳 2200 户住户，截至 2016 年，已有 42 家企业入驻该地区。在湖州敢山煤矿废弃矿井区，经过采空区灌浆充填及台阶平整治理，将原来的一般景观用地转变为开发区工业用地，新增了超过 1 平方千米的工业用地。

在推进矿区修复的过程中，政府与企业、科研院所的合作至关重要。例如徐州采取了校企合作模式，以潘安湖采煤塌陷地治理、助推资源型城市转型为目标，以校地联动成立的中德中心等专业机构为载体，发挥实施的国家级项目之引领作用，形成了“校地联动、项目引领、校企合作、长效机制”的工作组织机制。在规划制定、项目实施、机构建设、长远发展等方面长期共建，有效地破解了潘安湖采煤塌陷地治理的诸多限制因素，为资源型城市转型发展提供了切实可行的样本。中国矿业大学成立了联合课题组，研究编制《徐州矿区塌陷地生态恢复规划》，规划中提出多层次、多目标的塌陷地再利用思路，并提出对塌陷地进行合理分区，针对性地确立分区塌陷地可以承接的产业及承担的城市功能，重建景观体系，整合升级矿区老旧功能，对采煤塌陷地的实用价值予以深度挖掘①。

2. 改善矿区和城市环境质量，重现美丽生态景观

黄河下游能源基地的发展模式具有明显的粗放式特点，重开发、轻保护，使得所在地环境质量不断恶化，枣庄、焦作、濮阳等能源基地空气质量排名均在全国主要城市的中后段，水资源消耗过度、水体污染问题也非常严重。许雪婷等②选取了山西省 10 个地级市，从需水量和供水量两个方面对水资源的现状及未来情况进行分析及预测。结果表明，10 个地级市全部处于水资源供不应求的状态，且水资源供与需的差额不断扩大。随着生态文明建设的深入推进，山东、河南所属越来越多的地区被纳入京津冀及周边地区环境监管体系之中，应优化环境治理模式，建立“一揽子”环境治理体系，从根本上改善矿区和城市环境质量。

在推进矿区和城市环境综合治理的过程中，政府需要发挥主导作用，作为环境问题的第一责任人，将环境治理目标作为各级政府考核的重要指

---

① 王文龙，罗希，崔靖．校地融合助推资源型城市转型的路径分析——基于徐州市潘安湖采煤塌陷地治理的实践［J］．煤炭经济研究，2019，39（9）：33-37.

② 许雪婷，蔡冠清，郝芳华，等．能源基地水资源利用现状及其承载力分析——以山西省为例［J］．环境污染与防治，2016，38（6）：69-74.

标。在“气十条”“水十条”“土十条”的严格目标管理要求下，细化各级政府修复治理生态环境的目标需求，将需求的总体目标、治理目标分解为具体工程指标和落地项目。深化环境治理供给侧的改革。对应各地政府修复治理生态环境的相关企业组建环保产业联盟，环保产业联盟和政府签约承担修复治理生态环境工程的总承包任务，承诺系统全面治理，或承诺营运管理和建后服务，承诺和政府一起终生负责。

例如，山东省东营市以胜利油田为依托，一直将石油开采和加工作为当地支柱产业，发展经济的同时造成了严重的环境污染。为解决环境问题，东营市政府全面实施了水资源、大气污染、土地资源污染整治的专项行动。在水资源污染防治方面，进一步加大黑臭水体整治力度，持续开展农村环境综合整治、强化入河排污口整治、加快污水处理厂及配套管网建设，加强对工业水污染的治理，将重点整治工作放在溢洪河、广利河等河流上，坚持实施生态修复工程，同步进行城市雨水污水分流改造和农村水源污染防治，彻底消除黑臭水体。在大气污染防治方面，全面推进煤炭消费压减和散煤清洁化治理，全面清理整治“散乱污”企业，积极推进燃煤锅炉超低排放改造，全面推进工业企业挥发性有机物治理，着力改善空气质量，加强大气污染治理，重点解决 PM2.5 和挥发性有机物的问题，推动循环经济的发展，积极推行清洁生产。此外，积极开展土壤污染治理与修复、危险废物规范化管理等工作，全力打好环境污染防治攻坚战，大力推进“林网、路网、水网”三网合一的绿化工程建设，打造黄河绿洲，使黄河口生态系统实现良性循环①。

长期的资源开采历史给资源枯竭型城市带来沉重的环境负担，必须把生态修复和绿色发展作为转型主线，对废弃矿山遗址进行整体连片修复，统筹“山水林田湖”生态重构，把生态伤疤变成城市景观。很多资源枯竭型城市拥有令人骄傲的工业发展历史，资源的枯竭并不意味着工业遗迹的“沦落”，而是可以成为独具个性的旅游资源。阜新海州露天矿国家矿山公园是全国最大的地质灾害治理项目，昔日亚洲最大的露天矿成为首家全国工业遗产旅游示范区。黄石铜绿山古铜矿遗址、汉冶萍煤铁厂矿旧址、华新水泥厂旧址、大冶铁矿东露天采矿区已被列入《中国世界文化遗产预备

---

① 刘晓春，张晓娜．基于供给侧改革视角的东营市工业的转型升级研究［J］．内蒙古科技与经济，2019（2）：37-38.

名单》，对已有的工业遗产地进行合理规划，整合其他旅游资源，全新定位，形成特色工业旅游文化产业链。

（二）因地制宜发展多元接续产业

1. 创新能源发展思路，从开发本地资源到开发接续资源

化石能源资源走向枯竭是不可避免的趋势。黄河下游地区分布着大量能源基地，例如山东兖矿、徐州煤矿、河南平顶山煤矿、胜利油田等。这些能源基地开发时间较早，由于长时间、大规模、高强度的资源开发，基地资源快速消耗。随着资源逐渐枯竭，能源基地所在地经济发展的“天花板”越来越明显，而且，开采成本的升高，导致产品市场竞争力下降，进而威胁到衰退型能源基地及所在地经济发展。例如，铜川煤矿经过长期高强度开发，普遍存在资源接续紧张、煤层埋藏深、开采条件复杂等问题，煤炭生产成本已接近 260 元/吨，远高于内蒙古、新疆等地①，市场竞争力严重不足。东营市坐落于胜利油田主产区，由于油田进入开采成熟期，石油开采难度和含水量不断提高，胜利集团和东营市面临着开采成本高企的困扰。根据胜利油田发布的数据，截至 2019 年上半年，集团石油开采成本高达 62 美元/桶，远高于同期国际原油期货价格，出现了“卖一桶、亏一桶”的情况。因此，衰退型能源基地必须主动拓宽能源发展思路，应用新技术、新模式，从过去开发本地资源转变为开发接续资源。

在既有资源开发潜力逐渐减少的过程中，应看到能源基地其他资源禀赋和充分利用基地外资源。首先，可探索应用全新资源高效开采技术，提升资源开采效率、降低开采成本；其次，可因地制宜地将能源资源开发的重心由化石能源转移到可再生能源上；最后，可以外补内，通过进口的方式填补本地能源资源开发量递减的缺口，进而维持能源基地运转。例如，大庆油田在石油开采成本不断上升的背景下，大力开发三元复合驱油、二氧化碳驱油、微生物采油等先进三次采油技术。目前，大庆油田利用三次采油技术的产油量保持在 1000 万吨以上，占大庆油田总产量的 1/4。同时，大庆油田还致力于开发页岩油和可再生能源。2019 年 9 月，大庆油田对外宣布在松辽盆地页岩油探索攻关中实现了产量的突破，页岩油估算资源量达 40 亿吨。可再生能源方面，大庆市立足风能、太阳能等资源，制定

① 铜川市资源型城市转型推进中心，白朝阳，姚远．铜川煤矿矿区产业转型六题待解［N］．中国能源报，2020-02-17（015）．

了2025年可再生能源总装机占比70%以上、可再生能源占全社会用电量40%以上、清洁能源占全社会能源消费总量22%以上的目标，并获得全国第一批可再生能源综合应用示范区资格。此外，大庆还以中俄原油贸易合作为契机，从俄罗斯进口原油，进而继续挖掘油田现有资产价值，并带动其他产业发展①。

2. 开辟经济新增长点，从资源产业向高端、特色产业转型

资源型地区的经济重心大多在资源开发和利用产业上。以朔州为例，朔州工业以煤炭、电力产业为主，两大行业的产值占全市工业总产值的90%以上。由于经济结构过度倚重能源产业，再加上能源产品主要供应外部市场，造成相关地区发展的抗风险能力和稳定性不足。例如，因煤炭“去产能”和“去煤化”，2012—2016年山西经济实际增长速度分别为10.1%、8.9%、4.9%、3.1%、4.5%，处于全国垫底位置②。受国际油价影响，2014年以来大庆市GDP持续走低，2016年仅为2013年的40%③。

为提升衰退型能源基地及所在地可持续发展能力，应尽快开辟经济新增长点，摆脱对传统能源开发产业的过度依赖。一方面，应着力延伸能源产业链，从能源资源产品的初级生产向能源深加工、高附加值产品生产和发展装备制造业等方面拓展，打造完整而坚强的能源产业链条，为经济发展提供持续动力。另一方面，应从多个角度重新审视能源基地及其所在地的发展潜力和产业优势，立足现有工业体系和产业格局，大力发展咨询、教育等生产性服务业，以及旅游、文娱等产业，推动传统能源和高耗能产业向高端服务业转型，创造新的经济增长点和就业岗位。在此过程中，政府应主动有为，通过成立产业联盟、予以资金和政策支持等手段，充分发挥衰退型能源基地及其所在地区位优势，加速产业转型。

例如，安徽省淮北市在经历煤炭“黄金十年”之后，经济增长陷入困境。针对存在的体制机制束缚、城乡发展失衡、生态环境恶化等问题，确立了“中国碳谷，绿金淮北”战略，引进技术发展陶铝新材料等一批高科技产业，2018年新兴产业产值同比增长14.5%。同时，加速改造既有生产

① 王芷清，许辰晖．探究大庆油田的转型升级［J］．商情，2020（23）：282-283.

② 黄汉权．破解山西“资源诅咒陷阱” 做好煤与非煤两篇大文章［N］．中国经济导报，2017-09-16（A02）.

③ 刘合，赵喆，张国生，等．石油资源型城市转型的思考与探索——以大庆市（大庆油田）为例［J］．大庆石油地质与开发，2019，38（5）：18-22.

体系，形成“煤—焦—化—电—材”循环经济模式，其中总投资 54 亿元的平山电厂二期 1×135 万千瓦新型高效发电机组每发一度电仅耗煤 251 克，代表世界最先进水平。淮北经验表明，通过深挖煤炭深加工、发展新型材料产业，可以实现经济社会发展的平稳过渡和逐步回升①。东营市近几年在致力于整合地炼产能、打造石化巨头企业的同时，积极发展高端材料和装备制造业，例如和日本丰田公司合作，生产金属储氢材料，用于支撑山东省氢能储运网络的构建。

专栏 5-3　德国鲁尔区产业转型升级和多元化发展实践

深入挖掘存量产业、产能的升级改造潜力：20 世纪 60 年代初，针对煤炭和钢铁行业的整体衰退，鲁尔区以再工业化为主题进行经济结构的转型。1968 年出台的鲁尔发展规划是州政府第一个大规模结构政策计划。该计划主要内容之一就是针对能耗高、污染大的煤炭和钢铁厂，通过价格补贴、税收优惠、投资补贴、政府收购、矿工补贴、环保资助、研究与发展补助等一系列优惠政策，鼓励支持煤钢企业进行改建、合并、技术改造，实现技术升级和产业转型。1968 年 11 月成立了鲁尔煤炭股份公司，在联邦资金支持下，对煤矿公司进行合理化改造，关闭了许多煤矿企业，尤其是那些不大可能进行高度机械化生产的煤矿企业。

以传统产业为基础，延伸产业链：为推动鲁尔区转型，政府于 20 世纪 70 年代末开启了鲁尔区的新型工业化，在继续改造传统工业基础上进行结构调整，大力发展高新技术产业。1979 年，联邦政府与各级地方政府及工业协会联合出台了鲁尔行动计划，提出的结构调整措施包括扩大落实经济及技术政策措施、提高中小型企业作为创造就业的核心动力、大规模增扩建技术中心和培训设施。新材料、节能环保、医药技术等产业成为这一阶段发展的重点。1984 年，北威州政府启动“朝阳技术”项目，将政策重点从引资转移到推动创新和建立地方技术转移中心上。以环保技术产业为例，它脱胎于传统的煤炭和钢铁产业，这些产业需要不断寻找创新性的方式来控制污染，因此，鲁尔区在如何防控环境污染方面积累了丰富的经验，掌握了领先的技术。同时煤炭和钢铁行业的生产

① 致公党中央调研组．资源枯竭型地区经济转型升级发展研究［J］．中国发展，2020，20（2）：1-5.

需要大量的能源并会产生大量的废物，从而激发了对可再生资源、废物回收与处理等领域的研究。政府在转型升级过程中扮演了引导者角色，为新兴产业提供经济和技术方面的资助。如北威州规定凡是从事信息技术、新材料等新兴产业的企业在当地落户，给予大型企业投资者28%、小型企业投资者18%的财政补贴。

发展优势产业，推进产业结构多元化：1989年德国政府制定了“矿冶地区未来动议”，随后又实施了“欧盟与北威州联合计划”，鲁尔成为欧盟重点资助地区。在多重政策利好推动下，鲁尔区产业结构进一步走向多元化，在不同领域形成了优势产业。这一阶段产业转型成功的原因可以归结为两方面：一是信息技术的广泛应用，使得传统能源、钢铁、机械制造、化工等产业的生产效率和市场竞争力大幅提升；二是充分利用地理优势，大力发展创意文化产业、会展业和工业旅游产业，第三产业增加值比重明显上升，城市“软实力”大大加强。2008年鲁尔第三产业增加值比重为69.5%，就业比重由1980年的41.2%上升到2008年的77.1%。经过30多年的转型，鲁尔从德国的煤炭及钢铁制造中心逐步变为以传统工业为基础、高新技术产业为龙头、产业协调发展的多元化综合经济区，实现了产业结构由单一向多元化、从制造向服务的成功转型。

（三）产城融合和产业布局优化

1. 产城融合发展，依托废弃矿井建设城市新型基础设施

黄河下游地区能源基地由于开发时间较早、开发方式粗放，目前多数矿区已进入衰退期，产生了大量废弃矿井。据统计，我国矿井多达8万多处，其中小煤矿占80%~90%，山东、河南等地区又是小煤矿集中分布地区，废弃矿井的处理问题日益凸显。截至2018年，我国废弃矿井数量已达1.2万个；到2030年，这一数字将变为1.5万个。按每个矿井地下资源空间60万立方米计算，1.2万个就是72亿立方米，相当于一座上千万人口大城市的空间①。近几年，随着煤炭去产能的深入推进，大批煤矿被淘汰，成为废弃矿井。仅2016年，我国就关闭退出煤矿2000个左右。这些废弃

① 中国煤炭网．废弃矿井资源利用，路在何方？［EB/OL］．（2017-04-26）．［2020-08-24］．http：// www.ccoalnews.com/ 201704/26/c11454.html.

矿井不仅造成资源的巨大浪费，还有可能诱发后续的安全、环境及社会等问题。因此，合理开展废弃矿井资源的开发利用，不仅能够减少资源浪费，变废为宝，提高资源开发利用效率，而且可为废弃矿井企业提供转型和可持续发展的战略路径，推动资源枯竭型城市转型发展。

通过合理维护和改造，废弃矿井可作为新型城市基础设施再次投入使用。从国内外实践经验来看，废弃矿井可以通过三个途径实现再利用。一是作为生活、建筑垃圾填埋场；二是作为工业大宗废弃物填埋场；三是作为食用菌加工场①。例如 1965—1976 年，德国 Konrad 铁矿开采铁矿石，2007 年该矿建设低中放废物处置巷道，预计 2019 年该矿将开始处置低中放废物。此外，废弃矿井还可作为地下储气库来使用。例如 1963 年，美国利用丹佛市附近的 Leyden 废弃煤矿（距地表 240~260 米），建成世界上首座废弃煤矿地下储气库，形成 1.4 亿立方米的储气能力。1975 年和 1982 年，比利时分别在 Anderlues 和 Peronnes 建成废弃煤矿地下储气库，合计形成 3 亿立方米的储气能力。

2. *盘活存量资产，淘汰落后产能和清理“僵尸企业”*

落后、低效产能和“僵尸企业”的大量存在是衰退型能源基地面临的共同问题。“僵尸企业”浪费社会资源，大量土地、资金、原材料、劳动力等社会资源被无效占用，造成生产要素配置扭曲，还会产生劣币驱逐良币的效应，破坏市场优胜劣汰的机制和公平竞争的环境。因此，衰退型能源基地转型需要“轻装上阵”，从淘汰落后产能入手，建立有效的过剩产能退出机制，特别是资源开发的准入与退出、价格机制、资源调配机制等，减少“僵尸企业”，让资源要素重新流动起来，并进行宏观层面的机制体制研究及规划引导和监管。实践证明，只有淘汰落后产能和清理“僵尸企业”，才能释放衰退型能源基地的土地、能耗等要素资源潜力，达到盘活存量资产的效果。

淘汰落后产能和清理“僵尸企业”有两种典型模式：直接淘汰和搬迁重建。直接淘汰模式是指将产能和企业通过合理手段直接清除出市场，这种模式可以提升产业集中度，并腾出宝贵的生产要素资源。例如，朔州花大力气对全市小煤窑进行淘汰、重组和机械化改造，全市煤矿数量由原来的 205 座缩减到目前的 69 座，单井规模由 16 万吨提高到 129 万吨，回采

---

① 黄侃，樊栓保．闭矿后矿井的资源化利用［J］．中国煤炭，2000，26（3）：19-21.

率由15%提高到85%。搬迁重建模式是指将产能和企业搬迁、重建和升级，即引导落后产能和企业“入园”，并对园区进行产业链、物质链和能源链的科学规划。例如，兰州市由于历史开发的原因，大部分工业企业集中在主城区，工业过度集中于主城区导致了兰州市主城区大气污染、交通拥堵、城市空间不足等问题，而工业企业的发展也严重受到限制。为解决发展的“瓶颈”，兰州市提出了“出城入园”的工业发展战略，出台《兰州市企业出城入园搬迁改造实施方案》，对老城区进行“腾笼换鸟”，腾出中心城区的环境容量空间，用以布局现代服务业和高新技术产业，提升中心城区的环境友好度和居住质量。截至2017年底，全市共有107户企业出城入园。

第六章

黄河上游成长型可再生能源基地多元互补发展研究

内容提要：黄河上游地区肩负着黄河生态保护的重大责任，但长期以来化石能源开发带来的问题突出，大力发展可再生能源是推进全流域乃至全国生态保护和高质量发展的战略举措。当前黄河上游地区可再生能源发展已成为推动我国能源转型的“上游高地”，持续发展壮大需进一步担起“上游责任”，以“生态保护前置于开发、开发回馈于生态保护”为指引，坚持“服务流域”的发展方向，统筹好“西电东送”与自身载能产业发展，更加注重以人为本的能源基地发展。在此基础上，应树立多元互补发展思路，通过推进海南、海西、河西三大平价风光基地建设，统筹省间互济、域内支撑的绿色电力通道布局与市场建设，加快推进绿色产业集群与绿色技术体系建设，协同推动可再生能源利用与生态民生改善等重大举措，为黄河流域能源基地转型发展持续注入“源头活水”，在全流域转型中体现“上游水平”。

一、黄河流域生态保护和高质量发展要求黄河上游能源开发进一步强化“上游意识”

（一）黄河上游地区肩负黄河生态保护的重大责任

“黄河远上白云间，一片孤城万仞山”，唐代诗人王之涣的一首《凉州词》，以地处河西走廊东端、祁连山北麓的凉州为缩影，呈现了黄河上游地区广漠壮阔的风光。历经千年变迁，黄河上游已成为我国重要生态安全保护屏障和生态建设的重要载体和依托。其中，三江源地区是黄河流域重要的水源涵养和水源补给区，被誉为“中华水塔”；国家“两屏三带”生态安全战略布局中，青藏高原生态屏障、黄土高原—川滇生态屏障、北方防沙带等均位于或穿越黄河上游。以上重要生态节点对整个黄河流域生态保障有着极为重要的作用。

但当前，上游区域水源涵养能力与全流域对上游水资源供给期望的矛盾仍极为突出。党的十八大以来，习近平总书记多次实地考察黄河流域生态保护和发展情况，多次就三江源、祁连山等位于黄河上游的重点区域生态保护建设提出要求，在2019年8月视察黄河上游时强调“要加强生态环境保护，构筑国家西部生态安全屏障”，并在同年9月召开的黄河流域生态保护和高质量发展座谈会上指出“上游要以三江源、祁连山、甘南黄河上游水源涵养区等为重点，推进实施一批重大生态保护修复和建设工程，提升水源涵养能力”。由此可见，黄河上游在黄河流域生态保护中居于基础性地位，生态的约束更严、保护的标准更高，必须充分发挥比较优势、充分利用后发优势，走生态优先、绿色发展的新路子，构建生态型的现代化产业体系。

（二）黄河上游地区前期化石能源开发带来的问题突出

回顾历史，黄河上游前期能源开发已导致水生态破坏、土地沙化、草地退化等问题，特别是化石能源开发与黄河上游生态屏障的定位冲突不断。祁连山的生态破坏开始于20世纪60年代末70年代初，至今已有近半个世纪的“破坏史”，初期以森林砍伐、盗伐为主；20世纪80年代以矿山开采为主；20世纪90年代后以小水电开发为主。以上问题随着2017年一篇《两位生态学博导四问祁连山生态保护》文章的广泛转载而被大众所了解。随后，祁连山生态环境保护问题被中央通报，声势和力度空前的问责风暴开启了祁连山史上最大规模的生态保卫战。进入2020年，又有《祁连山非法采煤获利百亿至今未停》的报道出现，指出了祁连山南麓腹地的青海省木里煤田聚乎更矿区非法开采并未根绝。大规模、破坏性的煤矿露天非法开采，正在给这片原生态的高寒草原湿地增加新的巨大创伤，黄河上游源头、青海湖和祁连山水源涵养地局部生态面临破坏（见图6-1）。破坏生态的问题屡禁不止，也反映出黄河上游地区摆脱“靠山吃山，靠水吃水”的掠夺式开发知易行难。

图6-1　聚乎更矿区煤矿非法开采后伤痕累累的山体

资料来源：《经济参考报》。

（三）黄河上游地区大力发展可再生能源是推进全流域乃至全国生态保护和高质量发展的战略举措

1. 黄河上游地区经济增长乏力的困境亟待破解

从我国四大板块战略来看，黄河上游地区所处的西北地区发展面临的挑战加大。近年来，西部地区内部分异的问题逐渐凸显，西南和西北地区经济呈现完全不同的走势，黄河上游所在的西北地区经济增长乏力。2016—2019 年，西南地区 GDP 年均实际增长 8.1%，而西北地区增长仅有 6.6%，其中甘肃仅为 5.9%。西北地区 GDP 占全国各地区总额的比重近年来开始呈现下降趋势，由 2014 年的 8.3%降至 2019 年的 7.3%（见表 6-1）。且从区域创新能力来看，西北地区后劲不足的隐患突出。近年来，虽然中西部与东部地区间创新产出的差距在缩小，但西部地区依旧呈现出了西南与西北地区分化现象。2009—2018 年，西南地区国内发明专利申请授权量占全国比重总体呈现增长趋势，而西北地区不仅增长幅度较小，甚至自 2015 年以来比重呈下降趋势（见表 6-2）。

表 6-1　我国分区域 GDP 增长率①（%）

年份	各地平均	东部地区	东北地区	中部地区	西部地区		
					全区	西南地区	西北地区
2011—2015	9.6	9.0	8.3	10.1	11.0	11.2	10.6
2016—2019	7.0	6.9	4.3	7.8	7.5	8.1	6.6
2016	7.4	7.5	2.5	8.0	8.2	8.7	7.5
2017	7.3	7.2	5.1	8.0	7.8	8.6	6.3
2018	6.9	6.7	5.1	7.8	7.4	7.7	6.8
2019	6.5	6.2	4.5	7.3	6.7	7.3	5.9

表 6-2　我国各地区国内发明专利申请授权量占全国比重（%）

年份	东部地区	东北地区	中部地区	西部地区	
				西南地区	西北地区
2009	73.5	6.6	10.5	6.1	3.3
2010	72.9	6.3	10.4	6.6	3.8
2011	71.4	6.0	11.4	7.0	4.3
2012	71.1	5.8	11.5	7.1	4.4
2013	70.0	5.5	12.5	7.5	4.5
2014	69.8	5.0	12.9	7.9	4.5

① 魏后凯，年猛，李功．“十四五”时期中国区域发展战略与政策［J］．中国工业经济，2020（5）：5-22.

续表

年份	东部地区	东北地区	中部地区	西部地区	
				西南地区	西北地区
2015	69.1	5.0	13.7	8.1	4.1
2016	68.9	4.6	14.2	8.4	3.9
2017	69.2	4.9	13.7	8.2	4.0
2018	70.0	4.2	14.0	8.0	3.8

从黄河流域来看，黄河上游地区也是推动黄河流域高质量发展的短板。2018 年黄河流域地区生产总值为 19.4 万亿元，上、中、下游地区占比分别为 14.5%、21.3%、64.2%。而从人均地区生产总值与全国平均水平的对比来看，黄河干流沿岸八省区大体分三个层次：山东和内蒙古为第一层次，河南、山西、陕西、宁夏和青海位于第二层次，甘肃位于第三层次。源头的青海玉树藏族自治州与入海口的山东东营市人均地区生产总值相差超过 10 倍。总体来看，无论是经济总量，还是人均水平，黄河上游地区均处于较低发展水平，甘肃人均 GDP 指标更是自 2014 年开始落到全国各省份末位，且连续保持多年，这说明黄河上游地区经济社会发展水平和全国的差距有拉大的趋势，也是推动黄河流域高质量发展的短板。

从黄河上游地区自身来看，黄河上游地区推动高质量发展的底子薄、约束多，更具有紧迫性。黄河上游是多民族聚居地区，也是贫困人口相对集中的区域，尚存在面广、量大、程度深的贫困地区，包括青东南—川西北藏族聚居片区、六盘山片区等国家级贫困区，发展的压力不减。有研究表明，近 10 年以来，甘肃、青海、西藏、云南、贵州、广西等脱贫任务重的省份与其他省份的经济发展差距仍在增大，人均国内生产总值差值由 2010 年的 30615 元上升为 2018 年的 52342 元[①]。当前，黄河上游地区初步形成了兰州—西宁、河西走廊重点开发区等城市群或国家级重点开发区域，但除此以外多以点状开发为主，这也是由于上游地区自然生态本底脆弱和水资源量有限，不具备承载不合理且规模性扩展的人类活动的能力，尤其是生态脆弱地区大量超载人口长期靠依附于土地资源的农牧业维持生计，未得到非农产业化转移，因此黄河上游同样呈现生态敏感区与区域贫

① 周侃，盛科荣，樊杰，等．我国相对贫困地区高质量发展内涵及综合施策路径［J］．中国科学院院刊，2020，35（7）：895-906.

困相互联系的特征，发展的难度极大。西北地区以及黄河上游地区经济发展的失速，给缓解区域经济发展不平衡现象带来新的压力。一方面，由于黄河上游地区自身发展速度放缓，地方财政能力受限，能够提供的基本公共服务与其他区域相比存在较大差距，导致发展后劲进一步减弱；另一方面，在经济新常态下，中央政府的财政转移支付手段也受到国家财政实力的制约，黄河上游地区仅仅依靠国家“输血”发展不可持续。立足当前，黄河上游地区应在深刻认识高质量发展要求的基础上，注重挖掘高速增长的潜力，因地制宜走出一条新路，提升自我“造血”能力，在“十四五”时期充分释放高质量发展与高速增长的“双高”潜力。

2. 发展可再生能源是上游地区推动生态保护和高质量发展的最佳结合点

从前期发展来看，西部大开发战略的实施推动了西部地区基础设施水平的整体提升，进一步推动黄河上游地区发展需立足“上游特色”扩大有效投资。在推进西部大开发战略的第一个十年，西部地区面临的突出矛盾较为一致，基础设施落后是其中之一。为了改变西部地区基础设施的落后局面，我国通过始于20世纪90年代中期的分税制改革，逐步构建了现行的转移支付体系，有效补齐了西部地区在基础设施等方面与全国平均水平过于悬殊的差距。但随着交通等基础设施日渐完善，西部地区各省突出短板的差异性显现出来。黄河上游地区依赖于对传统化石能源资源开发以及与其相关的重化工产业，近年来经济增速受到了影响。特别是甘肃、青海两省的传统化石能源开发历史较早，均以石油化工为支柱产业，当前均面临发展“瓶颈”。一是部分地区存在资源枯竭的问题，如甘肃玉门在1957年即建成全国第一个石油工业基地，当前也是我国资源枯竭型城市的典型代表；二是部分地区存在资源开发与生态红线叠合的问题，已不适应生态保护的新要求，如当前青海正在推进的国家公园示范省建设，拟在柴达木盆地设立的生态环保重点区总面积达5851平方千米，初步评价年影响原油产量113万吨，占青海2018年原油产量的比重超过一半。因此，黄河上游地区当前面临的突出短板是如何谋划经济长期转型，在构建重化工价值链转型升级的基础上，探究价值链重构所需的条件，通过更加深度地参与全球价值链分工和国内价值链分工来培育接续产业，融入国内国际“双循环”。实现这一目标需进一步发挥投资的关键作用，特别是黄河上游地区的经济仍然处于成长初期，在提升生产的能力和质量、完善基础设施、改善民生等方面还有很多投资的空间，需找准供需两侧双受益的最佳结合点和关键，立足“上游特色”扩大有效投资，以有效的投资促进消费能力的提升。

生态保护和高质量发展相互依存，密不可分。习近平总书记在2016年视察青海时提出“青海最大的价值在生态、最大的责任在生态、最大的潜力也在生态”，也在2019年视察甘肃时指出“甘肃要正确处理开发和保护的关系，加快发展生态产业”。当前黄河上游迫切需要找准“生态”与“产业”的最佳结合点和着力点。回顾黄河上游的发展历程，过去已执行的诸如“三北”防护林建设工程、退耕还林还草政策、风沙源治理工程、天然林保护工程等生态恢复保护举措和扶贫、移民、农业结构调整等富民措施虽都取得了显著成效，但往往都仅注重于生态或发展的某一个方面，缺乏将生态保护与经济发展有机结合的“纲举目张”的整体性和联动性战略①。特别是黄河上游地区是我国各品种资源均较为富集的国家级能源基地，但同样面临重要生态区和深度贫困区重叠面大且以农村地区为主的现实，前期发展中一些地区对能矿资源短期效益的过度追求，既阻碍了农村生态环境的正常恢复，也破坏了原有的农业生产系统，使得扶贫开发与生态保护难以协同，继续延续此路径不可持续，更难以满足新形势下对黄河上游地区的新要求。

从资源禀赋来看，黄河上游地区更应注重发挥可再生能源资源得天独厚的优势。青海日照充足、光热资源富集，同时有大面积戈壁荒滩；甘肃所在的河西走廊夹在祁连山、贺兰山之间，在历史上就是风口，常年飞沙走石。从太阳能资源来看，青海太阳能辐照水平仅次于西藏，居全国第二位，全省理论可开发太阳能发电装机容量达35亿千瓦。其中，海西州和海南州分别属于我国太阳能一类和二类资源区，利用所在地区的荒漠化土地，发展太阳能发电产业潜力巨大。甘肃太阳能资源居全国前三位，各地年太阳能总辐射值为4800~6400兆焦/米^2，其中河西西部、甘南西南部最为丰富，技术可开发量达4000万千瓦以上。从风力资源来看，甘肃风能资源理论储量为2.37亿千瓦，居全国第五位，可利用和季节可利用区面积为17.66万平方千米，主要集中在河西走廊和部分山口地区，技术可开发量为6000万千瓦以上；青海70米高度年均风功率密度大于200瓦/米^2 的风

① 徐勇，王传胜．黄河流域生态保护和高质量发展：框架、路径与对策［J］．中国科学院院刊，2020，35（7）：875-883.

能资源技术开发量约 7555 万千瓦。其中，年均风功率密度大于 300 瓦/米^{2}的风能资源的技术开发量为 2008 万千瓦，居全国第十位，主要分布在柴达木盆地和环青海湖地区。从水能资源来看，青海水能资源理论蕴藏量达 2187 万千瓦，居全国第五位，是全国十三大水电基地之一，大中型水电站主要集中在黄河上游，呈梯级分布。综合来看，以上两省协同推动生态保护和高质量发展均指向做好壮大可再生能源产业这篇大文章，可通过发展以光伏发电、风电为主的可再生能源产业使黄河上游成为我国重要的可再生能源基地。

3. 当前黄河上游地区可再生能源发展面临重大历史机遇

从发展大势来看，壮大可再生能源产业是我国彻底解决能源安全问题的终极手段，建设黄河上游可再生能源基地更是保障我国生态安全与能源安全的重大举措。我们谈能源安全，长期以来基本聚焦于保障化石能源安全，而从全球能源由高碳向低碳并逐步迈向零碳的转型大势来看，未来大国能源竞争将从比拼资源成本向提升基础设施创新能力转变，这也将推动国家能源安全战略逐步由基于资源禀赋向立足创新驱动转变。以风电、光伏发电为代表的可再生能源是本国可以掌控的能源，不受国际地缘政治变化的影响，是保障能源供给安全的可靠要素。同时，绿色低碳的可再生能源还是能源环境安全和气候安全的要素，也与黄河上游地区坚持生态优先的发展前提相一致。特别是近 10 年来，风电和光伏发电产业走出了一条波澜壮阔的降成本之路，2019 年光伏发电成本相较于 2010 年降低了 82%，陆上风电则降低了 39%（见图 6-2）。随着技术进步及产业规模扩大，可再生能源开发成本将进一步下降，加之全球应对气候变化的一致行动，风电、光伏发电等可再生能源将持续快速发展，特别是伴随储能技术发展和成本下降，可再生能源间歇性的先天不足将得到弥补。IEA、BP 等机构普遍预计未来 5~15 年可再生能源将成为新增电力需求的主要来源。BP 更是强调，与历史上能源代际更替通常需要 60~80 年相比，可再生能源从兴起到实现能源代际更替的速度会更快，有望于 2035 年前后成为全球电力的最大来源。面向未来，可再生能源将在对我国能源需求增量替代作用不断强化的基础上，进一步推动存量竞争，以可再生能源为中心的新技术、新模式和新业态将不断涌现，为黄河上游地区找准了建设全国可再生能源高地的新定位，指明了以推进绿色循环低碳发展融入国内大循环的新使命。

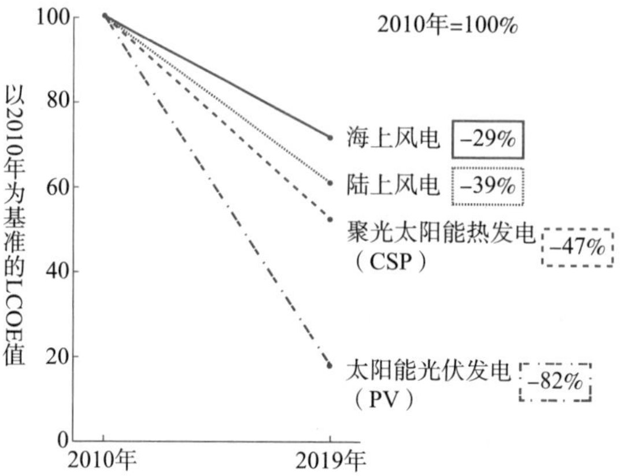

图 6-2　2010 年以来可再生能源发电成本下降趋势

资料来源：国际可再生能源署。

从发展基础来看，我国可再生能源电力产业已步入全面、快速、规模化发展阶段，黄河上游地区迎来可再生能源产业发展的重大历史机遇。当前，可再生能源和清洁能源电力在推动能源结构调整方面的作用不断增强，“十四五”时期在推动能源结构调整进程中有望实现从有效补充向规模化替代的重大转变。一是从市场竞争力来看，以陆上风电、光伏发电为首的可再生能源发电成本快速下降，预计在“十四五”前期实现无补贴平价上网。陆上风电项目平均单位千瓦造价由 1 万元左右降至目前的 7100 元，部分地区已低于 6000 元；光伏发电方面，光伏组件、系统和逆变器的市场价格下降了 90%以上。目前，全国超过一半的省（区、市）风电、光伏发电具备无补贴建设条件。预计到 2025 年，风电、光伏发电的电价将明显低于煤电，不仅将加速对燃煤的替代，而且可在降低用能成本方面发挥作用，成为推动经济发展的新动能。二是从产业链支撑来看，我国的可再生能源发电技术装备水平大幅提升。风电产业整合完成，关键零部件实现国产化，自主开发的低风速风电机组和风电场技术水平及应用水平世界领先；光伏发电主要环节产能和产量均超过全球总量一半，商业化应用光伏组件效率近 3 年保持年均 0. 3 个百分点的提升。总体来看，我国可再生能源电力具备跨越式发展的基础，“十四五”时期非化石能源占一次能源比重有望达到 18%以上，2030 年达到 20%的目标也有望提前完成，2035 年更是有望迈过 25%并向 30%靠拢，进而推动能源结构中煤炭、油气、非化石能源占比呈“4∶3∶3”格局，黄河上游具有依托得天独厚的资源优势抢得先机的重大机遇。

从区域发展格局来看，黄河上游地区承载为区域协调发展注入绿色发展动力的新使命。党的十八大后，习近平总书记多次强调要继续实施区域发展总体战略，促进区域协调发展，并亲自提出和推动了许多全新的战略构想和战略举措。这些国家战略，以“国内外联动、区域间协同、外部协同与内部协同并重”理念为统领，打破了单纯的行政区划甚至国界限制，引领中国区域发展迈进了新时代，也对做好能源区域间平衡工作提出了新要求。当前我国区域发展形势向好，经济发展的空间结构正在发生深刻变化，中心城市和城市群正在成为承载发展要素的主要空间形式，但能源作为重要的纽带，支撑服务东部、带动西部的使命与需求不减，压力与挑战日增。一方面，以化石能源为纽带的能源跨区域调配模式后继乏力，当前宁夏、贵州等曾经的煤炭资源相对富集地区在本地供给增长受限下支撑保障区域能源供应的能力显著下降；安徽、河南等曾经的中部煤炭资源大省在能源需求快速增长下供给保障不足的风险凸显；陕西、新疆等西部能源资源大省也在新形势下进一步寻求化石能源外输与就地转化利用的新平衡。另一方面，相比于 21 世纪初期东部地区以保障需求为主的能源调入，具有后发优势的中部地区已基本形成需求保障与绿色发展兼顾的能源调入新模式，正在加快构建以可再生能源调入为主的能源通道布局。在这一背景下，青海—河南±800 千伏特高压直流规划并建成，成为我国第一条专为可再生能源外送而建设的特高压通道，是中国发展运用特高压输电技术推动新能源大规模开发利用的一次重大创新。

二、黄河上游地区可再生能源发展已成为推动我国能源转型的“上游高地”

（一）黄河上游是我国可再生能源规模化开发利用先行者

1. 可再生能源高比例发展率先取得突破

青海以非水可再生能源装机规模和发电量占比“双第一”成为我国可再生能源大规模开发、高比例利用的高地。截至 2019 年底，青海电网总装机容量为 3168 万千瓦，其中，水电装机容量为 1192 万千瓦，占总装机容量的 37.6%；光伏电站装机容量为 1122 万千瓦，占总装机容量的 35.4%；风电装机容量为 462 万千瓦，占总装机容量的 14.6%；火电装机容量为

393 万千瓦，仅占总装机容量的 12.4%（见图 6-3）。2019 年，全省总发电量为 883 亿千瓦时，其中水电发电量达 554 亿千瓦时、太阳能发电量达 158 亿千瓦时、风电发电量达 66 亿千瓦时、火电发电量约为 104 亿千瓦时。2015 年以来，光伏发电装机年均增速约 20%，2018 年青海太阳能发电量居全国第二，仅次于山东；与 2015 年相比，2018 年青海风电装机增加了 5 倍多，是全国增速最快的省份。但相比青海丰富的资源潜力，已开发太阳能发电量和风电量还很小，太阳能发电装机仅占全省可开发总量的 0.28%，已建风电装机仅占全省理论可开发量的 3.5%。

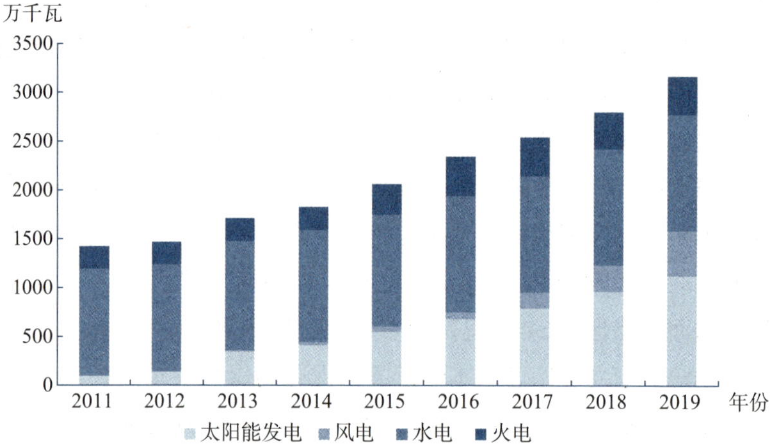

图 6-3　青海省 2011—2019 年累计装机容量

资料来源：国家可再生能源中心。

甘肃以可再生能源装机占比、发电量占比、外送电量占比“三个超 50%”成为我国可再生能源高比例消纳与外送的高地。截至 2019 年底，甘肃统调发电装机容量 5268 万千瓦，其中火电装机容量 2101 万千瓦、水电装机容量 943 万千瓦、风电装机容量 1297 万千瓦、光伏发电装机容量 924 万千瓦，可再生能源发电装机容量占全省发电装机容量的 60%（见图 6-4）。2019 年，甘肃全省统调发电量 1659 亿千瓦时，其中火电 817 亿千瓦时、水电 496 亿千瓦时、风电 228 亿千瓦时、光伏发电 118 亿千瓦时。可再生能源发电量占总发电量的 50.8%。甘肃酒泉至湖南韶山±800 千伏特高压直流输电工程于 2017 年 7 月正式建成投运，成为甘肃首条跨区域电力外送通道。酒湖直流工程 2017 年、2018 年外送电量分别达到 58.7 亿千瓦时、157 亿千瓦时，其中可再生能源电力分别为 29 亿千瓦时、81 亿千瓦时，可再生能源电力占比已超过50%。

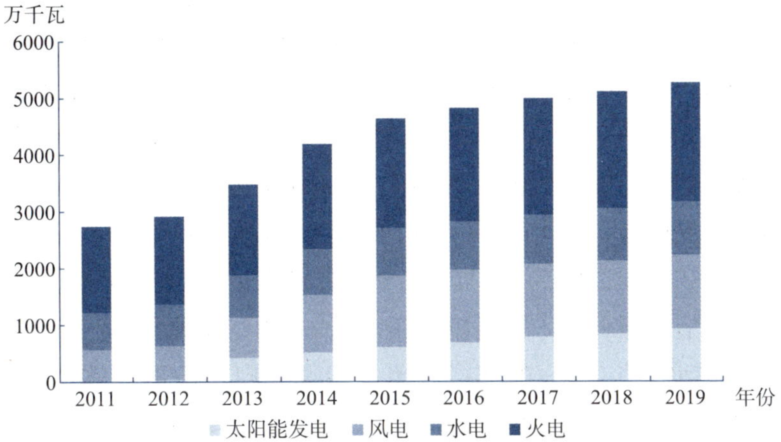

图6-4　甘肃省2011—2019年累计装机容量

资料来源：国家可再生能源中心。

2. 风光“平价上网”领先其他区域

从预测分析来看，依据各地区风电及光伏发电成本预测、年发电利用小时数以及脱硫燃煤标杆电价等，预计在2020年左右，黄河上游所处的“三北”地区及江苏、浙江和福建等省份的风电可以实现平价上网；“三北”大部分省份的光伏电站，以及中东部分布式光伏发电均可实现平价上网。总体来看，无论是风电还是光伏发电，黄河上游地区都将在全国范围内率先实现平价上网。而从具体实践来看，黄河上游地区风电、光伏发电平价上网的工程项目不断涌现，已经分别走在全国风电、光伏发电平价上网的前列。全国首个并网发电的平价风电示范项目——中核汇能甘肃矿区黑崖子5万千瓦项目于2019年中并网发电。在2018年第三批“领跑者”项目招标时，青海格尔木项目招标价格仅为0.31元/千瓦时，在全国范围内率先实现了光伏电价低于当地“燃煤标杆价格”的平价上网。

（二）黄河上游已成为我国可再生能源创新发展示范区

1. 可再生能源多元互补发展模式不断涌现

打清洁能源牌、走绿色电力路，已基本成为黄河上游地区的共识，各个省份分别结合自身优势推动可再生能源发展模式创新。青海提出要以创建全国可再生能源示范省为牵引，全力打造全国最大的水光风互补可再生能源基地。甘肃则提出要围绕建设国家新能源综合示范区，推进风、光、水、火、核“五位一体”绿色能源体系建设。其中，青海发挥水能、太阳能、风能组合优势，聚力建设海南、海西两个千万千瓦级可再生能源基地，建成世界上最大的光伏电站群和龙羊峡850兆瓦水光互补电站，并在此基础上加强与西北电网间的协调互补运行，实现了高比例的可再生能源电力消纳。2018年青海可再生能源电力消纳比重达到78.2%，远高于全国平均水平的26.5%；非水可再生能源电力消纳比重达到18.5%，也比全国平均水平高出9个百分点。此外，通过加强多能互补和省际协调，“绿电”已成为青海省的新名片。早在2017年，青海就首次实现全省7日使用“绿电”供电，2018年完成“绿电”9日，2019年则延长至“绿电”15日。进入2020年，青海又启动了“绿电三江源”百日系列活动。在此期间，充分利用水电大发有利时机，圆满完成7月连续31天全省全可再生能源供电，再创能源清洁发展的世界纪录。

2. 可再生能源技术融合创新示范积极推进

以光热发电、电化学储能为代表的可再生能源新技术在黄河上游地区率先起步、积极示范。青海是我国最早开展太阳能热发电示范的省份。2013年7月，青海中控在德令哈建成10兆瓦示范电站，是我国首座也是全球第三座大规模商业化运行的光热电站，到目前已稳定运行6年。甘肃建成了国家首个百兆瓦级熔盐塔式光热电站——敦煌10万千瓦光热发电示范项目，于2018年底建成并网；拥有自主知识产权技术路线的敦煌大成5万千瓦熔盐线性菲涅尔式光热发电示范项目2019年底建成并网。甘肃积极推广储能技术，开建了全国首个国家网域大规模720兆瓦时电池储能电站试验示范项目。

“可再生能源+”模式为黄河上游生态开发带来机遇。青海已经在“牧光互补”和“农光互补”方面作出了积极的尝试。在“牧光互补”综合扶贫方面，从2014年开始，海南州共和光伏园100兆瓦集中式光伏扶贫电站综合利用光伏板清洁用水，种植了大量牧草，一方面是为了减少荒漠土地对太阳能光伏板的影响，另一方面也为生态恢复塔拉滩沙化严重的半荒漠化土地。园区创新了“光伏羊”模式，不仅节省了园区冬季防火的割草费用，也通过园区放牧的方式帮扶了周围哈汗土亥村和合乐寺村16户贫困户牧民，使得这些牧民分享到“看得见”的效益。在“农光互补”综合扶贫方面，西宁市湟中县34.1兆瓦村级光伏扶贫电站将光伏板间隙的土地出租给农场品种植公司，通过科学设计光伏板的高度及间距，用于种植青稞和苦荞，部分种植收益用于该电站统筹扶贫工作，还解决了部分群众的就业问题。

三、建设成长型可再生能源基地要求黄河上游地区进一步担起“上游责任”

（一）从生态优先进一步向生态保护前置于开发、开发回馈于生态保护转变

水源涵养、泥沙治理等重任要求黄河上游地区必须坚持保护优先、修复为本，实施全流域最为严格的生态保护。黄河上游地区地势高、降水较少，属于严重缺水地区；局部地区生态系统退化、水源涵养功能减弱，也是我国生态脆弱区面积最大、脆弱生态类型最多的区域。对于黄河上游地区来说，国家生态屏障是其基础定位，风电、光伏发电大规模高强度开发对生态环境的潜在影响必须要前置考虑。

专栏6-1　青海、甘肃水土保持、水源涵养压力大

青海省是全国荒漠化和沙化土地面积大和危害严重省份之一，沙化土地面积占全省面积的17.4%。《2018年中国河流统计公报》数据显示，黄河上游唐乃亥、兰州、头道拐三个水文观测地点年平均含沙量分别为0.724千克/米^3、2.17千克/米^3、3.07千克/米^3。其中位于青海省、甘肃省交界处的唐乃亥至兰州段为上游含沙量上升最明显区域，泥沙和水土流失现象相当严重。黄河干流在甘肃省甘南藏族自治州境内全长433千米，径流量增加108.1亿立方米，占黄河源区总净流量184.13亿立方米的58.7%，占黄河年均径流量580亿立方米的18.6%。甘南藏族自治州黄河流域地表水资源总量为199亿立方米，每年平均向黄河补水65.9亿立方米，有“黄河源于青海三江源，但成河在甘南高原”的说法。

一是大规模风电、光伏发电项目建设运营对土地生态功能、物种栖息繁殖地以及正常活动产生的影响要前置考虑。风电项目的建设包括风电机组、集电线路、风电场内道路、施工生产生活区、升压站、110千伏输电线路、弃渣堆积场和物料场等，其中风电场内道路与集电线路的永久占地

较多，因此势必会影响该地块原有的生态功能。风机本身的永久占地面积非常小，但在风机建设过程中，为了将其底座埋入地下，需要对周边较大面积土地进行开挖，如果后续恢复不当，也会对土地的生态功能产生影响，这在地表植被十分脆弱的黄河上游须尤为注意，应将“保持生态原貌”作为可再生能源开发的基本前提。目前，国内已有关于风电对鸟类产生影响（占用栖息地、叶片撞击、局地气候、低频噪声等）的机制、鸟类迁徙的时空分布以及如何科学地避免风机对鸟类的影响（转换运营方式、重新选址等）等方面的研究，这在黄河上游地区也具有重要的现实意义。从青海来看，全国1/4的野生鸟类在青海都有分布，且三江源区域分布有鸟类237种，占全国鸟类种数的19%，其中珍稀、濒危鸟类达40余种。从国际经验来看，全球环境基金、联合国环境规划署和国际鸟盟为了保护红海/东非大裂谷区域的候鸟，专门绘制了该区域鸟类重点保护区及迁徙廊道，以规避能源、农业、狩猎、旅游和废物管理部门对候鸟的影响，这在可再生能源大基地规划前期非常值得借鉴。

二是支撑风电、光伏发电大规模发展的配套火电以及各类调峰资源建设对生态环境的影响要超前考虑。“十三五”时期是黄河上游地区可再生能源发展由长期以来的区域内循环转向融入国内大循环的起步期。其中，甘肃至湖南的酒湖直流工程于2017年建成投产，这是黄河上游地区第一条电力外送通道；2020年青海至河南的青豫直流工程也建成投运，为“十四五”时期黄河上游可再生能源基地建设深度融入国家能源发展战略奠定了基础。自推动可再生能源规模化开发以来，调峰资源一直就是黄河上游可再生能源发展的主要短板。展望“十四五”，随着外送市场的打开，保障稳定的外送电量将与调峰能力建设成为黄河上游地区同等重要的事情，否则耗资巨大的电力外送通道将面临“晒太阳”的风险。而在当前技术水平下，可再生能源还难以很好地兼顾电量保障和灵活调峰。一是在坚持生态优先的发展理念下，黄河上游可调节水电的开发空间已极为有限；二是光热发电、电化学储能在当前受制于经济性、稳定性等因素还难当大任。如果青海明确未来将不再新增火电，则外送通道将缺乏足够的电量支撑，光热发电装机规模还需要进一步扩大。光热发电作为支撑电源将面临极大的经济性制约，导致“打捆外送”缺乏市场竞争力；而且，如果遇到数天阴雨天气，仅依靠光热发电，从技术上来看也不足以支撑外送通道的运行。因此，黄河上游地区建设好可再生能源基地在短时间内离不开火电等传统能源的支撑，要以更好支撑可再生能源基地建设做好化石能源开发布局，将传统能源与可再生能源打捆算好生态环境账。

正所谓“治理黄河，重在保护，要在治理”，面对生态保护的紧迫感和经济发展的需求，黄河上游可再生能源开发不但不能破坏生态，还要对改善黄河上游生态发挥正向作用。前期水电基地建设已形成了很多回馈于生态的积极做法。比如，黄河上游梯级电站建设使黄河下游不断流的保证率从54%提高到80%。黄河上游陆续建成的梯级电站相继蓄水，也使得龙青河段增加了600平方千米的湿地面积，库区条件变化形成的降水、湿度和风频等“库区效应”，明显改善了库区周边地区的生态气候，更加适宜人居及陆生植物生长。当前，黄河上游地区的光伏发电发展对生态的回馈不断显现。光伏电站的建设不仅没有破坏环境，而且减少了子阵区内的风速，有利于土壤墒情、退化草场的恢复，在改善区域生态环境的同时，也改善了当地人民的生活环境。以青海海南藏族自治州共和光伏产业园区为例，2012—2018年，园区植被覆盖率随着光伏电站的建设逐年增长，增幅达15%。光伏项目永久占地面积大，并且光伏板会增加地面阴影面积，且光伏板清洗用水会增加土地湿润程度。部分光伏集中项目位于干旱荒漠地带，会给土地生态功能带来一定的改善。国家电投黄河上游水电公司还积极探索和发展“光伏+生态+惠民”的新模式。光伏园区内盖起羊圈供农牧民饲养“光伏羊”；针对当地土壤、水质、植被等情况种植昆仑雪菊、透骨草、紫苏、牛蒡子等高原生态作物；雇用当地农牧民清洗光伏组件，使光伏产业成为惠及各族群众的“阳光产业”。黄河上游地区需进一步总结“光伏治沙”“农光互补”等资源开发回馈于生态的好模式和好做法，切实在能源基地建设中强化“上游责任”。

（二）从能源基地自身转型向带动全流域能源基地协同转型转变

当今世界正经历百年未有之大变局，国际环境日趋复杂，不稳定性不确定性明显增强。面对这样的外部环境，党中央提出要从持久战的角度加以认识，加快形成以国内大循环为主体、国内国际“双循环”相互促进的新发展格局，这就要求充分发挥我国回旋余地大的优势，特别是在发展空间、产业体系等方面发力。从西部地区来看，当前川渝地区的电子电气仪表业成为国内大循环的重要枢纽，在全国供应链中的地位仅次于江苏，但西部地区还需形成更多国内循环的重要枢纽。特别是实现高速发展和高质量发展兼顾的“双高”发展，西部地区还需要在更多产业领域成为国内循环的重要枢纽。因此，黄河上游不能仅仅满足于输送清洁电力，而应在提升清洁电力输送能力的基础上，推动上游成长型可再生能源基地与下游枯竭型化石能源基地互补，形成送受两端、沿黄各省共建共享，这既是黄河下游枯竭型化石能源基地转型发展的现实需要，也是黄河上游成长型可再生能源基地充分发挥自身比较优势的战略选择。

从发展需求来看，黄河下游枯竭型化石能源基地转型发展需寻求新助力。改革开放以来，山东一直都是能源生产大省，化石能源资源禀赋在东部沿海省份中尤为突出，也有力地支撑山东在东部率先发展战略中走在前列。但经过改革开放40多年的发展，山东偏重的产业结构进一步带动煤炭消费持续增长，仅靠本地煤炭供给能力难以满足需求，大部分煤炭需要省外调入或依托进口，能源对外依存度逐年攀高，当前煤炭自给率已降至30%，需大量从“三西”地区调入。随着我国煤炭开发总体布局从“十二五”时期的“控制东部、稳定中部、发展西部”转变到“十三五”时期的“压缩东部、限制中部和东北、优先西部”，山东省内煤矿受制于资源储量有限、地质条件复杂、煤矿开采深度大、安全生产压力大等因素，成为去产能的重点，通过关闭、核减生产能力等方式有序退出。2018年，山东原煤产量为1.3亿吨，原油产量为2242万吨，其中原油产量占全国比重仍高达11.9%，原煤产量占比则进一步降至3.5%。

近年来，随着山东电力负荷的进一步增长且本地新增煤电受限较多，“外电入鲁”推进速度加快，已建成投运“两交两直”通道，山东又成为“西煤东运”和“西电东送”的能源流向末端（见图6-5）。从当前趋势来看，山东本地煤炭生产减量化、煤电控总量是必然趋势，对黄河中上游能源基地的依赖进一步加强，对“三西”地区由输煤向输煤、输电双重依赖转变，陕西、内蒙古西向山东输煤输电并重的格局已成。2019年，山东火电发电量占全省发电量的比重高达89%，远高于全国平均水平（69%），也高于广东（67%）和江苏（86%）的火电占比，电力供应结构呈现单一化、高碳化的特点，亟须转变。2018年“外电入鲁”占山东全社会用电量的比例为12%，2019年上升至15%，但和广东、江苏以及浙江相比，山东本地电力供应的占比仍相对较高。且受制于电网物理架构和接入点电源的类型，非化石能源电量在外来电的比例中也相对较低，2018年和2019年的非化石能源电量占受入电量的比例分别为13%和20%，相较于江苏、浙江和广东也相对较低。随着通道增加、跨省区电力交易扩大，“外电入鲁”电量和其非化石能源电量占比均呈现较快的增长趋势，这对于提升山东非化石能源电力占比和可再生能源电力占比会产生一定积极作用。和山东本地的电力供应结构相比，受入电量的结构相对低碳，2018 年和 2019 年的非化石能源电量占比分别比当年的本地电量占比高出 6 个百分点和 9 个百分点，但由于送端省份基本以固守煤炭的传统能源基地为主，“外电入鲁”延续当前发展态势难以给山东电力转向低碳发展带来本质影响。

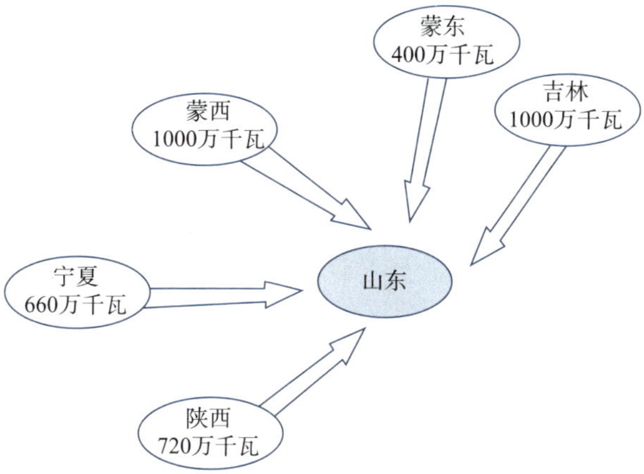

图 6-5　“外电入鲁”

从发展思路来看，黄河上游可再生能源基地应立足更高视野、更大区域提升自身发展质量，更好支撑服务黄河下游枯竭型化石能源基地转型发展需求。当前青海高比例可再生能源运行的典型意义即大电网互济。从电源结构、负荷等情况来看，青海电网仅有 5 座火电厂，水电装机较多，长期以来形成水火互济。其东部的陕西又是煤电基地，与水火兼容的青海电网同时形成东西互济。此外，几个大水库也有调剂作用，“绿电 15 日”期间，龙羊峡、拉西瓦、李家峡、公伯峡、积石峡等装机百万千瓦级水电站是主力调峰调频电站，保障电网安全运行。此外，为了消纳可再生能源，青海进行了大量跨区电力交易。这与丹麦类似，受天气因素影响，2019 年丹麦全国总用电量中有 47%来自风力发电，比 2018 年增加了 15%。值得注意的是，丹麦电网也并非“孤网”实现可再生发电，而是依靠北欧电力市场和挪威水电进行互联互济，实现平衡。随着青豫直流特高压输电工程投运以及后续外送通道的规划布局，黄河上游可再生能源基地将承担更大的使命。但风光、水电等可再生能源具有间歇性和季节性，很难像煤电一样给一个固定的值就能按时、按质送出，由于发电量时多时少，单向外送可再生能源并不能成为最终解决方案，而是更加需要充分利用整个西北电网作为备用，发挥大电网互济的关键作用。因此，黄河上游成长型可再生能源基地与黄河下游衰退型化石能源基地的电力合作，应充分挖掘新疆的支撑作用、陕西的桥梁作用，全方位发挥西北区域电网的保障作用。在此基础上，转变黄河上游各类可再生能源效益叠加的平行发展模式，以风光水储多元互补发展实现可再生能源规模效益空间“双扩”，在推动产业转型的基础上，更加注重空间和制度转型，推动基地发展与黄河上、中、下游转型优势互补。

在加强流域内互动的基础上，进一步考虑黄河流域生态环境保护和高质量发展与“一带一路”、新时代西部大开发战略衔接融合，可以将建设上游成长型可再生能源基地作为抓手，打造国家重大区域战略融合发展示范，将基地发展作为黄河上游地区深度融入国家几大区域战略的载体，以黄河上游的青海、甘肃可再生能源基地建设带动新疆、西藏能源优化开发，更好发挥新疆、西藏能源资源对黄河上游可再生能源基地规模化发展的支撑作用。推动青海、甘肃与河南、山东形成电力输送、产业转移和新动能培育的全方位合作，通过陕西接力外送。依托可再生能源基地对承接东部产业进行系统性改造，实现全生命周期绿色化。

（三）从西电东送向清洁电力外送与本地载能产业协调发展转变

西部大开发战略的实施带动了黄河“几”字弯区域煤电基地和黄河上游水电基地的开发建设。进入 21 世纪，为缩小东西部经济发展的差距，党中央、国务院不失时机地把西部大开发提上了议事日程，实施战略重点的转移。在这一时期，国家层面在中西部资源富集地区，以国家集中规划、集中建设的形式规划布局了一大批能源基地，再以输煤、输气、输电通道等基础设施与东部能源消费中心构建联系，形成了“西煤东调”“西气东输”“西电东送”的发展格局，在能源基础设施以能源供应保障为基本定位的基础上，进一步推动其促进能源与区域发展战略协同的新使命，在为东部地区率先发展提供坚实支撑的同时，也为中西部地区将资源优势转变为经济优势奠定了基础，极大地促进了我国整体经济实力的提高和综合国力的增强。从“西电东送”来看，主要包括北、中、南三大通道建设，其中北部通道主要是建设黄河“几”字弯区域煤电基地和黄河上游水电基地向华北地区送电，形成了黄河上中游送电至黄河下游的电力流向，特别是极大地促进了“几”字弯区域的煤炭资源开发和煤电外送。

推动区域协调发展给起步较早的能源基地带来诸多挑战，提出转型发展要求。当前我国能源资源承载区域与能源消耗区域的平衡性问题越来越突出，区域间能源失衡的风险在进一步加大，更需要在统筹经济布局、建立更加有效的区域协调发展新机制下谋求破解。从可再生能源基地建设来看，当前成熟型水电基地外送与自身产业发展不协调的矛盾尤为突出。水力资源丰富的省份越来越认识到调节性能好、成本低的可再生能源对本地发展的支撑性在不断加强。其中，湖北希望回收三峡送往华东和广东的电量；广西希望回收龙滩送往广东的电量；云南将水电铝一体化作为本地产业发展的重点，“西电东送”的意愿不断降低；四川、重庆对成渝地区双城经济圈建设下的中长期电力需求增长持乐观态度，希望留存一定的白鹤滩水电外送电量，用于支撑本地发展。各类能源基地建设面临诸多现实问题，黄河上游可再生能源基地建设更需“未雨绸缪”。从技术特性来看，成长型风光基地统筹内外两个市场的挑战更大。水电与产业是匹配式发展模式，外送与自用的转换相对灵活；风光兼有集中式与分布式两种模式，外送与自用是两种不同发展路径，着眼于外送需以集中式模式开发，而立足于自用则主要以分布式方式与生产生活相融合为主。而当前黄河上游地区机遇与挑战并存。从自身来看，黄河上游是黄河流域生态环境保护和高质量发展、“一带一路”、新时代西部大开发等国家重大战略的叠加区，发展新型高载能产业、承接传统产业的机会并存，在新基建产业发展某些领域具有比较优势，可以像贵州一样依托其低廉的成本及气温、水资源等自然禀赋优势，建成全国的大数据中心。新动能的培育有望使得黄河上游地区保持较好的电力需求增长势头，打造绿色能源消费新体系的需求也将更为迫切。

（四）更加注重以人为本的能源基地发展理念

投资快速增长、民生改善滞后已成为能源基地的普遍问题。建设能源基地易于拉动投资、带动经济，当前推动可再生能源基地建设均是黄河上游青海、甘肃两省的一号工程，但“重开发外送”的发展思路对改善人民生活的作用并不突出。特别是当前国家大力支持壮大可再生能源产业，在给予发电补贴的基础上，还对实行企业所得税施行“三免三减半”等优惠政策，可再生能源基地建设对地方财税的贡献相对有限，在传统发展模式下惠及民生的作用不大。特别是从起步较早的西部能源基地建设实践来看，传统的计划分电方式已逐渐不适应地方利益格局的动态变化和区域协调发展的战略要求，轰轰烈烈的能源基地建设除了项目投资带来部分收益外，最终产品流向东部省份，收入流进中央企业，西部省份反倒要承担诸如更高输配电价、更多土地保障等额外成本，对本地实体经济发展和民生改善形成压力。

而从黄河上游地区经济社会发展面临的现实问题来看，推动黄河上游实现高速发展和高质量发展的“双高发展”任重道远。黄河上游地区少数民族聚集，城镇化水平低，是我国推动脱贫攻坚与乡村振兴有效衔接的重点和难点。特别是甘肃人均地区生产总值全国倒数第一、青海地区生产总值全国倒数第二，仅以外送为导向的清洁能源基地发展思路，难以有效解决本地经济社会可持续发展的迫切需求。特别是当前黄河上游地区基本公共服务均等化水平仍较低，提升电力普遍服务基本依靠大量“输血”，难以维持。比如，青海贫困地区幅员辽阔、人口分散、供电半径大，青海电网超95%的供电区域为贫困地区，供电网络呈现点多、线长、负荷小的特点，电网经营呈现出面积大、投入大、电量小、产出小、成本高、亏损高“两大、两小、两高”的特点。而外送通道的建设并非孤零零的一条线路，必然要融入整个区域电力网络，本地电网势必要投入巨资建设大量其他线路为其“兜底”，这也将进一步加重黄河上游地区电网经营压力。由此可见，“发展为了人民　人民共享成果”的能源基地建设之路任重道远。能源基地建设占用了黄河上游较多资源，只有坚持发展为了人民、发展依靠人民、发展成果由人民共享，把保障和改善民生作为重大的经济任务和重要的政治任务，才符合新时代能源基地建设的总体方向。

四、以多元互补推动黄河上游可再生能源基地在全流域转型中体现“上游水平”

（一）黄河上游可再生能源基地多元互补发展思路

1. 以多能互补和“源网荷储”协调推动成长型可再生能源基地行稳致远

可再生能源产业是西部大开发以来，黄河上游地区工业发展中为数不多的亮点，甘肃省曾经一度风电装机居全国第二、光伏发电装机居全国第一。但由于没有充分考虑地域狭长、可再生能源电力与传统电力难以统筹推进的先天不足，以及外送通道建设没有相应跟进，可再生能源电力的单兵猛进导致电力工业运行严重不畅。2006 年，甘肃提出“建设河西风电走廊、打造西部陆上三峡”的构想。2007 年，国家发展改革委批准甘肃省开展酒泉千万千瓦级风电基地及配套 750 千伏电网工程前期工作，由此拉开了黄河上游地区第一轮可再生能源基地建设大幕。在 2010—2011 年酒泉风电基地一期时，风电平均利用小时数能达到 2200 多小时，0.52 元/千瓦时的上网电价下，风电企业经营情况普遍不错，各大发电企业都愿意到甘肃酒泉来开发风电。但从 2013 年开始，甘肃风电的平均利用小时数连续下降，由 2013 年的 1800 多小时一路降至 2016 年的 1100 小时以下，给参与风电基地建设的各方带来了极大的损失。在这一背景下，国家层面将甘肃省列为风电规划“红色”预警地区，踩下了风电基地建设的“急刹车”。

回顾总结甘肃风电单兵猛进发展的惨痛教训，对推动黄河上游可再生能源基地再起航的意义重大。过往的教训深刻说明了建设可再生能源基地要高度重视产供储销体系的协调互补，“先盲目建设，后解决消纳”的大基地模式不应该再继续。一方面，“源网荷储”协调是能源基地建设的基本要求，需确保基地开发节奏与通道建设、需求增长、储调配套相协调；另一方面，可再生能源基地建设需更加注重源端多能互补，不但要挖掘传统火电对可再生能源发展的支撑潜力，实现新旧动能互补发展，还要探索并逐步转向新动能抱团发展，推动各类低碳与低成本兼顾的储能调峰资源建设，实现以平价调峰支撑平价风光大发展。但当前协调互补面临的问题较多，黄河上游地区的火电厂大面积亏损，比如甘肃连城火电厂由于连年亏损，长期靠“输血”维持，最终只能破产清算，这样的现实距离新旧动能互补发展还有较大距离。

2. *以水电功能定位调整顺应生态保护和建设成长型可再生能源基地双重要求*

此外，前期水电开发也对黄河上游地区脆弱的生态造成了一定影响。比如，水文规律变化和生境破碎化对喜流水鱼类栖息地生境影响很大。除河口三角洲区域以外，黄河主要保护鱼类、水生鸟类等，大多分布在黄河源区、上游地区。上游水电集中开发河段土著鱼类因水电开发和流域水资源开发减水等水资源和水文情势影响，敏感生境受到重大影响，鱼类资源呈现严重衰减态势。20 世纪 80 年代，黄河流域有土著鱼类 24 种，到 20 世纪初减少到 15 种。近年来，黄河羊曲水电站与怪柳林保护的问题也引起了社会各界的极大关注。黄河羊曲水电站是黄河干流龙羊峡水电站上游河段三个规划梯级电站“茨哈水电站、班多水电站和羊曲水电站”的最下一级，也是青海省“十二五”规划期间规划建设的重点项目，而 666 株怪柳古树林正好位于拟建的青海黄河羊曲水电站的大坝淹没区，当前正探索通过移植等方式加以保护。近年来，随着黄河上游地区小水电管控力度加大，青海省自 2013 年以来实现黄河流域小水电零规划、零开发；自 2014 年新一轮的祁连山保护区规划调整后，小水电也全面停批。总体来看，黄河上游地区水电大规模开发的时期已经过去，进一步开发建设需跳出水电行业自身利益，从助力风电、光伏发电规模上台阶的思路开展项目布局。

（二）黄河上游可再生能源基地多元互补发展潜力分析

1. 模型概述

由于风电、光伏发电固有的不确定性，所以可再生能源有效利用严重依赖系统的灵活性，为了更准确地测算黄河上游可再生能源接纳潜力，本节采用能源所开发的“H3E-可再生能源平衡接纳分析方法”对黄河上游甘肃、青海两省的风光接纳进行研究。“H3E-可再生能源平衡接纳分析方法”结合了电力电量平衡测算和基于通用生产函数的随机生产模拟，基本原理如图 6-6 所示。它系统考虑了电源侧各类电源品种、电网侧各类输电通道、需求侧管理以及储能等电力系统主要资源，通过迭代优化，不仅能够全面考虑各类装机、电网输电通道和需求侧管理以及储能等对于可再生能源接纳的影响，而且还能够通过随机生产模拟研究“源—网—荷”各类资源的运行情况，从而实现从规划到运行较为全面的分析。

2. 分析边界条件与假设

（1）情景设置：通过展望和倒逼的方式设定“基准情景”和“碳中和情景”，其中“基准情景”分析了在既定政策目标基础上，黄河上游甘肃、青海如何自下而上强化减排技术措施的情景；“碳中和情景”则进一步探究我国碳中和承诺下黄河上游甘肃、青海电力发展愿景。

（2）公用供热燃煤机组：两种情景下，夏季时由于供热负荷较小，当前黄河上游甘肃、青海供热燃煤机组可作为公用机组参与正常调峰，最小

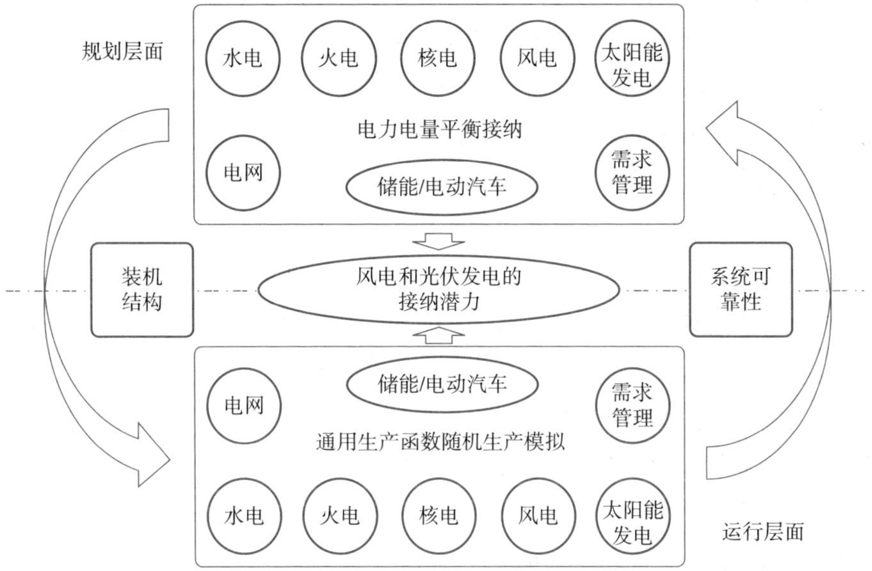

图 6-6　H3E-可再生能源平衡接纳分析方法

稳定出力为 50%额定功率，灵活调节能力均大于各网的峰谷差，对电力系统灵活性发挥正面作用；冬季时以供热为主，以热定电，部分参与电网调峰，最小稳定出力通常为 70%额定功率，调节能力低于榆林峰谷差，对电力系统灵活性起到负面影响。随着全国供热燃煤机组灵活性改造的推进，2025 年设定两地区供热燃煤机组夏季最小稳定出力降至 30%额定功率，冬季最小稳定出力降至 40%额定功率；2035 年设定两地区供热燃煤机组夏季最小稳定出力降至 20%额定功率，冬季最小稳定出力降至 20%额定功率。

（3）公用凝汽燃煤机组：两种情景下，黄河上游甘肃、青海凝汽燃煤机组基本承担公用负荷，是电力系统主要的灵活性资源。当前该类型机组最小稳定出力通常为 50%额定功率，调节能力均大于各电网峰谷差，对电力系统灵活性发挥正面作用。随着全国凝汽燃煤机组灵活性改造的推进，2025 年、2035 年设定两地区凝汽燃煤机组最小稳定出力均降至 30%额定功率。

（4）风电机组、光伏发电和生物质发电机组：考虑到甘肃、青海的风、光出力特性，H3E 模型电力电量平衡分析环节将风电机组作为电网调峰负面因素进行考虑，即低谷负荷期间，风电机组出力从严考虑为 80%额定功率，充分反映甘肃、青海地区风电机组的反调峰特性。风电、太阳能发电以及综合利用机组不考虑将其作为系统灵活性资源。

（5）电网跨区跨省联络线：分析将甘肃、青海作为一个整体进行考虑，其与周边省市电力交易方式将对系统风、光接纳产生重要影响。例如，若高峰负荷期间增加外部电力注入，低谷负荷期间减小外部电力注入或潮流返送，则有助于电网实现削峰填谷。因此在未来外部电网调节能力不可知的情况下，本小节研究分析电网灵活性时，设定“基准情景”下2025年两地区对周边省市电网拥有80%额定容量的调节能力，特高压输电线路拥有30%额定容量的调节能力，对电网调峰发挥正面作用；2035年两地区对周边省市电网拥有80%额定容量的调节能力，特高压输电线路容量将提升为目前的2倍，并且拥有40%额定容量的调节能力，对电网调峰发挥正面作用。设定“碳中和情景”下2025年两地区对外输电线路容量提升为目前的4倍，2035年大幅提升为目前的20倍。甘肃、青海两地区内部各省市间目前已经具备了较为可靠、完善的电网体系，仅需要增加一定数量资源富集地区到负荷中心的输电通道，即认为两省内部省市间电网传输无障碍。

（6）储能装置：两种情景下，考虑到技术的成熟度和未来发展潜力，假设甘肃、青海未来储能发展以锂离子电池储能（含电动汽车储能）为主，2025年装机规模达到400万千瓦，2035年装机规模达到800万千瓦。

（7）常规机组规划和需求侧潜力：两种情景下，将参考相关规划文件设定黄河上游甘肃、青海地区燃煤机组增长情况，因受到气源供应限制具有较强的不确定性，本小节设定2035年前两地区不再新增燃气、燃油等化石能源机组。参考国际经验和地区负荷发展特色，2025年设定150万千瓦灵活性负荷参与削峰填谷；2035年设定500万千瓦灵活性负荷参与削峰填谷。

具体如表6-3所示。

表6-3　黄河上游可再生能源基地“源网荷储”协调发展目标

领域	2025年	2035年
“源”	凝汽燃煤机组最小稳定出力降至30%；供热燃煤机组夏季最小稳定出力降至30%额定功率，冬季最小稳定出力降至40%额定功率	凝汽燃煤机组最小稳定出力降至30%；供热燃煤机组增加储热装置，冬季、夏季最小稳定出力均降至20%额定功率

续表

领域	2025 年	2035 年
“网”	对周边省市电网拥有 80%额定容量的调节能力，特高压输电线路拥有 30%额定容量的调节能力	对周边省市电网拥有 80%额定容量的调节能力，特高压输电线路容量将提升为目前的 2 倍（3000 万千瓦），并且拥有 40%额定容量的调节能力
“荷”	形成 150 万千瓦灵活负荷参与削峰填谷	形成 500 万千瓦灵活负荷参与削峰填谷
“储”	电化学储能装机规模达到 400 万千瓦	电化学储能装机规模达到 800 万千瓦

3. 可再生能源多元互补潜力

结合经济发展情况，2025 年黄河上游甘肃、青海地区全社会用电量合计将达到 2609 亿千瓦时，“十四五”期间平均增速为 5.0%，合计最大负荷约为 3373 万千瓦，“十四五”期间平均增速约为 6.0%；2035 年黄河上游甘肃、青海地区全社会用电量合计将达到 3507 亿千瓦时，10 年平均增速为 3.0%，合计最大负荷约为 4993 万千瓦，10 年平均增速约为 4.0%（见表 6-4）。

表 6-4　甘肃、青海电力电量预测

指标	2019 年	2020 年	2025 年	2035 年
1. 全社会用电量/亿千瓦时	2005	2045	2609	3507
平均增速/%	—	2.0	5.0	3.0
其中：甘肃/亿千瓦时	1288	1314	1677	2253
青海/亿千瓦时	716	731	933	1253
2. 最大负荷/万千瓦	2447	2520	3373	4993
平均增速/%	—	3.0	6.0	4.0
其中：甘肃/万千瓦	1521	1567	2097	3103
青海/万千瓦	926	954	1276	1889

风电接纳能力与系统的调节能力平衡、高峰平衡和低谷平衡密切相关；而太阳能利用受日照时间限制，与调节能力平衡和午间高峰平衡相关，由于甘肃、青海最大负荷往往出现在 17—21 时，但午间最大负荷与全日最大负荷相差不大，本书利用高峰平衡代替午间高峰平衡近似测算光伏发电的接纳能力。根据模型测算，“基准情景”下，2025 年在煤电灵活性改造、电网互济和储能发展的帮助下，黄河上游甘肃、青海可分别接纳风

电装机和光伏发电装机 2440 万千瓦和 2400 万千瓦，相比 2019 年分别增加 681 万千瓦和 354 万千瓦；2035 年随着煤电灵活性改造的逐步完成、对外输电通道的增加以及储能发展的支持，甘肃、青海可分别接纳风电装机和光伏发电装机 4850 万千瓦、3600 万千瓦，相比 2019 年分别增加 3091 万千瓦和 1554 万千瓦。“碳中和情景”下，2025 年在煤电灵活性改造、电网互济和储能发展的帮助下，黄河上游甘肃、青海可分别接纳风电装机和光伏发电装机 4777 万千瓦和 7481 万千瓦，相比 2019 年分别增加 3018 万千瓦和 5435 万千瓦；2035 年随着煤电灵活性改造的逐步完成、对外输电通道的增加以及储能发展的支持，甘肃、青海可分别接纳风电装机和光伏发电装机 12927 万千瓦和 27384 万千瓦，相比 2019 年分别增加 11168 万千瓦和 25338 万千瓦（见表 6-5）。

表 6-5　甘肃、青海电力系统可支撑风电、光伏发电装机情况　单位：万千瓦

指标	2019 年	基准情景		碳中和情景	
		2025 年	2035 年	2025 年	2035 年
新增储能容量	0	400	800	400	800
可接纳风电装机	1759	2440	4850	4777	12927
可接纳太阳能发电装机	2046	2400	3600	7481	27384

结合产业就业系数、排放影响等对“基准情景”下黄河上游甘肃、青海可再生能源基地多元互补发展带来的社会效益、环境效益进行粗略分析，见表 6-6。

表 6-6　黄河上游可再生能源基地效益情况

分类	指标	2019 年	2020 年	2025 年	2035 年
社会效益	电力直接就业人数/万人	10	12	20	50
	节水效益（全生命周期）/亿立方米	1. 3	1. 6	1. 9	4. 1
	节水满足基本用水需求人数/（亿人/年）	0. 07	0. 09	0. 1	0. 22
环境效益	环境外部效益/亿元	155	174	597	886

风、光的快速发展为社会提供了更多就业机会，推动风电和光伏发电成为甘肃、青海电力领域就业的主要拉动力量。风、光发电行业的发展创造了一批技术要求高和服务水平高的岗位，并且风电和光伏发电产业横跨第二和第三产业，涉及制造、电力和自控等多个领域，产业之间的相互影

响也引发整个电力各个部门就业发生变化。黄河上游甘肃、青海可再生能源基地多元互补发展带动电力行业就业人数持续保持快速增长，2025 年后随着风、光发电加快建设，甘肃、青海电力行业就业人数增长将进一步加速，2025 年、2035 年甘肃、青海电力行业直接就业人数将分别达到 20 万人和 50 万人。同时随着传统化石能源发电和电网自动化程度的不断提高，传统电力产业就业人数将不断减少，推动风电和光伏发电直接就业人数占电力总就业人数的比重提升至近 40%，逐步替代传统产业成为就业的主要拉动力量。

多元互补节水效益显著，风、光节水量能够满足甘肃、青海接近 70% 人口基本用水。与煤炭相比，风、光发电不仅在污染物减排方面具有优势，其用水量也大大小于燃煤发电。黄河上游甘肃、青海可再生能源基地风电和光伏发电发展带来的全生命周期节水量呈现快速增长，2025 年、2035 年甘肃、青海风、光发电节水量分别达到 1.9 亿立方米和 4.1 亿立方米，并且风电的节水效益大于光伏；若以人类每天最低 50 升用水标准来衡量，2035 年风、光发电全生命周期的节水量可以满足超过 2200 万人全年的基本用水需求（见图 6-7）。

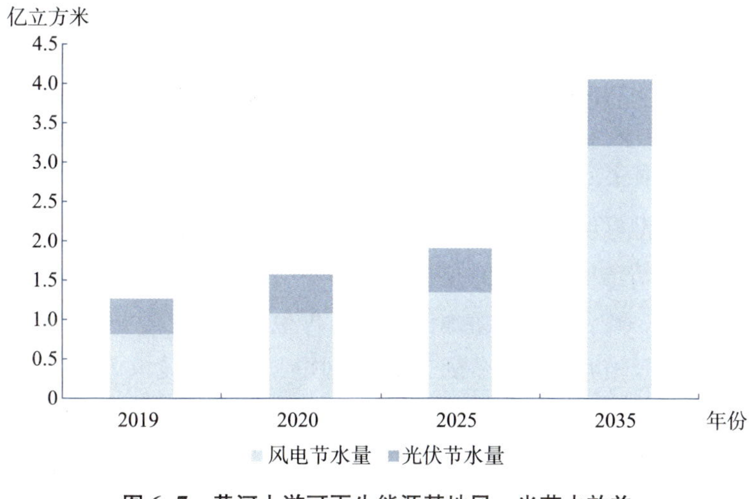

图 6-7　黄河上游可再生能源基地风、光节水效益

多元互补发展也带来明显的环境效益，促进传统能源外部成本不断降低。电力外部成本涉及能源生产、运输以及消费（发电）等多个环节，其中能源生产和运输环节主要考虑化石能源开采、运输等环节对外部大气、水、生态系统等造成的损害；发电环节主要考虑发电产生的二氧化硫、氮氧化物以及细颗粒物（PM10、PM2.5）等多种污染物对人体健康、农业等产生的危害；排放环节主要考虑二氧化碳带来的影响。黄河上游甘肃、青海可再生能源基地多元互补发展带来的环境效益持续显现，考虑到2030年前后生产运输成本的内部化等因素影响，2025年和2035年甘肃及青海可再生能源发展带来的外部效益将分别达到597亿元和886亿元（见图6-8）；另外伴随可再生能源的发展，火电产生的环境外部成本增加逐步放缓，2025年和2035年甘肃及青海火电带来的外部成本分别为441亿元和466亿元。

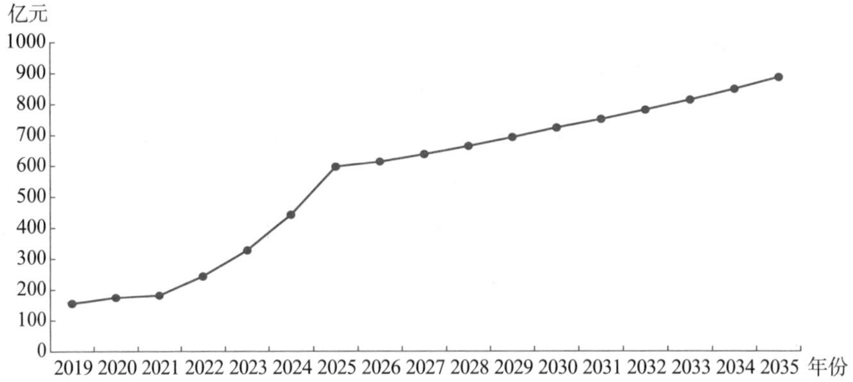

图6-8 黄河上游可再生能源基地多元互补发展带来的环境效益

（三）黄河上游可再生能源基地中长期发展目标

——建成世界级多元互补可再生能源新高地。创新清洁能源发展理念，探索“以清洁能源为清洁能源调峰、各类储能方式齐头并进”的多元互补开发模式。整合黄河上游地区各类可再生能源资源，以统筹规划、协调发展支撑大规模开发。力争到2025年风电、太阳能发电等可再生能源装机规模实现倍增，构建可再生能源与火电、电网、储能协调互补发展的良性循环。到2035年，力争风电、太阳能发电等可再生能源装机规模达到万亿千瓦级，全面实现区域内资源高效利用、跨区域资源优化配置，持续引领全球高比例可再生能源发展。

——建成助推国家绿色低碳转型新引擎。坚持“服务流域、服务全国”原则，加快推进能源基础设施建设，强化西电东送网络体系。开展上下游、跨基地合作，优化可再生能源输送模式，推动基础设施共建共享，探索清洁电力、绿氢及绿色载能产品联合外送模式，由输煤输电加快转向以绿电为引擎的综合输送体系建设。2025 年前，推进黄河流域上下游电网互联互通，力争推动清洁电力外送能力实现倍增，大力支持黄河下游衰退型化石能源基地转型。到 2035 年，合力打造沿黄清洁电力走廊和绿氢廊道，建成国家重大基础设施走廊。

——打造清洁能源创新发展新动能。充分利用清洁能源规模化发展带来的市场优势，带动绿电产业链延伸，持续壮大新能源、新材料等高端制造业，大力推进关键材料技术研发和产业化工作，提升经济发展质量和效益。以新型基础设施建设、绿色载能产业布局为切入点，发展智能灵活的高耗电、高附加值产业，扩大本地清洁能源消纳能力，与本地清洁能源开发构建新循环。力争到 2025 年形成较为完整的风电、光伏发电、光热发电、锂电、地热等可再生能源产业集群，带动就业人数超过 20 万人。到 2035 年，形成系统完备的绿电产业链和创新链，建成多个国家级千亿绿色产业基地，带动就业人数超过 50 万人。

——打造清洁能源富民惠民新模式。将清洁能源开发作为脱贫攻坚衔接乡村振兴的重要抓手，坚持集中式开发与分布式利用并举，统筹推进光伏扶贫、农村电网改造升级，以乡村电气化提升为导向系统推动生产方式和消费模式绿色升级，协同推进清洁能源开发与生态保护。力争到 2025 年能源普遍服务基础设施建设水平持续提升，初步建立清洁能源惠民富民机制，人民群众获得感和幸福感普遍提升。到 2035 年，光伏富民模式不断丰富，能源普惠服务机制趋于完善，建成能源发展与生态保护、区域发展、民生改善相协调的现代能源体系。

五、落实举措、创新机制，为黄河流域能源基地转型发展持续注入“源头活水”

（一）推进海南、海西、河西走廊三大平价风光基地建设

以落实消纳市场为前提，通过降低土地、并网等风电、光伏发电开发非技术成本，建立市场化竞争的项目配置机制，鼓励企业技术创新，加快先进技术和产品应用示范，促进风电、光伏发电运行效率提升和成本不断下降，建设海南、海西、河西走廊三大平价风光基地，树立风电、光伏发电并网价格的“黄河上游标杆”。

有序推进黄河上游水电储能项目建设，充分发挥多元互补的基石作用。在满足生态环境保护要求基础上，加快李家峡水电站、拉西瓦水电站扩机工程，有序推进羊曲水电站、玛尔挡水电站建设。在充分考虑生态环境保护前提下，挖掘黄河上游梯级水库储能潜力，创新梯级水电站运营模式，探索推进黄河上游已建水电站开展建设混合式抽水蓄能电站、梯级泵站示范项目研究，建设黄河上游大型水电站储能基地，增加新能源消纳和系统调节能力。

健全“源网荷储”智能高效协调运行体系，支撑高比例清洁电力的安全可靠运行。在黄河上游地区水光互补、风火互补运行经验积累基础上，统筹考虑水电、光伏发电、风电、光热发电技术特性，以及各类项目布局、出力的时空差异，探索构建不同电源互补消纳运行模式。推进煤电灵活性改造，加快建设电化学储能和抽水蓄能等项目，探索黄河上游梯级电站储能工厂运营模式。加强水泥、有色、盐化工等高载能行业中的灵活性响应资源挖掘，探索电动汽车有序充放电运营模式。加强与西北电网的优化衔接，提升全网统筹协调运行能力。

（二）统筹省间互济、域内支撑的绿电通道布局与市场建设

破解黄河上游地区省内、省间电力输送“瓶颈”，促进清洁能源在更大范围内优化配置。以加强跨省区电网联络互济为重点，扩大黄河上游水、风、光互补运行调度范围。发挥青海、甘肃位于西北电网枢纽地区的优势，不断加强与周边省份的联络能力，确保青海、甘肃内用电以及特高压直流外送电力电量的可靠性。统筹推进河西走廊基础设施体系建设，补齐甘肃省内河西河东输电通道短板。开展青新联网工程的研究工作，不断提升青海与甘肃、新疆电力互济余缺能力。将西藏清洁电力汇集青海，提升青海与西藏间余缺互济能力。依托西部陆海新通道建设，适时推动西北电网与川渝电网互联工程建设。

加大黄河上游地区向黄河下游化石能源枯竭地区跨区输电通道布局。在发挥好甘肃—湖南特高压直流工程作用的基础上，完善青海—河南±800千伏特高压直流配套工程，高标准建设甘肃—山东±800千伏特高压直流工程，稳步提升黄河上下游输电规模，实现清洁能源在更大范围内消纳利用。统筹青海大型可再生能源基地开发及东中部电力市场空间，积极推动建设青海（海西）第二回外送直流输电工程。推动省际调峰资源备用和共

享，全面挖掘西北电网对黄河上游可再生能源基地的支撑潜力，开展风光水火联合调度运行，实现多种能源发电互补平衡，带动西北电网内各省实现优势互补协调发展。

以促进可再生能源消纳和资源优化配置为核心，推进区域电力市场建设，推动绿色能源和电网投资主体多元化。统筹协调西部省级电力市场体制改革，在全国统一市场的方向下加快西北区域电力市场建设，建立西北中长期交易市场、辅助服务交易市场与电力现货市场的衔接机制，形成市场功能完善、时间尺度完整、市场运行协调的电力市场体系，最大限度提升西北地区可再生能源本地消纳水平和经济合理外送规模，在更大范围内优化资源配置，提高区域电力工业整体运行效率。

（三）加快推进绿色产业集群与绿色技术体系建设

依托风能、太阳能等优势资源打造绿色装备产业集群，重点发展光伏设备制造、光热设备制造、风电设备制造、储能设备等产业。一是要做大做强光伏上下游产业链。依托黄河上游可再生能源发展的大市场，打造制造应用全产业链模式。优化晶硅电池产业链，形成产能适中、分工明确、协同发展的产业集群。培育一批具有创新优势和市场竞争力的光伏行业龙头和品牌企业。二是要培育壮大光热产业。依托丰富的低温熔盐资源，培育一批光热产品制造、系统集成和运营服务骨干企业，构建包括关键设备、储热系统、应用系统等的完整的光热产业链。三是要大力推动风电装备制造业发展。依托已有较为完整的风电产业链优势，深化风电装备制造业设计、研发、制造、培训、服务融为一体的综合产业体系建设，打造并巩固风电装备制造的区域优势。四是要发展储能电池产业链。围绕光伏产业配套需求，引进优势企业和先进技术，进一步完善大容量储能电池产业链。重点面向省内光伏、风电、分布式电站和通信基站，扩大储能电池在负荷调节、功率补偿、削峰填谷等方面的应用。

紧跟世界能源变革大势，构建绿色技术示范体系。积极推进多元互补能源服务模式发展，从供应侧推进风光水火储多元互补发展，从需求侧加强电、热、气、冷等能源生产耦合集成和互补利用。开展储电、储热（冷）等多类型、大容量、高效率储能系统示范工程。推动能效电厂、需求响应电厂等新模式发展，推广智能化分布式光伏及微电网应用。鼓励引导能源技术突破和示范应用，重点支持新型建筑保温材料、新一代储能设备、氢燃料电池、钙钛矿电池、石墨烯等领域基础创新、技术突破及产业化应用。加大全产业链氢能技术研发力度，推动氢能利用场景示范。推进“互联网+”智慧能源发展，构建能源生产、输送、使用和储能系统集成且经济高效的能源互联网。

（四）协同推动可再生能源利用与生态民生改善

充分挖掘节水、防风、治沙效益，以生态光伏引领本地可再生能源开发和就近利用。积极培育“光伏+农牧业”，发展农光互补、牧光互补。有效利用戈壁荒漠、草地黑土滩、荒山荒坡，建立利于生态修复和保护的高支架光伏农牧场模式，为后期综合利用土地叠加效益、促进生态保护奠定基础。发展与现代农牧业融合的分布式光伏、分散式风电及微网系统，推进农牧区被动式太阳能暖房改造，建设分布式太阳能供热系统，推动高寒地区和农牧区清洁可再生能源供暖，因地制宜推进生物质能供暖，促进农牧区生产、生活用能清洁化。在高海拔地区利用光伏发电系统开展灌溉喷淋和滴灌系统建设，推进交通基础设施沿线生态修复。

推动光伏扶贫向光伏富民深化，与农牧民共享可再生能源发展成果。提升贫困地区牧区光伏独立供电系统建设水平，开展光伏独立供电系统向小型离网型微电网升级示范，推动独立光伏与大电网供电优势互补，持续改善贫困地区农牧民用能体验，更好地满足广大农牧民追求优质电力服务和美好生活的需要。推进光伏扶贫“飞地模式”，推动扶贫电站在更大范围内优化布局，探索将光伏扶贫部分收益作为产业扶贫启动资金，推动光伏扶贫收益向“造血”产业倾斜，为发展农副产品加工业、生态采摘、乡村旅游等提供支撑。

创新促进生态产品价值化的机制。建设各具特色的可再生能源基地群，实现可再生能源基地建设与当地牧业发展、文化建设、乡村振兴、城镇化有机互动，打造具有全球影响力的中国生态文明建设的亮丽名片和相对贫困地区的反贫困亮点工程。通过生态旅游、科研科普、自然体验、生态教育等可再生能源基地主题活动，把当地居民纳入可再生能源基地建设与经营当中，探索以资本性收入和工资性收入解决长效生计问题。把经济收益分配作为重要抓手，建立生态与农业产品的国家购买和生态农产品补偿制度，在动态调控中助推农业和生态区域实现生态效益、社会效益与经济效益相统一。通过市场机制，运用可再生能源配额制、生态安全体系建构的共同责任分担机制等，实现资源和生态产品的价值化和市场交易过程。

（五）推动可再生能源富民惠民模式与机制创新

充分考虑黄河上游地区电网承担普遍服务压力较大的实际困难，研究出台支持贫困地区能源普惠服务高效运作的综合政策。探索研究进一步优化中央投资支持比例，加大对投资需求大、投资能力弱的黄河上游地区支持力度，保证农网水平持续提升的势头不断巩固。

创新新时代下东西帮扶机制，充分发挥集中力量办大事的制度优势，从国家层面理顺东西帮扶机制，为电网企业搭建实施平台，明确具体帮扶项目、支援单位和投资，将东部电网企业帮扶投资和成本计入东部省级电网输配电价回收，并对东部电网企业给予适当优惠政策，促进黄河上游地区能源普遍服务基础设施可持续发展。

（六）建立中央统筹、流域协同的生态保护和补偿机制

充分考虑黄河上游地区的生态环境保护压力，加大中央统筹力度。在一般性转移支付和专项转移支付中，加大对三江源生态修复、祁连山山水林田湖生态保护修复工程等方面的投入力度，集中财力解决黄河上游地区生态保护面临的突出问题。安排专项资金支持青海省实施柴达木地区生态保护和综合治理，引导地方先行开展矿区生态环境修复、高效节水及水资源综合利用等工程，完善区域生态防线功能。

按照“坚持谁受益、谁补偿原则，完善对重点生态功能区的生态补偿机制，推动地区间建立横向生态补偿制度”的要求，结合黄河流域现状和生态环境保护的需要，综合考虑上游省份对沿黄各省安全用水保障、三江源生态保护的贡献与损失，研究并建立黄河上中游流域水环境保护生态补偿机制，从长远保障黄河上游地区的生态功能和经济社会良性发展。

第七章

黄河“几”字弯区域稳定型化石能源基地协同发展研究

内容提要：本章分析了黄河“几”字弯区域能源基地的重要特征，探讨了作为我国最重要的综合能源基地，“几”字弯区域能源基地开发建设系列问题，包括对生态环境的损害、对水资源的争夺、基地之间同质化竞争等，进而分析了产生这些问题的深层次原因。在此基础上，分析提出“几”字弯区域能源基地协同发展思路、转型发展特征和方向，以及协同发展目标，研究提出了能源基地协同发展的重点和路径。研究提出的能源基地协同发展的重点有：与生态环境相协同，推进煤炭绿色智能开发；以水定产、以碳控产，科学谋划煤基产业发展；推动煤油气化石能源与可再生能源一体化开发；推动各能源基地协同有序发展。

一、黄河“几”字弯区域已成为我国最重要的化石能源基地

本书论述的“几”字弯区域边界范围，地理区位上包括山西、陕西、内蒙古西部和宁夏等，考虑到数据统计和可获得性，往往扩大到全内蒙古自治区，为此在数据统计和分析时实际上包括山西、陕西、内蒙古、宁夏四省区。有时具体分析问题时，以鄂尔多斯市代替内蒙古西部地区进行讨论。

（一）煤炭基地资源多、密度高、种类齐全、产能产量巨大

“几”字弯区域煤炭基地包括宁东煤炭基地、黄陇煤炭基地、陕北煤炭基地、神东煤炭基地、晋北煤炭基地、晋中煤炭基地、晋东煤炭基地等。

1. 山西、陕西、内蒙古、宁夏煤炭基地资源丰富

晋北煤炭基地：是我国特大型动力煤基地，位于山西省太原市以北地区，包括大同市、朔州市、忻州市、太原市、娄烦县、吕梁市和岚县，主要包括大同、平朔、朔南和岚县矿区等。其中平朔矿区地处山西省宁武煤田的北端，是晋北基地的主要矿区，探明地质储量 167.3 亿吨，原煤核准生产能力 5450 万吨/年（不含收购的地方煤矿），原煤入洗能力 6600 万吨/年，外运能力 7000 万吨/年；大同矿区位于大同市西南部，矿区含煤面积约 1827 平方千米，保有探明储量 386.43 亿吨，为全国八大煤炭生产基地之一，现有生产煤矿 55 处，设计总规模 4500 万吨/年，是我国重要的优质动力煤生产基地。

晋中煤炭基地：晋中煤炭基地地处山西省中部及中西部，跨太原、吕梁、晋中、临汾、长治、运城 6 个市的 31 个县市，包括太原西山、东山、汾西、霍州、离柳、乡宁、霍东、石隰矿区。晋中基地重点培育焦煤集团向亿吨级煤炭企业迈进。

晋东煤炭基地：晋东煤炭基地是我国最大和最重要的优质无烟煤生产基地，位于山西阳泉、长治、晋城和晋中等市县境内，由晋城、潞安、阳

泉等矿区组成。在晋东煤炭基地，重点培育阳煤集团、潞安集团和晋煤集团三大煤炭企业向亿吨级企业迈进，推进阳煤集团、潞安集团、晋煤集团煤电一体化，重点发展煤基合成油、甲醇制汽油、煤制烯烃、煤制化肥生产等产业。

陕北煤炭基地：陕北煤炭基地包括榆神、榆横矿区。1996 年陕西煤田地质局一八五队就已开始对榆神矿区进行详查。榆神矿区一期规划区是榆神矿区的一部分，南北宽约 29. 4 千米，东西长约 32. 4 千米，含煤面积 925 平方千米，地质储量 160. 8 亿吨，规划总投资 104. 7 亿元，计划总共建设 23 个井田，其中开发 16 个，7 个备用。榆横矿区以中部的无定河为界分为南北两个矿区，规划的榆横矿区（北区）东西宽约 50 千米，南北长约 60 千米，面积约 3200 平方千米，其中含煤面积 2700 平方千米，可采储量约 188. 9 亿吨。

黄陇煤炭基地：黄陇煤炭基地包括彬长（含永陇）、黄陵、华亭等矿区。华亭矿区作为黄陇煤炭基地的重要组成部分，已形成了 2000 万吨/年的煤炭生产能力。

神东煤炭基地：神东煤炭基地位于陕西省北部、晋陕内蒙古三省交界地带，以神府、东胜两大矿区为主。神华神东集团主要负责神府—东胜矿区的煤炭开发与建设，自 1985 年开发建设以来，神东现拥有生产矿井 15 个，其中内蒙古境内 9 个，陕西境内 5 个，山西境内 1 个。在矿井规模上，有 2 个达到了 2000 万吨/年以上，8 个达到 1000 万吨/年，形成了千万吨矿井群生产格局，整体产能超过 2 亿吨。

宁东煤炭基地：宁东煤炭基地位于银川东部的灵武，该区域优质无烟煤储量达 273 亿吨，主要包括鸳鸯湖、灵武、横城三个矿区。宁东煤田地质条件好，开采条件佳，采掘成本低，且煤质优，是优良的动力和气化用煤。截至 2018 年底，宁东煤炭基地形成煤炭产能 9155 万吨。

2. 山西、陕西、内蒙古、宁夏煤炭产能和产量巨大

截至 2019 年底，山西、陕西、内蒙古三省区生产煤矿和建设煤矿年产能总计 291166 万吨，占全国总量的 64. 77%。其中，山西、陕西、内蒙古三省区生产产能和进入联合试运转的年产能合计为 247484 万吨，占全国总量的 64. 6%；在建年产能总量为 72817 万吨，占全国总量的 72. 53%。分省区来看，山西年产能总量为 123225 万吨，占全国总量的 27. 4%；内蒙古

生产煤矿和建设煤矿总年产能为 109785 万吨，占全国总量的 24.4%。

从千万吨以上煤矿产能情况来看，截至 2019 年底，全国千万吨生产煤矿 42 处（神木大柳塔煤矿一矿两井），集中分布于六省区（其中 2/3 位于黄河流域），合计产能 6.94 亿吨/年，占全国生产煤矿总产能的 19.2%。其中内蒙古千万吨煤矿产能占全区煤矿总产能比重为 39.87%，陕西千万吨煤矿产能占全省煤矿总产能比重为 36.1%，山西千万吨煤矿产能占全省煤矿总产能比重为 10.1%。

鄂尔多斯市现有煤矿 346 座，总设计生产能力为 8.54 亿吨/年。2017 年，全市生产煤炭 6.02 亿吨，销售煤炭 6.21 亿吨。近年来，通过推进煤矿技改、煤炭资源整合和煤炭企业兼并重组，落实国家煤炭去产能政策，全市煤炭产业现代化开采水平和集中度不断提升，现有产能全部为先进产能，煤矿单井平均产能达到 230 万吨以上，采掘机械化程度达到 90% 以上，井工矿全部实现综合机械化开采，煤炭资源回采率达到 76% 以上，煤炭百万吨死亡率处于国际领先水平。总体上看，鄂尔多斯市煤炭工业处于国内领先水平。

（二）油气基地成为全国增储上产的重要支撑

“几”字弯区域油气基地主要包括鄂尔多斯盆地油气基地和山西煤层气基地。

1. 鄂尔多斯盆地油气基地油气生产当量占全国首位

鄂尔多斯盆地油、气资源并存，面积为 25 万平方千米。石油资源主要赋存于中生界，其中侏罗系延安组和三叠系延长组为常规石油，延长组长 7 段为非常规致密油。依据中国石油第四次资源评价结果，鄂尔多斯盆地石油总地质资源量（包含常规 116.5 亿吨和非常规致密油资源 30 亿吨）为 146.5 亿吨，占全国重点石油盆地［松辽、渤海（陆上）、渤海（海域）、鄂尔多斯、准噶尔、塔里木、柴达木和珠江口盆地］总量的 17.0%。截至 2019 年底，累计石油探明储量为 69 亿吨，探明率为 47%。2019 年，新增探明、控制和预测地质储量分别为 4.4 亿吨、2.7 亿吨和 3.2 亿吨；剩余石油控制和预测地质储量分别为 12.1 亿吨和 11.9 亿吨；石油产量为 2629 万吨，占全国总产量的 13.8%，累计产出 4.4 亿吨。

天然气资源主要赋存于古生界，其中，上古生界为致密砂岩气，下古生界为碳酸盐岩气，垂直向上表现为多层系复合含气。依据中国石油第四次资源评价结果，鄂尔多斯市境内天然气总资源量达 10 万亿立方米，其中常规天然气资源量为 23636 亿立方米，非常规天然气资源量为 77813 亿立方米。截至 2019 年底，累计天然气探明储量为 49834 亿立方米，探明率为 49%。2019 年，新增探明、控制和预测地质储量分别为 3353 亿立方米、4853 亿立方米和 2036 亿立方米；剩余天然气控制和预测地质储量分别为 39157 亿立方米和 6649 亿立方米；天然气产量为 510 亿立方米，占全国总产量的 29.6%，累计产出 4483 亿立方米。

按产油气盆地来看，鄂尔多斯油气生产当量占全国第一。根据中石油勘探研究院预计，到 2025 年鄂尔多斯盆地石油产量达到 4065 万吨，天然气产量达到 620 亿立方米，占全国的比重将分别达到 20.0%、27.0%。

2. 山西煤层气基地产能、产量均占全国约九成

山西境内埋深 2000 米以浅的含气面积为 3.59 万平方千米，预测煤层气资源量约 8.31 万亿立方米，占全国的 27.7%；平均每平方千米赋存煤层气地质资源约为 2.31 亿立方米，其资源丰度居全国之首。资源富集区相对集中于太行山—太岳山区、吕梁山区，省内 11 个设区市均有分布。国家审批设置了 48 个煤层气（油气）矿业权，其中煤层气矿业权 41 个，面积 3.06 万平方千米，覆盖了主要含气区域，包括 33 个煤层气探矿权（面积 2.9 万平方千米）和 8 个煤层气采矿权（面积 0.16 万平方千米）。到 2015 年底，共 23 个矿区提交了探明储量 5784 亿立方米，约占全国总量的 90%。

山西煤层气产能、产量长期居全国首位。截至 2017 年底，山西省煤层气（煤矿瓦斯）累计抽采量达到 218 亿立方米。

分年来看，2015 年 18 个煤层气矿区形成地面抽采能力 77 亿米^3/年；阳泉、晋城、西山、柳林、潞安五个煤炭矿区年抽采瓦斯量超过 1 亿立方米。2015 年，抽采煤层气（煤矿瓦斯）101 亿立方米，利用 57.3 亿立方米，分别占全国的 56.1%、62.3%；其中地面抽采 41 亿立方米，利用 35 亿立方米，井下抽采 60.3 亿立方米，利用 22.3 亿立方米。2016 年，抽采煤层气（煤矿瓦斯）106 亿立方米，利用 62 亿立方米，其中地面抽采 42 亿立方米，利用 36 亿立方米，在全国继续领先。

2017 年地面煤层气产量为 47 亿立方米，利用量为 43 亿立方米，利用率为 90% 以上。规划煤矿瓦斯抽采量、利用量分别为 64.5 亿立方米和 28.5 亿立方米，截至 2017 年底共完成抽采量、利用量分别为 63.6 立方米

和24.9立方米。2017年，山西省煤层气产量在全国产量中占比超过88%。

为推动煤层气产业快速发展，强化山西省燃气供应保障能力，山西省确定了推进马必、临乡、古交等10个煤层气重大项目，主要位于临汾（4个）、晋城（3个）、吕梁（2个）、太原（1个）四市，总投资额53.2亿元，新增产能15.7亿米^3/年。晋城、阳泉被国家列为10亿立方米级煤矿瓦斯抽采规模化矿区，2017年晋城矿区瓦斯抽采量达到24.4亿立方米，阳泉矿区瓦斯抽采量达到20.7亿立方米。山西焦煤、潞安被国家列为5亿立方米级煤矿瓦斯抽采规模化矿区，2017年山西焦煤矿区瓦斯抽采量达到5.9亿立方米，潞安矿区瓦斯抽采量达到6.1亿立方米。

（三）煤电基地是国家电力安全保障的重要基地

“几”字弯区域煤电基地主要包括山西煤电基地（晋北、晋东、晋中）、陕北煤电基地、宁东煤电基地和鄂尔多斯煤电基地。

1. 山西煤电基地是国家大型煤电基地

山西煤电基地位于我国传统的煤炭产区，包括晋北、晋东、晋中三个国家规划建设的大型煤炭基地，已探明保有储量2663亿吨。结合煤炭资源储量、生态环境等方面考虑，生产规模可达9亿吨/年。“十二五”期间，山西省在晋北、晋中和晋东建设三大煤电基地，实施“输煤变输电”重大战略，以扩大晋电外送。晋北、晋中、晋东三大煤电基地已被列入全国规划建设的9个亿吨级大型煤电基地。

据测算，晋中、晋北、晋东三个煤电基地可开发煤电装机规模约1亿千瓦，目前开展前期工作的项目规模为7520万千瓦，其中，晋东3560万千瓦，晋中2200万千瓦，晋北1760万千瓦，所发电量除满足本省用电需要外，还将送往全国各地。到2020年，全省电力装机容量力争达到1.3亿千瓦，其中，煤电装机容量力争达9200万千瓦。到2020年，60万千瓦级机组在燃煤火电装机中占比力争超过40%，百万千瓦级机组在燃煤火电装机中占比力争超过8%。

2. 陕北、宁东煤电基地均属国家“十二五”规划的16个大型煤电基地

陕北煤电基地依托榆林的榆神、榆横和府谷三个矿区，原神府矿区的神东矿区与延安矿区属于国家13个大型煤电基地98个矿区。榆林煤炭资源预测2800亿吨，探明储量1500亿吨。主力煤田侏罗纪煤田探明储量1388亿吨，埋藏浅，易开采，是国内最优质环保的动力煤和化工用煤。吴

堡、佳县和府谷的煤田产稀缺的焦煤和肥气煤，探明储量 54.74 亿吨。延安的黄陵矿区煤质优良，地质储量 15.7 亿吨；子长矿区二期规划区资源量 7.22 亿吨。

陕北煤电基地规划面积 31807 平方千米，包括榆林市的一市两县两区（府谷县、神木市、榆阳区、横山区和靖边县，总面积 27338 平方千米）和咸阳市的一市三县（彬州市、长武县、永寿县和旬邑县，总面积 4469 平方千米），规划电源点装机容量为 4200 万千瓦，单机均为 100 万千瓦。其中，煤电基地榆林市四县一区规划装机容量为 3400 万千瓦，咸阳市四县规划装机容量为 800 万千瓦。此外，规划根据区内各大煤矿区的分布情况进行了更细致的划分，即按矿区设置了次级煤电基地，具体包括榆林区的神府、榆横、横靖煤电基地和彬长煤电基地。

宁东煤电基地已探明保有储量 309 亿吨，据现有资源条件规划生产规模可达 1.35 亿吨。远景储量 1394.3 亿吨，是一个全国罕见的储量大、煤质好、地质构造简单的整装煤田，被列为国家“十一五”13 个重点开发的亿吨级矿区之一。2008 年宁东能源化工基地被正式命名为国家重要的大型煤炭基地、煤化工产业基地和“西电东送”火电基地，在国家“十二五”能源规划中被列为国家 16 个大型煤电基地之一。宁东处于黄河流域鄂尔多斯盆地，主要水源为黄河，工业用水依赖农业用水通过水权转换取得，国家明确火电机组采用空冷技术。根据规划，到 2020 年，煤炭生产能力达到 1 亿吨以上，火电装机容量达到 1600 万千瓦，电力以输出为主。

山西、陕西、内蒙古、宁夏火力发电量及全国占比见表 7-1。

表 7-1　山西、陕西、内蒙古、宁夏火力发电量及全国占比

地区	1995 年	2000 年	2005 年	2010 年	2015 年	2019 年
山西/亿千瓦时	498.9	607.3	1291.7	2104.0	2330.3	2930.5
陕西/亿千瓦时	211.3	237.5	495.9	1024.9	1452.4	1859.1
内蒙古/亿千瓦时	277.1	432.1	1042.3	2226.6	3427.5	4556.1
宁夏/亿千瓦时	98.5	128.4	295.2	551.4	1017.1	1416.6
山西、陕西、内蒙古、宁夏合计/亿千瓦时	1085.8	1405.3	3125.0	5906.8	8227.2	10762.3
全国/亿千瓦时	8023.9	10884.9	20473.4	33319.3	42841.9	52201.5
山西、陕西、内蒙古、宁夏占比/%	13.5	12.9	15.3	17.7	19.2	20.6

3. 鄂尔多斯煤电基地规模居内蒙古首位

鄂尔多斯煤电基地已探明煤炭保有储量1800亿吨，综合考虑煤炭和水资源，鄂尔多斯可开发电源装机容量约6000万千瓦。2015年4月鄂尔多斯市发布了《内蒙古鄂尔多斯煤电基地开发规划》，规划范围包括鄂尔多斯市准格尔旗、鄂托克前旗、鄂托克旗、伊金霍洛旗、杭锦旗、达拉特旗、乌审旗、东胜区及康巴什新区，规划至2017年建成黄玉川电厂等燃煤电厂22座，装机规模达2716万千瓦；至2020年建成神华布尔台低热值煤电厂等燃煤电厂32座，装机规模达3858万千瓦。截至2015年底，鄂尔多斯市火电装机规模达1610万千瓦，居内蒙古首位，全年火力发电711亿千瓦时。

2017年底，鄂尔多斯市电力总装机达2136万千瓦，其中火电1947万千瓦、风电30万千瓦、光伏发电79万千瓦、水电75万千瓦、生物质发电5万千瓦。2017年发电量为869.2亿千瓦时，同比增长17.7%；全社会用电量为577.7亿千瓦时，同比增长8%。从电网侧来看，内蒙古西至天津南电力外送通道已于2016年底建成投运，上海庙至山东电力外送通道即将建成。两条通道建成后将形成1600万千瓦的电力外送能力。鄂尔多斯电网已形成以500千伏为支撑、220千伏为骨干、110千伏为辐射的比较坚强的网架结构，已建成布日都、响沙湾、乌海、千里山、宁格尔5座500千伏变电站。特别是国家确定的十二条防治大气污染输电通道中有两条以鄂尔多斯市为起点，即内蒙古西至天津南和上海庙至山东输电通道，建成后可为鄂尔多斯市新增电力外送能力1460万千瓦。目前，内蒙古西至天津南输电通道已投产，上海庙至山东输电通道已建成。

（四）煤化工基地成为我国重要的煤化工产业聚集区

黄河流域是我国重要的煤化工产业聚集区域，流域内山西煤化工基地、陕西榆林煤化工基地、内蒙古鄂尔多斯煤化工基地、宁夏宁东煤化工基地在全国煤化工领域占据举足轻重的地位。根据中国宏观经济研究院不完全统计，2018年黄河流域煤制气、煤制烯烃、煤制油、煤制乙二醇投产产能分别占全国总量的34%、81%、100%、68%；在建和拟建产能分别占全国总量的47%、60%、63%、65%。

以焦炭生产为例，2019年流域内各省区焦炭产量为26444.95万吨，占全国的56%，流域内山西省焦炭产量占比（36.7%）最高，山东

（18.6%）、陕西（17.7%）、内蒙古（13.9%）分列第二到第四位。

依托先天资源优势和产业集群优势，黄河流域山西、内蒙古、陕西、宁夏等地加快煤化工产业的规划部署，并以此为契机打造了极具黄河特色的现代煤化工基地集群。

1. 山西煤化工基地

依托潞安集团、阳煤集团、同煤集团等能源企业，山西在境内晋东、晋中和晋北等区域发展煤化工产业。其中潞安集团、晋煤集团分别建成煤制油和甲醇制汽油（MTG）示范装置，潞安集团建成100万吨/年煤制油项目，阳煤集团年产百万吨乙二醇项目（40万吨投产）、阳煤集团（清徐）新材料工业园20万吨/年己内酰胺、太钢集团碳纤维二期工程已建成投产；山西焦化焦炉气经甲醇制60万吨/年烯烃项目和同煤集团60万吨/年煤制烯烃项目正在建设中；同煤集团年产40亿立方米天然气项目立项开展第一期工作。兖矿集团20万吨/年合成气制乙二醇等项目均在试运行过程中。

晋东基地：以潞安集团、晋煤集团、兰花科创等企业为依托，重点建设晋城巴公、高平西部、北留周村、临猗丰喜、晋煤阳城芹池现代煤化工园区、襄垣王桥潞安合成油循环经济园区六大化工园区，利用丰富的无烟煤，高硫、高灰、高熔点劣质煤和煤层气资源重点发展化肥、煤制油、煤制烯烃、煤制乙二醇、醇醚燃料等产业，打造国内最具竞争力的化肥、液体清洁能源和化工新材料特色煤化工示范基地。

晋中基地：以阳煤集团、山西焦煤、山西宏特等企业为依托，重点建设潞城店上、介休义安、交城夏家营、汾阳三泉、孝义梧桐、洪洞赵城、太原清徐七大化工园区，发展焦炉煤气制甲醇、煤焦油加工、苯加工、乙炔化工、甲醇制烯烃等产业，打造国内最大的焦化深加工和化工新材料特色基地。

晋北基地：以同煤集团、中海油、蓝星化工等企业为依托，重点建设阳高龙泉化工新材料园区和同煤集团煤化工循环经济园两大园区，发展煤制甲醇及深加工、煤制烯烃、煤制天然气等产业，加快晋北气体清洁能源和化工新材料特色煤化工基地建设步伐。

2. 榆林煤化工基地

截至2017年底，榆林市建成转化产能煤制烯烃180万吨、煤制油品

160 万吨、煤制甲醇 230 万吨、煤制醋酸 20 万吨。煤制烯烃产能达到全国总产能的 25%，成为全国煤制烯烃产能第一大市；煤制油产能占到全国总产能的 17%。目前，已形成原煤—兰炭—电石、原煤—兰炭—铁合金、原煤—兰炭—煤焦油—清洁燃料油、原煤—兰炭—煤气—金属镁、原煤—兰炭—煤气—发电等综合利用型传统煤化工产业体系。

2019 年总投资 1900 亿元的兰州石化 80 万吨/年乙烷制乙烯、中煤煤炭深加工等 11 个重大基础化工项目在两年内开工，加快巴斯滕精细化学品、东元煤基清油制混合芳烃等 27 个精细化工项目建设，同时积极协调中科 400 万吨/年煤制油示范项目等总投资近 3300 亿元的 10 个重大前期项目落地。到 2021 年，甲醇、烯烃、芳烃、乙二醇产能分别达到 360 万吨、420 万吨、100 万吨、60 万吨，煤炭就地转化率提高到 50%以上，部分煤化工重大项目见专栏 7-1。

专栏 7-1　陕西榆林煤化工基地重大项目

中煤陕西榆林能源甲醇醋酸系列深加工及综合利用项目。位于榆横煤化学工业区南区，一期工程装置规模为 360 万吨/年煤制甲醇、120 万吨/年 MTO、60 万吨/年聚乙烯、60 万吨/年聚丙烯及 C4 综合利用装置。一期工程分为一期Ⅰ和一期Ⅱ，一期Ⅰ装置规模为 180 万吨/年煤制甲醇、60 万吨/年 MTO、30 万吨/年聚乙烯、30 万吨/年聚丙烯及 C4 综合利用装置以及相配套公用工程、系统工程。

华电榆林百万吨煤基甲醇制芳烃工业化示范项目。概算总投资 360 亿元，主要装置包括年产 300 万吨煤制甲醇、120 万吨流化床甲醇制芳烃、100 万吨芳烃联合（即混合芳烃制对二甲苯）、160 万吨精对苯二甲酸、60 万吨聚酯五大系统。另外还有空分、气化、热动力岛、水处理、煤矿、煤炭输/储系统等辅助配套设施。项目先后引入天龙集团、陕西益泰能源战略合作，三方将合力推动首个煤制芳烃工业化项目顺利投产。

陕西延长榆能化工公司靖边能源化工综合利用项目。共有 8 套主装置，分别是 1 套 180 万吨/年甲醇联合装置、1 套 60 万吨/年 DMTO 装置、1 套 150 万吨/年渣油催化热裂解制烯烃（DCC）装置、2 套 30 万吨/年线性低密度聚乙烯（LLDPE）和高密度聚乙烯（HDPE）装置、2 套 30 万吨/年聚丙烯装置，以及 1 套 9 万吨/年甲基叔丁基醚（MTBE）装置。

神华榆林68万吨甲醇制烯烃，即神华煤制油化工有限公司陕西甲醇下游加工项目。建设地点位于陕西省榆林市神木市大保当镇清水沟村附近，陕西省规划的陕西省榆神工业区清水煤化学工业园内。本项目占地面积约为211.09万平方米，总投资为110.57亿元。项目主要包括甲醇制烯烃68万吨/年（MTO）装置、30万吨/年低密度聚乙烯装置、38万吨/年聚丙烯装置。

神华榆林循环经济煤炭综合利用项目。于2015年3月27日在神木市榆神工业区正式奠基，以煤炭为原料，采用GE大型化高效水煤浆气化技术，配套年产180万吨甲醇（制烯烃）并40万吨乙二醇及下游高附加值产品，年生产醇、酸、酯、胺、醚等十余种上百个牌号的217万吨化工产品。项目一期工程投资约100亿美元，每年生产约350万吨精细化工和塑料产品。

3. 鄂尔多斯煤化工基地

鄂尔多斯市是全国现代煤化工产业布局最集中的地区之一，现代煤化工产业的规模、效益和装备技术水平处于国内领先水平。近年来，鄂尔多斯市充分发挥资源优势，依托煤而不依赖煤，立足煤而超越煤，在煤炭资源综合利用上做文章，煤化工产业由过去的以焦炭、甲醇、化肥等传统煤化工为主，向煤制油、煤制气、煤制烯烃、煤制乙二醇等现代煤化工示范升级发展，产业链条不断延伸，产业层次明显提升。部分重要煤化工项目见专栏7-2。

截至2017年，全市已形成煤化工产能1533万吨（其中煤制烯烃200万吨、煤制甲醇590万吨、煤制油142万吨、煤制气4亿立方米、煤制化肥411万吨、煤制乙二醇30万吨、煤制精细化学品120万吨、煤制二甲醚10万吨），在建煤化工总规模500万吨以上。以甲醇为原料已延伸至聚烯烃和稳定轻烃，年内产能可达154万吨（已建成94万吨）。特别是实施了石墨烯、碳材料、精细化工产品深加工等新型煤化工延伸项目，拓展了产业发展方向。

专栏 7-2 鄂尔多斯部分重要煤化工项目

中天合创鄂尔多斯煤炭深加工示范项目。是国内已建成的最大规模煤化工装置，也是目前世界上最大规模的煤制烯烃项目。该项目主要将鄂尔多斯丰富的煤炭资源就地转化成为甲醇，再以甲醇为原料生产聚乙烯、聚丙烯等产品，主要用于工业、航空航天、民用等领域。

中煤蒙大公司年产 50 万吨工程塑料项目。于 2013 年 4 月开工建设，2015 年 4 月 30 日主装置中交，2016 年 4 月 15 日 8 时 56 分投料开车，仅用 23 小时 24 分就产出合格丙烯、乙烯产品，仅用 5 天 8 小时 33 分就打通工艺全流程，开车一次成功，创造了国内外同类装置开车新纪录。

中电投与道达尔合资年产 80 万吨煤制聚烯烃项目。位于内蒙古鄂尔多斯市准格尔旗大路工业园区，项目总投资 237.88 亿元，利用当地煤炭资源，采用粉煤加压气化、甲醇合成、甲醇制烯烃、烯烃聚合等技术，年生产 80 万吨聚乙烯、聚丙烯等产品。

内蒙古黄陶勒盖煤炭有限责任公司年产 40 万吨煤制乙二醇项目。总投资 69.9052 亿元，项目以鄂尔多斯市长焰煤为原料，建设年产 36 万吨优等品乙二醇、4 万吨合格乙二醇，副产 8064 吨硫黄、44568 吨硫酸钠等产品。

久泰能源（鄂尔多斯）有限公司年产 50 万吨乙二醇项目。位于内蒙古准格尔旗大路新区煤化工业园区内，公司于 2014 年 1 月经自治区发展改革委批准建设年产 50 万吨乙二醇项目。该项目是以煤为原料，采用航天粉煤加压气化工艺技术生产粗合成气，经净化后为业主提供合格的合成气。项目公称规模为年产 50 万吨乙二醇产品。合成气正常生产能力为每小时 227272 标准立方米（$CO+H_2$），最高负荷产气量为每小时 250000 标准立方米（$CO+H_2$）。2017 年 9 月 10 日，久泰集团与航天长征、中国能源工程三方签约项目工业气体合作框架协议，三方将在项目技术、方案论证、工程建设、投资合作及工厂运营等方面实现合作。

久泰能源（准格尔）有限公司甲醇深加工项目。项目位于鄂尔多斯市大路工业园区，主要为甲醇制烯烃，总投资 82.8 亿元。于 2013 年 3 月开工建设，现已正式投产，可年产聚烯烃 60 万吨、丁二烯 8 万吨、丁烯-1 2.5 万吨、MTBE6 万吨、油品和液化石油气 8.8 万吨。

内蒙古开滦化工有限公司煤制乙二醇及多联产循环经济项目。位于内蒙古鄂尔多斯市准格尔旗大路新区东工业园区，总投资80亿元，为2×20万吨/年合成气制乙二醇、2×20万吨/年煤焦油加氢多联产循环经济项目，以长焰煤为原料，采用航天炉加压气化生产合成气。CTEG采用宇部兴产合成气制乙二醇技术。

鄂尔多斯新杭能源30万吨/年煤制乙二醇项目。位于内蒙古鄂尔多斯杭锦旗独贵特拉工业园区。2015年6月正式进入商业化运行阶段。该项目原业主为亿利资源集团，后变更为新杭能源，在保持部分工艺不变的情况下，将主产品60万吨/年技改为30万吨/年煤制乙二醇。项目煤制乙二醇核心工艺采用上海浦景、淮化集团、华东理工联合开发的合成气制乙二醇技术。

4. 宁东煤化工基地

“十三五”初期煤化工总产能为2150万吨，其中煤制油400万吨、煤制烯烃260万吨，是全国最大的煤制油和煤制烯烃生产加工基地之一。通过持续的招商引资，最新引进化工新材料、精细化工产业项目80个，总投资1000亿元。重要煤化工项目见专栏7-3。

2019年，宁夏煤化工总产能达到2225万吨，其中煤制烯烃320万吨、煤制甲醇800万吨、煤制合成氨70万吨。

专栏7-3　宁东煤化工重点项目

神华宁煤50万吨煤制烯烃项目。设计生产能力为52万吨/年聚丙烯，副产18.48万吨/年汽油、4.12万吨/年液态燃料、1.38万吨/年硫黄，项目总投资约195亿元。我国第一套煤制丙烯示范项目一期项目于2011年4月试车成功；二期于2014年8月27日投料试车成功，是国内首套煤制丙烯装置。

宁夏宝丰能源集团股份有限公司焦炭气化制60万吨/年烯烃项目。位于宁东能源化工基地临河综合项目区A区，项目总投资211.3亿元，其中环保投资23.6亿元，由焦炭气化制甲醇及甲醇制烯烃两个生产系统组成。项目年产260万吨甲醇，其中180万吨/年MTO级粗甲醇经MTO制得60万吨/年烯烃，然后经聚合生产60万吨/年聚烯烃；其余粗甲醇送一期甲醇精馏制得80万吨/年精甲醇；甲醇合成非渗透气经生冷分离制得 22.7 万吨/年 LNG。

神华宁煤 50 万吨/年甲醇制烯烃项目。位于宁东能源化工基地 B3 区和 C3 区，厂区占地面积 56.55 万平方米，总投资 65 亿元，于 2014 年底投产。项目主要包括甲醇制丙烯装置、聚丙烯装置及配套建设的辅助设施和公用设施等，年消耗甲醇 167 万吨，经甲醇制丙烯工艺技术生产丙烯 47.4 万吨/年、乙烯 2 万吨/年，再经聚丙烯工艺技术制得聚丙烯产品 50 万吨/年、副产混合芳烃 18.48 万吨/年、液态燃料 4.12 万吨/年。

（五）新能源与可再生能源未来发展潜力巨大

鄂尔多斯市是太阳能资源、风能资源富集区，生物质能资源也较丰富，但囿于土地类型，风能、太阳能、生物质能等新能源产业发展还不充分。目前，鄂尔多斯市形成了 100 兆瓦的太阳能光伏组件生产能力。根据鄂尔多斯市发展规划，今后一个时期，将积极开发兆瓦级风电成套机组等风电整机产品和光伏逆变器、光伏电池组件等光伏组件设备，积极推进薄膜太阳能电池产业化。同时，依托丰富的风光能资源，加快建设大型风电场、太阳能发电站、风光互补发电站，积极发展光热发电、分布式光伏、建筑光伏一体化、风—光—火互补发电等新兴发电项目。总体来看，鄂尔多斯市具备拓展新能源等战略新兴产业发展的基础。

℃山西是我国风电资源较为丰富的地区之一，资源可开发量约为 5800 万千瓦。山西风速的分布和地形地势有密切的关系，从省 70 米高度层 30 年平均风速分布图可以看出，风能资源较好区域主要分布在五台山高山区域、管涔山及吕梁山西部区域、山西西北区域和中条山区域。管涔山、吕梁山及其周边区域，风功率密度≥300 瓦/米^2 技术开发量为 502 万千瓦，技术开发面积为 1612 平方千米；恒山、五台山、太行山、太岳山、中条山及其周边地区，风功率密度≥300 瓦/米^2 技术开发量为 790 万千瓦，技术开发面积为 2449 平方千米。山西省年日照数为 2200~3000 小时，年日照率为 51%~67%。其中绝大部分地区全年日照数在 2600 小时以上，有约 1/3 的地区在 2800 小时以上，属于日照充足的地区。年平均太阳能辐射量为 1624 千瓦时/平方米，太阳能开发资源较丰富，在华北地区仅次于内蒙古。山西地热资源丰富，全省地热田和地热异常区水热型地热资源量潜力为 6.8×10^{17} 千焦，可开采资源量为 1.41×10^{17} 千焦，折合标准煤 3.9×10^{9} 吨，居全国第15位，地热田（20~90℃）资源主要分布于大同、忻州、太原、临汾、运城五大盆地的临猗、夏县、襄汾、曲沃、太原、清徐、忻州、定襄、原平、阳高、天镇、浑源等32个县（市、区）内，地热井田及地热异常区分布面积占全省总面积的28%。

榆林是风能、太阳能富集区：风资源属国家风能Ⅳ类资源区，长城沿线和白于山之间年平均风速达6米/秒，年可利用小时数超2200小时；太阳能属国家资源Ⅱ类区，全年太阳辐射达5500~6000兆焦耳/米^2，年可利用发电小时数超1400小时。

二、黄河“几”字弯区域能源基地开发的问题与深层次原因

（一）能源基地发展对资源生态环境造成重大损害

化石能源基地（煤炭基地、油气基地、煤电基地、煤化工基地等）与生态环境保护之间的发展不协同、不可持续。

1. 能源基地发展损害土地资源功能利用

一是化石能源基地开发是造成土地资源破坏和压占土地资源的主要原因。土地塌陷问题会造成土地资源破坏，修复代价大。煤矿开采对土地资源的破坏表现在三方面：井工开采引起的地表塌陷，减少土地利用率，加大水土流失和沙漠化；露天开采对土地的破坏、露天采掘场对土地的毁灭性挖损，以及排土场对土地的压占；煤矿生产固体废物压占污染土地。

2019年，山西、陕西、内蒙古、宁夏地区煤炭产量为26.4亿吨，占全国总产量的70.5%。按95%煤炭产量来自井工开采、平均井工每开采万吨煤地表塌陷0.2万平方米计，2019年山西、陕西、内蒙古、宁夏地区煤炭开采导致的地表塌陷面积达50160万平方米。地面塌陷加速了水土流失和土地荒漠化，矿区地表塌陷的同时对地面的建筑物、道路、铁路、桥梁和输电线造成不同程度的破坏，特别是在村庄稠密的平原地区，土地塌陷会使村庄被破坏从而引起人口迁移。

2019年，我国煤矿沉陷区土地复垦率只有52%，约有一半的土地没有复垦，远远小于欧美发达国家平均80%的复垦率①。据对山西省调研，

① 我国百万公顷煤矿废地复垦率仅25%［EB/OL］. http://news.qq.com/a/20130110/001035.htm.

2016年山西省煤炭采空区达5000万平方千米①，其中土地塌陷面积近3000平方千米。近年来，山西省已对1000多平方千米的采煤沉陷区进行了治理和修复，但仍有近2000平方千米采煤沉陷区有待治理和修复。

二是化石能源开发利用产生废弃物堆放，造成土地资源不可利用或再利用成本增大。煤矸石是煤炭开采和加工过程中产生的主要固体废物。山西、陕西、内蒙古、宁夏地区井工开采煤矿的煤矸石产出量很大，其排放量占煤矿原煤产量的10%～15%。大量排放的煤矸石堆积成山，不但压埋了土地资源，而且矸石中含有的有害微量元素经降水的淋溶作用进入土壤中，造成严重的土壤污染。按2019年山西、陕西、内蒙古、宁夏煤炭产量初步估算，本地区产生的煤矸石量为2.5亿～3.8亿吨，绝大部分没有回填。据不完全统计，截至2019年底，山西、陕西、内蒙古、宁夏地区煤矸石堆存量达60亿～67亿吨。

煤矸石的大量堆放不仅压占土地，让周围土壤变得贫瘠，影响生态环境，还会释放大量扬尘并在一定条件下自燃，造成非常严重的大气污染、固体废物污染、水污染，严重影响当地居民身体健康和经济发展。

三是排放有毒物质，造成土地质量恶化或永久不可工农业利用。据粗略统计，2014—2019年山西、陕西、内蒙古、宁夏地区煤矿开采导致的外排矿井水量约200亿立方米，其中至少一半以上未经处理而直接外排。总体上，这些未经处理的矿井水中含有大量的悬浮物（SS）、化学需氧量（COD）、硫化物和生化需氧量（BOD_5）等污染物。山西、陕西、内蒙古煤矿开采未经处理的矿井水对周边环境的污染排放见表7-2。

表7-2　山西、陕西、内蒙古煤矿开采未经处理的矿井水对周边环境的污染排放估算

单位：吨

项目	2019年排放量	2014—2019年累计排放量
总汞排放量	86	500
总镉排放量	172	1000
总砷排放量	858	5000
总铅排放量	1716	10000
总铬排放量	2574	15000

① 据国土资源部统计，目前全国11.3万座矿山中，采空区面积约为134.9亿平方米，占矿区总面积的26%。

续表

项目	2019 年排放量	2014—2019 年累计排放量
SS	17160	100000
COD	85800	500000
BOD_5	17160	100000

2. 能源基地发展污染地下水、地表水资源

一是发展导致污染物排放，污染地表水体水质。2000 年前后我国煤矿产生的各种废污水（包括未经处理的矿井水、洗煤水和矸石淋溶水等）曾占全国工业总废污水量的约 25%，近些年，随着全国工业废污水总量的增加，煤矿开采的各种废污水比重虽然有所下降，但仍保持在 15%左右。

我国煤制油、煤制气技术逐渐成熟，配套设施不断完善。但是，生产过程伴生的地表水污染问题仍不容忽视，参与该类工业过程的水体通常含有大量的难降解和毒性高的有机物（见专栏 7-4）①。

专栏 7-4　煤化工项目废水的案例

煤制气案例一

内蒙古某煤制天然气项目，项目气化工艺采用碎煤加压气化，原料煤为褐煤，主要产品为天然气。废水来源主要为经过酚氨回收的煤气化废水（约占 75%），除此之外，还有一部分生活污水及化验水（约占 15%）、少量甲醇废水以及初期雨水及地坪冲洗水，该废水处理工程的处理能力（可近似看作废水水量）约为 850 米^3/时。

氨回收前废水中 COD 的浓度通常在 20000 毫克/升以上，含有大量的酚类化合物，经过酚氨回收后，废水 COD 浓度往往在 3000~6000 毫克/升，酚类化合物得到大幅削减。

经过酚氨回收后碎煤加压气化废水水质特点：COD 为 3000~6000 毫克/升、氨氮为 70~400 毫克/升、氰化物为 15~110 毫克/升、色度为 200~2000、油类为 30~200 毫克/升、SS 为 400~1500 毫克/升、总酚为 500~5000 毫克/升。可见，碎煤加压气化废水中的污染成分较为复杂，

① 刘璐．典型煤化工废水中特征污染物的迁移转化及废水毒性削减研究［D］．北京：中国科学院大学（中国科学院过程工程研究所），2017.

酚类物质、COD、氨氮等指标数值均较高，废水呈弱碱性，pH 为 7.0~8.0。

煤制气案例二

内蒙古某煤制天然气项目①日产 1200 万标准立方米有机污水处理（主要是碎煤加压气化污水，主要成分：COD_{cr}5500 毫克/升、氨氮 350 毫克/升、总酚 900 毫克/升）。现实中污水成分为厂区生活污水、煤制气废水及甲醇废水等。

由于煤化工项目产品不同，采用的生产技术也不同，因此废水来源、成分、产生量均不同。但总体来说，煤化工项目产生的废水主要可以分为三类：工艺废水、含盐废水以及非经常性废水。工艺废水是指煤化工生产过程中产生的各类废水，以煤气化制烯烃为例，工艺废水主要包括气化废水、变换单元煤气洗涤水、工艺冷凝液、低温甲醇洗废水、甲烷化废水、费托合成废水、甲醇合成废水、烯烃合成废水等。含盐废水的主要特点是含盐量高，其盐类物质主要来源于原料煤以及水处理过程中添加的药剂等，循环系统排水、除盐系统排水、回用水系统浓水等均构成了煤化工项目中产生的含盐废水。非经常性废水主要包括初期雨水、地坪冲洗水等。

二是破坏或污染地下水资源，导致永久或长期损害。在煤炭开采过程中，对地下水的污染和破坏主要体现在地下水位下降和矿井水渗漏两个方面。煤炭在开采过程中产生的矿压作用会导致煤层上面所覆盖的岩层在矿压的作用下发生断裂，产生大量的缝隙。随着采深的不断加大，导致深层水不断涌入巷道内，被作为矿井水排出，造成地下水位不断下降（见专栏 7-5）②。

专栏 7-5 煤炭开采造成地下水位下降的案例

山西某地千万吨级立井开拓矿井井田区域地下水环境现状监测及分析：

① 沈志明. 煤制气污水处理及回用技术的工艺及其优化研究［D］. 武汉：武汉工程大学，2017.

② 王伟. 煤矿开采对地下水环境的影响及保护对策研究［J］. 环境科学与管理，2017，42（10）：51-54.

根据经验式，参考井田构造及区域的水文地质条件、煤层赋存地质条件、顶板岩性、煤层开采厚度、采煤方法、顶板管理方法等，估算得到本矿井4号、9号煤层冒落带、导水裂缝带高度、防水保护层厚度范围如下：

4号煤层：煤层厚度1.37~8.54米，平均4.44米；垮落带高度7.59~16.64米，平均13.34米；导水裂缝带高度33.41~68.45米，平均52.14米；保护层厚度4.11~25.62米，平均13.32米。

9号煤层：煤层厚度1.1~18.16米，平均11.75米；垮落带高度6.75~19.60米，平均18.03米；导水裂缝带高度30.98~95.23米，平均78.56米；保护层厚度3.3~54.48米，平均35.25米。

由导水裂缝带高度预测结果可知，井田内大部分区域导水裂缝带不会直接导通新生界含水层，西部导水裂缝带进入新生界含水层底板的区域留设了防水煤岩柱，总体来说，4号煤层开采不会对新生界含水层造成影响。但煤矿开采期间受沉陷影响含水层水位和流向受到干扰，井田内局部区域地下水的流向和水量将重新分布，该区域水井可能会出现水位下降、水量减少的现象。

更严重的是，生产过程中产生的大量矿井水和废水中，往往含有大量的重金属、硫化物和BOD_5，部分废水会沿着地下裂缝进入地下水径流中造成地下水的矿物污染①，地下水中硫酸盐的含量、总硬度、矿化度急剧增高。

由于地下水的隐蔽性，如果遭受污染或打破原有平衡，修复周期长、难度大，将会严重影响区域内居民的用水安全，危害后果极为严重。

据不完全统计，全国煤矿生产过程中，平均吨煤涌水量为2~2.5立方米，山西、陕西、内蒙古、宁夏地区矿井涌水较少，山西省吨煤开采涌水量约为2.0立方米，鄂尔多斯市、榆林市等鄂尔多斯盆地吨煤涌水量大部分在1.6立方米以下，平均1.3立方米左右。根据这一水平，鄂尔多斯市2017年煤炭开发（煤炭产量6.2亿吨）导致的煤矿涌水量约为8.1亿立方米。2005—2017年鄂尔多斯市原煤累计产量为58.7亿吨，产生的煤矿涌水量达到76.3亿立方米，相当于抽采了等量的地下水资源，对地下水位造

① 梁慧．煤炭资源开发环境影响因素及污染因子探讨分析研究［J］．环境科学与管理，2019，44（7）：191-194.

成重大影响。

此外，煤炭开采严重破坏了开采区域的地质条件，区域蓄水能力降低，地表水的补给量减少，很容易出现局部干旱和环境气候恶化等其他衍生环境问题。

3. 能源基地发展恶化大气环境质量

煤炭是我国最大的空气污染源，制造了85%的二氧化硫排放量、67%的氮氧化物排放量和70%的悬浮颗粒物。其中燃煤发电的大气污染物排放量占煤炭燃烧总量的20%~30%。由于散煤利用过程中通常不能完全燃烧，燃烧过程中会产生大量的烟尘和其他污染物，同时由于散煤直接燃烧热转化效率的局限性导致煤炭消耗量增大，总体上，煤炭分散式燃烧占污染物排放量的70%~80%。

煤电行业的产排污系数与发电机组的参数、燃煤利用率、工段内容和具体技术等均有关系，除此之外还与末端处理技术的种类有很大的关系。

煤的灰分和硫粉含量是不确定的，采煤方式和原煤的处理方式都会影响煤作为产品时的灰分和硫分含量指标，表7-3给出了不同地区燃煤的平均含硫量和灰分含量。

表7-3　不同地区燃煤含硫量和灰分含量汇总①（%）

指标	山西	内蒙古	宁夏	陕西
灰分	13.45	6.36	4.95	7.62
含硫量	1.53	1.14	0.39	2.17

火力发电的煤耗每年也各不相同，为便于对比和计算，以国家统计局每千瓦时电量折合X千克标准煤作为电力折算标准煤系数，则可以得出发电量与大气主要污染物排放量之间的换算关系：烟尘产生量（千克）=X×烟尘排污系数×火电发电量（千瓦时）；二氧化硫产生量（千克）=X×二氧化硫排污系数×火电发电量（千瓦时）；氮氧化物产生量（千克）=X×氮氧化物排污系数×火电发电量（千瓦时）。

以山西省为例，根据相关换算公式②和表7-3、表7-4中给出的数据，

① 全国环境统计数据（各省燃煤含硫量和灰分、挥发分含量汇总表，https://wenku.baidu.com/view/6aaff60953ea551810a6f524ccbff121dd36c5e8.html）。

② 《第一次全国污染源普查工业污染源产排污系数手册》（4411火力发电行业产排污系数表）。

通过火电发电量估算山西省2017年火电行业造成的大气污染物排放量约为烟尘3.3万吨、二氧化硫27.7万吨、氮氧化物23.6万吨。

表7-4 分地区近5年火电发电量 单位：亿千瓦时

地区	2015年	2016年	2017年	2018年	2019年
全国	40972	42886	45513	49231	50450
山西	2319	2309	2503	2739	2852
内蒙古	3422	3375	3736	4198	4564
陕西	1215	1346	1427	1746	1917
宁夏	1026	989	1158	1310	1381

资料来源：各省历年统计年鉴。

经过推算可以发现，即使经过静电除尘、石灰—石膏法、延期脱硝等后处理技术，火电行业的大气污染物排放值依然很高。以山西为例，将该地区火电行业主要大气污染物排放计算值与当地主要污染物的实际排放总量（见表7-5）进行比较，可以发现，火电行业的二氧化硫和氮氧化物排放量可占地区排放总量的近一半。这是大力发展煤电行业地区的共性问题，也是煤炭能源基地发展造成大气环境质量恶化的元凶之一。

表7-5 2017年分地区主要污染物排放情况

地区	二氧化硫	氮氧化物	烟（粉）尘
全国/万吨	875.40	1258.83	796.26
山西/万吨	57.31	52.10	43.38
内蒙古/万吨	54.63	50.55	53.62
陕西/万吨	27.94	33.98	23.67
宁夏/万吨	20.75	16.17	18.77
山西省火电排放（案例）/万吨	27.70	23.60	3.30
山西火电占全省比例/%	48.3	45.3	7.6

资料来源：《中国统计年鉴》（2019）。

4. 化石能源基地发展与碳减排矛盾几乎不可调和

我国每年约80%的二氧化碳排放量来自燃煤，作为温室气体，二氧化碳的大量排放加剧了全球气候变化进程。

煤的含碳量高，燃烧时产生的二氧化碳量比其他化石能源都多（见表

7-6)。我国2010年二氧化碳排放量达72.17亿吨，比1990年增长了50亿吨，居世界第一位，而其中由燃煤排放的二氧化碳量更是高达59.88亿吨，占83%。近20年来，我国煤炭直接消费量经历了先增长后减少的变化趋势，但煤炭消费量仍是我国能源活动产生的二氧化碳排放主体，根据《中华人民共和国气候变化第二次两年更新报告》（2018年12月），2014年我国二氧化碳排放总量的64.2%来自煤炭燃烧利用。2014年我国燃煤产生的二氧化碳高达66亿吨。

表7-6　不同能源碳排放参考系数以及计算方法和公式

能源名称	平均低位发热量/（千焦/千克）	折标准煤系数/（千克标准煤/千克）	单位热值含碳量/（吨碳/太焦）	碳氧化率	二氧化碳排放系数/（千克-CO_2/千克）
原煤	20908	0.7143	26.37	0.94	1.9003
石油	41816	1.4286	20.1	0.98	3.0202
天然气	38931	1.3300	15.3	0.99	2.1622

注：低（位）发热量等于29307千焦（kJ）的燃料，称为1千克标准煤（1 kgce）。表7-6前两列来源于《综合能耗计算通则》（GB/T 2589—2008），后两列来源于《省级温室气体清单编制指南》（发改办气候〔2011〕1041号）。“二氧化碳排放系数”计算方法①：以“原煤”为例，1.9003=20908×0.000000001×26.37×0.94×1000×3.66667。

资料来源：《综合能耗计算通则》（GB/T 2589—2008），《省级温室气体清单编制指南》（发改办气候〔2011〕1041号）。

5. 能源基地发展导致区域生态功能退化

一是煤炭开采导致植被破坏和地表水土流失，造成生态损害，修复代价大。煤炭开采导致潜水位下降，地表水逐渐干枯，森林植被被破坏，水土流失加剧。山西、陕西、内蒙古地区的8个大型基地煤炭产量约占全国煤炭总产量的70%，且集中在3.3万平方千米范围内，而此地区正是我国水土流失最严重的地区，水土流失面积达114万平方千米。每年山西、陕西、内蒙古地区水土流失量约16亿吨，生态环境损害的修复代价巨大。

二是煤炭基地建设加重了生态脆弱区的压力，严重破坏了生态系统。生态脆弱性是指当一个区域的生态退化超过生态系统的弹性自调节能力，生态系统以及资源和环境现状不能长期维持目前人类社会经济活动持续发展的状态。根据煤炭科学研究院研究成果，我国大多数煤炭基地的生态条件都是比较脆弱的。

① http://www.tanpaifang.com/tanjiliang/2014/0914/38053.html.

生态脆弱度得分最低的是陕北煤炭基地和神东煤炭基地，其生态脆弱度得分分别为-0.340和-0.218，远低于全国平均水平（0.088），属于高度脆弱类型。晋中、晋北、黄陇和锡林郭勒、晋东、宁东和云贵基地的生态脆弱度得分均小于煤炭基地平均得分，属于较高脆弱的区域。

此外，煤炭开发利用导致我国大面积的酸雨天气，对生态系统产生严重的破坏。

（二）能源基地发展导致水资源争夺问题

1. 能源开发利用与其他产业（农业）用水竞争

我国用水主要分为农业用水、生活用水、生态用水和工业用水。2010—2016年全国用水总量基本上稳定在6000亿~6200亿立方米（见表7-7），其中，农业用水基本处于3700~3900立方米范围，约占全国总用水量的60%；生态用水从2013年开始呈现稳步增长的趋势，预计未来随着经济社会发展、人们对生态环境要求的提高，以及建设生态文明的要求，生态用水量将会更大；生活用水量由2010年的765.8亿立方米快速增长到2016年的821.6亿立方米，人均生活用水量由2010年的57.1立方米增长到2016年的59.4立方米；工业用水量由2010年的1447.3亿立方米降低至2016年的1308.0亿立方米。总体来说，农业用水及生活用水是第一位的，居民生活用水量稳步提升，生态环境用水也会不断增加，工业用水量受水资源供应总量及其他用水量增长的影响，在过去几年呈下降趋势。能源基地开发需消耗大量水资源，水资源不足，将直接限制能源化工基地的开发，从而影响区域经济发展。

表7-7 全国用水量现状数据

指标	2010年	2011年	2012年	2013年	2014年	2015年	2016年
用水总量/亿立方米	6022	6107.2	6141.8	6183.4	6094.9	6103.2	6040.2
农业用水量/亿立方米	3689.1	3743.6	3880.3	3921.5	3869	3851.5	3768.0
生态用水量/亿立方米	119.8	111.9	108.8	105.4	103.2	122.7	142.6
生活用水量/亿立方米	765.8	789.9	728.8	750.1	766.6	794.2	821.6

续表

指标	2010 年	2011 年	2012 年	2013 年	2014 年	2015 年	2016 年
人口数/万人	134091	134735	135404	136072	136782	137462	138271
人均生活用水量/立方米	57. 1	58. 6	53. 8	55. 1	56. 0	57. 8	59. 4
工业用水量/亿立方米	1447. 3	1461. 8	1423. 9	1406. 4	1356. 1	1334. 8	1308. 0
水资源总量/亿立方米	30906	23257	29527	27958	27267	27963	32466

资料来源：2010—2018 年数据来源于《中国统计年鉴》，人均生活用水量为计算数据。

表 7-8 统计了山西、陕西、内蒙古、宁夏四省区 2010—2016 年水资源总量、水资源总量中的地表水量和地下水量，供水总量、供水总量中的地表水量和地下水量。由于水资源总量中的地表水和地下水有重复量，按统计年鉴中地表水和地下水数据的比重对其进行修正，修正方法为：修正地表水量=水资源总量×［地表水量/（地表水量+地下水量）］，修正地下水量=水资源总量×［地下水量/（地表水量+地下水量）］。

表 7-8　2016 年山西、陕西、内蒙古、宁夏水资源与供水总量

单位：亿立方米

地区	水资源总量	修正地表水量	修正地下水量	供水总量	地表水量	地下水量	其他
山西	134. 1	61. 5	72. 6	75. 5	39. 5	31. 7	4. 4
陕西	271. 5	189. 7	81. 8	90. 8	55. 5	33. 3	2. 0
内蒙古	426. 5	221. 6	204. 9	190. 3	98. 3	88. 8	3. 2
宁夏	9. 6	2. 8	6. 8	64. 9	59. 4	5. 3	0. 2
合计	841. 7	475. 6	366. 1	421. 5	252. 7	159. 1	9. 8

注：限于篇幅，略去 2010—2015 年数据，修正地表水量、修正地下水量为计算得出。

资料来源：《中国统计年鉴》。

将各地区 2010—2016 年中各年的水资源总量与供水总量求差值（水资源总量-供水总量），用以反映各地区历年水资源总量中用于供水后的剩余水资源量，剩余水资源量的比重间接反映该地区的水资源开采程度（见表 7-9）。通过各省用水量现状与全国用水量现状可计算得出各地区用水量占全国用水量的比重（见表 7-10）。

表 7-9　各地区历年水资源总量与供水总量差值　　单位：亿立方米

地区	2010 年	2011 年	2012 年	2013 年	2014 年	2015 年	2016 年	均值
山西	27.7	50.1	32.8	52.8	39.6	20.4	58.6	40.3
陕西	424.1	516.6	302.5	264.6	261.8	242.2	180.7	313.2
内蒙古	206.6	234.3	325.9	776.6	355.8	351.2	236.2	355.2
宁夏	-63.1	-64.8	-58.6	-60.7	-60.2	-61.2	-55.3	-60.6
合计	595.3	736.2	602.6	1033.3	597.0	552.6	420.2	648.2

表 7-10　2016 年各省用水量占全国用水量比重（%）

地区	用水总量	农业	工业	生活	生态
山西	1.2	1.2	1.0	1.5	2.3
陕西	1.5	1.5	1.0	2.0	2.2
内蒙古	3.2	3.7	1.3	1.3	16.2
宁夏	1.1	1.5	0.3	0.3	1.4

由表 7-9 和表 7-10 可知，山西、陕西、内蒙古、宁夏地区水资源匮乏，用水总量占全国用水总量比重均较低，除内蒙古外，其余三省的占比均在 1.5%及以下，工业用水占比甚至在 1.0%及以下。山西、陕西、内蒙古、宁夏地区煤炭资源丰富，煤炭产量占全国煤炭产量的一半以上，要想大力发展能源基地，势必需要大量的水资源，然而这些地区可开采水资源量十分有限，水资源现有总量与能源所有量严重不匹配，制约了能源基地的发展。以宁夏为例，宁夏工业水资源分配不足，能源发展与其他产业争水严重。据预测，在国家不新增宁夏用水指标情况下，2030 年宁夏缺水量达 14.2 亿立方米。近几年，宁夏通过实施干渠节水改造节约出的水量约有 4 亿立方米，已经基本全部配置完，其中优先向宁东基地转换水量近 2 亿立方米，但仅宁东能源化工基地招商项目用水缺口就达 1.4 亿立方米。因此，合理规划现有水资源的使用，各行业推进节水技改迫在眉睫。

农业用水量受农业有效灌溉面积、农作物播种面积、种植作物种类、种植结构等多种因素影响，随着农村产业化及农副产品深加工和乡镇企业的迅猛发展，农业灌溉用水需求不会减少，甚至会有所增加。大力发展节水灌溉技术情况下，农业用水具有较大的节水空间。

生态环境治理作为当前我国重大战略任务之一，将会导致生态用水量呈现比较大的增长趋势。

我国正处于城市化发展期，城镇生活用水将是生活用水的主导，生活用水量与人口数量、人均生活质量和水平紧密相关，预计居民生活用水量也将呈现可观的增速。

随着人们生活水平的提高和生态环境保护意识的加强，很难控制生活用水和生态用水，且这二者分配的水资源总量本身就比较少，可收缩的用水弹性空间非常小。

2. 沿黄各省区之间用水的争夺激烈

各省区之间为建设能源基地，产生沿黄地区水资源利用的争夺（水权的竞争）等问题。

第一，近三四十年来，黄河水资源量已经减少了 40 多亿立方米。根据黄委会数据，20 世纪 80 年代，黄河年水资源量约为 580 亿立方米，到 2013 年黄河流域水资源量约为 535 亿立方米，比之前减少了 40 多亿立方米。而真正可供黄河沿岸使用的水量，还要再减去 210 亿立方米的雨洪、排沙用水。因此，当前黄河年可供利用的水资源量仅约为 325 亿立方米。

第二，山西、陕西、内蒙古、宁夏能源基地开发需水量越来越大，产生很多问题。随着黄河流域及相关地区经济社会的发展，西部大开发以及山西、陕西、内蒙古、宁夏地区能源及重化工基地的建设，用水需求越来越大，目前各方面的用水需求已远远超出了黄河水资源的承载能力。如据公开报道，正因为煤化工产业的发展，位于鄂尔多斯与陕西榆林地区的三条黄河中游一级支流（无定河、秃尾河及窟野河），已经开始频繁出现河流断流现象。

第三，山西与陕西之间、内蒙古与宁夏之间争夺用水权事件频发，用水量呈上升趋势。“八七分水”方案以 1980 年实际用水量为基础，综合考虑了沿黄各省区的灌溉规模、工业和城市用水增长，为敏感而棘手的黄河水权切了蛋糕。“八七分水”方案明确指出，该水量分配方案，是在南水北调工程生效前，对黄河可供水量的分配方案。在这方案中，宁夏、内蒙古、陕西、山西分配的年耗水量分别为 40 亿立方米、58.6 亿立方米、38 亿立方米和 43.1 亿立方米，分别占当时黄河流域各省总耗水量（370 亿立方米）的 10.8%、15.8%、10.3%和 11.6%。内蒙古分配的用水量仅次于山东（70 亿立方米）。

“八七分水”方案中，针对当时的宁夏和内蒙古，用水指标主要考虑用作农业用水。但由于能源化工基地发展，宁夏、内蒙古两区用水指标已经耗完。如 2003 年，黄委会就因宁夏超量用水，发文明确要求宁夏进一步压减引水，严格执行水调指令，停止超量用水，并要求把多用的水补上。同年，内蒙古大规模超计划引水，差点致使头道拐断面断流。

2008 年黄委会公报称，部分省际边界地区的水事矛盾更加突出，黄河流域省际水事纠纷近年来呈上升趋势。当年度，黄委会先后调处了黄河晋陕府（谷）保（德）、泾河陕甘长（武）宁（县）等多起水事纠纷。2013 年 10 月，鉴于宁夏、内蒙古两区因乌海采煤弃渣引发边界省际水事纠纷，黄河晋陕边界府保河段、乌兰木伦河陕内蒙古边界河段也连续出现省际水事纠纷隐患，黄委会再次组织召开黄河流域（片）河道管理暨省际水事纠纷预防调处工作会议。

截至 2014 年底，宁夏和内蒙古用水量已占黄河总耗水量的 35%，远超两省份分配指标（共约 26. 6%）。黄河宁夏内蒙古段已成为水资源管理矛盾的焦点。宁夏、内蒙古地区是黄河的“用水大户”，也是“超用水大户”。统计资料表明，内蒙古每年超用黄河水 17 亿立方米，宁夏超用近 8 亿立方米，比国家分配的用水指标多 25%以上。

第四，随着水权争夺的激烈，部分省区也主动改变了种植结构和用水结构，加强了水权转让等管理手段。随着黄河总水量的减少，一些沿黄省区正在被迫改变传统的农作物种植种类。如宁夏黄河灌区——“河套平原”地区曾多年以水稻为主要种植品种，因为缺水，部分原种植水稻的农田被耗水较少的春小麦替代，宁夏黄河灌区的水稻已经从历史最高时的 1000 平方千米减到 2013 年的 667 平方千米左右。而之前每年都种植大片春小麦的内蒙古黄河流域地区，已经改种更抗旱的玉米。

此外，2013 年底，内蒙古还专门为此成立了水权收储转让中心，以负责收储和转让盟市、行业和企业尚未利用的水权，以及节水产生的水权、投资农业节水灌溉置换出的水权、新开发水源水权、再生水水权以及国家、流域管理机构赋予的其他水权等。

第五，即便如此，“几”字弯区域黄河水资源仍然不够用，需水缺口将越来越大。

沿黄省份面临着水资源高度紧缺的局面，实施水权转让也是实属被逼无奈。但随着更多包括能源化工等工业项目的进驻，仅靠农业节水的水权转换方式，未来将很难维持用水需求。

根据国务院 2013 年 5 月批复的《黄河流域综合规划（2012—2030 年）》，2020 年黄河流域将缺水 94.3 亿立方米，相当于南水北调中线一期工程的调水量；到 2030 年，仅黄河流域需水量就将达 550 亿立方米，比目前用量增加 110 亿立方米。届时，黄河每年还要向流域外地区供水 100 亿立方米，即使来水正常年份，每年也有 100 亿立方米以上的用水缺口。

（三）各地区能源基地建设同质化竞争问题

山西、陕西、内蒙古、宁夏能源化工基地，各类能源及能源化工产品的产能重复建设，产生同质化竞争，同质化竞争的结果往往变成压价竞争，产生一系列问题。这些问题贯穿于不同基地之间，贯穿于单个能源化工基地内不同园区之间、不同企业之间。

1. 基地与基地之间产业同质竞争现象普遍

囿于资源条件，山西、陕西、内蒙古、宁夏四省区能源基地发展均以煤炭生产、煤炭加工和煤电建设为主，无论是煤炭产品，还是煤炭深加工产品，均呈同质化特点。导致生产的产品供大于需，市场环境越来越差，恶性竞争现象越来越严重，生产的产品在国内市场中就已经呈现显著的边际效益降低。表 7-11 中列出了四个地区的煤炭产量、火电发电量、焦炭产量和精甲醇产量。

表 7-11　2019 年山西、陕西、内蒙古、宁夏煤炭产量、火力发电量、焦炭产量和精甲醇产量

地区	煤炭产量/万吨	火电发电量/亿千瓦时	焦炭产量/万吨	精甲醇产量/万吨
山西	97109	6687	9700	333.6
陕西	63412	4380	4687	505.1
内蒙古	103524	8721	3677	968.7
宁夏	7168	3219	7901	648.9

从山西、陕西、内蒙古、宁夏四省区来看，能源行业是四省区的主导产业，其中山西能源产业产值占工业生产总值的比重超过一半，达到 52.5%，宁夏、内蒙古和陕西分别为 46.6%、40.7% 和 35.0%（见表 7-12）。仅从煤炭生产和煤电产业来看，山西煤炭和电力总产值占工业总产值的 47.1%，内蒙古、宁夏和陕西分别为 36.2%、27.6% 和 18.1%。

表 7-12　2018 年山西、陕西、内蒙古、宁夏分行业能源产业产值占工业总产值的比重（%）

地区	煤炭开采和洗选业	石油和天然气开采业	石油加工、炼焦和核燃料加工业	电力、热力生产和供应业	燃气生产和供应业	能源行业合计
宁夏	9.63	0.24	15.97	17.98	2.77	46.6
内蒙古	18.94	0.22	3.01	17.25	1.31	40.7
陕西	12.51	6.08	9.43	5.62	1.35	35.0
山西	37.39	0.46	3.73	9.71	1.22	52.5
全国	2.35	0.83	4.57	5.95	0.71	14.4

2. 基地内不同工业园区之间产品同质化竞争较常见

同一地区内，能源开发基地亦没有形成产业集群，而是分散状态下的产品同质化，导致区域经济发展进入过剩与短缺并存、供给质量不高的非正常发展轨道，仅是经济数量的扩张而不是经济质量的提升。

3. 同一工业园区不同能源化工企业之间产品同质化竞争

同一工业园区内，各能源企业的产业发展结构大同小异，技术与产品雷同，缺乏创新，导致产能重复建设，如果再不调整思路，经济发展就有可能进入死胡同，经济结构、产业结构、产品结构等都将更加不合理。

产生这些问题主因缘于能源基地建设的无序与不协同。山西、陕西、内蒙古、宁夏地区的能源开发粗放，资源浪费严重，基地建设无序、混乱，同质化竞争激烈，生态环境保护措施不到位，水资源总体匮乏，用水结构不合理，能源基地建设和区域发展存在严重问题。造成这些问题的主因在于：一是资源依赖路径的形成，二是缺乏协同发展的战略思维和机制。

一是区域发展的能源资源路径依赖。山西、陕西、内蒙古、宁夏各省区均属我国经济欠发达地区，近几十年来对能源资源的开发利用过程中，由于存在规模经济（Economies of Scale）、学习效应（Learning Effect）、协调效应（Coordination Effect）、适应性预期（Adaptive Effect）以及既得利益约束等因素，形成了报酬递增和自我强化的机制，导致这些省份沿着扩大能源开发利用的既定方向不断自我强化，这就产生了较严重的能源资源开发路径依赖。而长期以来形成的区域产业结构单一化，对能源基地建设的路径依赖严重，又反过来导致地区产业转型困难，能源基地发展挤占地区发展资源，导致创新不足问题等。

二是缺乏良好的协同转型发展体制机制。正是因为存在路径依赖，各省根据自身的资源条件建设能源化工基地。由于缺少区域整体规划，存在矿权叠加等严重问题；且各地方煤炭整装资源条块分割，开发处于无序竞争状态；加之一段时间以来掠夺式开采，煤炭资源存在严重的浪费现象。同时，在利益驱动下，能源项目同质化竞争严重，各地方产能过剩愈加突出。

山西、陕西、内蒙古、宁夏地区资源浪费和不可持续、用水结构不合理，可供水量对已建和在建项目规模形成了制约，温室气体减排的压力也越来越大。

未来，山西、陕西、内蒙古、宁夏地区能源基地发展应该由国家统筹规划，合理布局，有序开发，不能从单个煤矿、单一矿区甚至单一地区出发。要在资源开发规模、资源利用方向、下游产业布局和产品延伸发展等多方面协调发展，防止无序开发和产业雷同发展。这既有利于国家大型整装煤田的保护，又有利于区域之间能源基地建设的协同发展。

另外，山西、陕西、内蒙古、宁夏区域是国家能源安全保障的核心基地，该区域能源资源重点保障我国华东、华南、西南等地区煤炭、油气和电力供应，因此，协同发展必须以水定产、以环境承载力定产，控制煤炭生产总量，提供优质电力。

三、黄河“几”字弯区域能源基地协同发展的思路

针对上述黄河“几”字弯区域能源基地发展的问题与深层次原因，为促进黄河流域生态环境保护和高质量发展，必须处理好三大关系、实现三大协同：一是处理好化石能源开发利用与生态环境保护之间的关系，做到能源与环境协同发展；二是处理好化石能源开发转化与水资源利用红线之间的关系，做到能源与水协同发展；三是处理好保障国家能源安全与实现自身可持续发展之间的关系，做到能源安全与可持续发展协同。

（一）处理好化石能源开发利用与生态保护红线的关系

为促进“几”字弯区域化石能源开发利用与生态环境保护的协同发展关系，需要坚持如下具体发展思路：一是严守生态功能保障基线，开展化

石能源的开发利用。如纳入生态功能保障基线的区域①，严格禁止化石能源开发利用。二是严格按环境质量安全底线②，以推进化石能源基地的发展。如在环境总量约束下建设能源基地，控制化石能源开发利用规模等。三是严格按自然资源利用上线③，促进资源能源节约，保障能源、水、土地等资源高效开发利用，有序利用与保护土地资源等。具体开采过程中，如确保同盆共生铀煤油气资源共采和协同开发，煤与煤层气资源协同开发等。

（二）处理好化石能源开发转化与水资源利用上线之间的关系

化石能源开发利用过程中，严格用水总量、提升用水效率。合理分配水资源利用包含两个层面：一是各地区协同分配水资源利用；二是同一地区能源基地建设与农业用水等其他行业用水的合理分配，确定优先用水顺序，能源基地建设要以水定产。

（三）处理好保障国家能源安全与实现自身可持续发展之间的关系

一是区域能源基地发展规模与保障国家能源安全协同。在保障国家能源安全前提下，有序建设能源基地，提供能源产品。目前更多地强调保障国家能源安全，今后需要统筹协同区域产业结构、产品规模、水资源利用分配等，协同做好全国能源安全保障与当地自身可持续发展。二是不同地区能源基地建设规模与发展协同。根据区域资源优势和地区经济社会发展，按照区域发展“一盘棋”，做好山西、陕西、内蒙古、宁夏四省区能

---

① 生态功能保障基线包括禁止开发区生态红线，重要生态功能区生态红线和生态环境敏感区、脆弱区生态红线。禁止开发区红线范围可包括自然保护区、森林公园、风景名胜区、世界文化自然遗产、地质公园等。自然保护区应全部纳入生态保护红线的管控范围，明确其空间分布界线。其他类型的禁止开发区根据其生态保护的重要性，通过生态系统服务重要性评价结果确定是否纳入生态保护红线的管控范围。

② 环境质量安全底线是保障人民群众呼吸上新鲜的空气、喝上干净的水、吃上放心的粮食、维护人类生存的基本环境质量需求的安全线，包括环境质量达标红线、污染物排放总量控制红线和环境风险管理红线。环境质量达标红线要求各类环境要素达到环境功能区要求。具体而言，要求大气环境质量、水环境质量、土壤环境质量等均符合国家标准，确保人民群众的安全健康。污染物排放总量控制红线要求全面完成减排任务，有效控制和削减污染物排放总量。

③ 自然资源利用上线是促进资源能源节约，保障能源、水、土地等资源高效利用，不应突破的最高限值。自然资源利用上线应符合经济社会发展的基本需求，与现阶段资源环境承载力相适应。能源利用红线是特定经济社会发展目标下的能源利用水平，包括能源消耗总量、能源结构和单位国内生产总值能耗等。水资源利用红线是建设节水型社会、保障水资源安全的基本要求，包括用水总量和用水效率等。土地资源利用红线是优化国土空间开发格局、促进土地资源有序利用与保护的用地配置要求，使耕地、森林、草地、湿地等自然资源得到有效保护。

源基地开发之间的协同（包括规模协同、产品协同、衍生问题应对协同）。三是能源基地与当地经济发展协同，处理各化石能源基地的区域协同发展关系，与当地产业结构优化、经济社会发展等协同。某一个能源基地区域内，能源产业与其他经济社会产业协同发展（见表 7-13）。

表 7-13　基于问题的总体解决思路

问题和原因	对应解决思路
能源基地发展对生态环境的损害	处理好化石能源开发利用与生态环境保护之间的关系（生态协同）： （1）严守生态功能保障基线； （2）严格按环境质量安全底线处理； （3）守住自然资源利用上线
能源基地发展产生水资源的争夺	处理好化石能源开发利用与水资源利用关系（水资源协同）： （1）各地区之间协同分配水资源； （2）同一地区内用水结构调整与合理分配
基地同质化竞争	处理好自身发展与国家能源安全保障关系（安全协同）： （1）能源基地保障国家能源安全需求； （2）不同地区能源协同发展； （3）同一地区能源与其他产业协同发展

四、黄河“几”字弯区域能源基地转型发展方向和主要目标

（一）需要着重关切的转型发展特征和方向

从能源发展角度来看，黄河中游“几”字弯区域主要包括山西、陕西、内蒙古、宁夏地区。该区域有一些典型特征，未来推动基地协同发展必须把握以下特点和趋势：

第一，是我国最重要的能源安全保障基地。2019 年该区域仅煤炭产量就占全国 72%以上，加上石油和天然气等，提供了全国一半以上的能源供应量。未来到 2035 年仍将提供全国 80%以上的煤炭供应。

第二，是我国最重要的综合型能源基地。煤炭占全国 70%～80%的供应量，石油和天然气占全国 1/3 以上供应量，煤电占全国的 40%，还具备大量的风能、太阳能资源基础，成为全国新能源供应基地，还有丰富的铀矿资源。黄河流域“几”字弯区域事实上已成为我国最重要的综合能源基地，未来也将是我国最重要的综合型能源基地。

第三，是我国 CCS（或 CCUS）① 示范利用基地。据不完全统计，目前我国建成或运营的万吨级 CCS（或 CCUS）示范项目共 13 个，规模共 158 万吨/年；“几”字弯区域有 2 个，规模共 15 万吨/年。在建或拟建的项目共 14 个，规模共 1540 万吨/年，其中“几”字弯区域有 10 个，规模共 1240 万吨/年。可见该区域未来将打造成我国 CCS（或 CCUS）示范利用基地。

第四，是我国从灰氢到绿氢转型发展的示范基地。目前我国氢气生产约 70%来自煤炭，16%左右来自天然气，其余来自工业副产氢和电解氢，大部分氢为灰氢。氢气消费主要集中在炼油和化工领域，以工业原料为主，作为能源的消费规模较小。未来，氢能将成为我国低碳能源的重要组成部分，以风光发电为代表的非化石能源发电成本和制氢效率取得重大突破，绿氢生产成本大幅降低，制氢从以灰氢为主逐步向蓝氢和绿氢过渡。在灰氢绿色转型发展过程中，“几”字弯区域将成为重要的示范基地。

第五，是我国“水—能源—粮食”协同安全保障的重要基地。宁夏地区是我国西北乃至北方重要粮食主产区。“几”字弯区域水、能源、粮食协同安全问题突出，必须统筹做好水、能源、粮食协同安全保障。

第六，是高碳排放地区低碳转型示范区。“几”字弯区域除坚持以水定能源生产规模外，考虑到我国努力争取 2060 年实现碳中和目标，该区域远期还将坚持以碳排放来控制煤电和煤化工等煤炭消费规模。

第七，基于以上特征，衍生出未来资源型城市或地区转型发展问题，“几”字弯资源型地区转型发展问题未来将陆续在不同省市上演，因此，要及早谋划布局、有序推动资源型城市或地区的转型发展等。

解决问题思路与途径所达到目标见图 7-1。

（二）推动能源基地转型发展目标

“几”字弯区域转型方向和目标主要有以下几点：

1. 高质量、高效率开发能源资源，保障国家能源安全

制定综合能源开发战略，形成煤油气及其他矿产资源、化石能源与可再生能源共同开发的产业格局。加快普及智能化煤炭开采技术及油气增产技术，提升资源开采效率和效益，增强能源产品市场竞争力。

---

① CCS：碳捕获与封存（Carbon Capture and Storage）；CCUS：碳捕获、利用与封存（Carbon Capture，Utilization and Storage）。

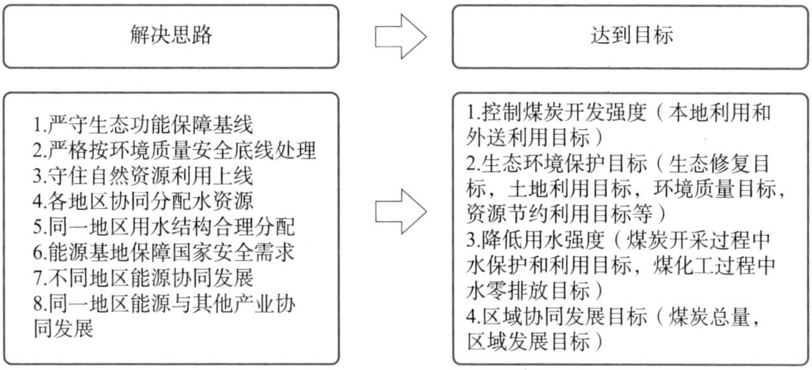

图 7-1 解决问题思路与途径所达到目标

2025 年，全国煤炭需求量控制在 40 亿吨以内，煤炭产量控制在 37 亿吨左右，山西、陕西、内蒙古、宁夏煤炭产量控制在 27 亿吨以内，占全国的 73%左右；油气当量增至 8000 万~1 亿吨；非化石能源（风电、光伏发电、水电等）装机比重达到 35%，发电量比重达到 18%左右。

2035 年，全国煤炭需求量控制在 32 亿吨以内，煤炭产量控制在 30 亿吨左右①，山西、陕西、内蒙古、宁夏地区煤炭产量可以控制在 25 亿吨以内（见表 7-14），占全国的 82%左右；油气当量争取在 1 亿吨以上；非化石能源装机比重达到 50%，发电量比重达到 30%左右。

表 7-14 未来黄河流域上、中、下游煤炭产量预测

区域	2025 年		2035 年	
	煤炭产量/亿吨	占全国比重/%	煤炭产量/亿吨	占全国比重/%
上游地区	0.7	1.9	0.5	1.7
中游“几”字弯区域	27.0	73.0	24.5	81.7
下游地区	2.0	5.4	0.6	2.0
黄河流域合计	29.7	80.3	25.6	85.3
全国	37.0	100.0	30.0	100.0

① “十四五”时期及面向 2035 年，全国煤炭以需定产。综合考虑经济社会发展、环境生态治理、应对全球气候变化等因素，“十四五”时期全国煤炭需求处于平台期，略有下降势头，但下降幅度不会太大，5 年累计下降 5%左右，到 2025 年全国煤炭需求控制在 40 亿吨原煤以内。2025 年之后，我国跨入高收入经济体，将有更大的力量用于治理生态环境污染和应对全球气候变化，煤炭消费量将呈较快下降势头，到 2035 年全国煤炭消费量有望控制在 32 亿吨左右。考虑到进口部分煤炭，则全国煤炭生产量 2025 年可控制在 37 亿吨左右，2035 年可控制在 30 亿吨左右。

2. 推动能源开发、加工和利用产业一体化升级

打造完整、坚强的能源产业链条，从初级产品向深加工、高附加值产品延伸。依托资源和市场优势，拓展能源装备制造业和生产性服务业发展空间，逐步打造多元、均衡产业结构。推进能源基地产业间循环耦合，优化物质流、能量流，实现关联产业一体化转型升级。

到 2025 年，在山西、陕西、内蒙古、宁夏地区，将包括煤炭、煤电、油气等在内的化石能源产业规模控制在 30%以内，腾出更多空间支持新能源产业和其他非能源产业发展。到 2035 年，促进黄河流域“几”字弯区域各省区摆脱煤炭经济依赖。如对煤炭资源经济依赖最严重的山西省来说，一是可以发展碳基材料产业，促进煤炭行业内减轻对煤炭能源经济的依赖；二是发展新能源、煤层气等非煤产业，降低能源行业内对煤炭能源的依赖；三是煤炭优势转换为电价优势，降低电价，引导非煤炭、非能源产业的诸多创新创意产业发展，促进省域经济体系减轻对煤炭经济的依赖。通过实施这类“优势转换”战略，促进形成创新经济体系，打造全国能源革命排头兵，建设现代能源体系。

3. 能源基地与生态环境、水资源协同发展

优化能源开发和利用方式，大力推广煤炭保水开采、充填开采、干法选煤等技术，减少对于水资源和环境的破坏。前瞻探索“一步法制烯烃”等先进工艺，大幅降低用能、耗水水平。加快推广零能耗脱硫等节能型减排技术，整合实现资源环境效益。2025 年，所有煤化工企业水资源实现 100%循环利用和废水零排放，用保水开采等先进技术煤矿占全部煤矿总数的 70%以上。2035 年力争将先进煤矿占比提升至 90%以上，基本上实现地下水资源充分利用和回用。

（三）推动能源基地协同发展目标

要处理好化石能源开发利用与生态保护红线的关系，实现化石能源开发利用与生态保护协同，必须从总量控制煤炭开发强度，确定煤炭开发、煤电发展和煤化工发展规模等系列目标；要处理好化石能源开发转化与水资源利用红线之间的关系，实现化石能源开发利用与水资源节约利用协同，必须限定高耗水的煤化工等产业发展，确定煤化工发展目标、水资源节约利用等系列目标；要处理好保障国家能源安全与实现自身可持续发展之间的关系，实现山西、陕西、内蒙古、宁夏化石能源开发利用与国家能

源安全发展协同，促进能源开发利用与地区经济社会发展协同，必须明确确定区域能源产业及其他产业可持续发展系列目标。

为此，本研究认为可以从以下几类发展目标加以体现：

1. 煤炭开发强度总体发展规模控制目标

总体上控制煤炭开发强度，“十四五”时期煤炭开发强度达到一个相对稳定水平，之后在全国煤炭需求逐步减量的趋势下，“几”字弯区域煤炭开发规模稳步减少。2019 年山西、陕西、内蒙古、宁夏煤炭产量为 26.4 亿吨，占全国总产量的 70.5%。随着全国煤炭优化产能推进，“十四五”时期，除山西、陕西、内蒙古、宁夏和新疆之外的全国其他地区煤炭产能产量总体上减少。随着可再生能源供应量增加及生态文明建设和低碳发展需求，“十四五”时期之后，全国煤炭消费量及生产量总体上呈减少趋势。

除控制煤炭开发总量目标外，山西、陕西、内蒙古、宁夏地区还将推进能源外送优化过程，随着“十四五”时期达到产量和供应量的峰值平台，未来煤炭外送将呈稳定减少趋势。

随着新能源电力的增加，山西、陕西、内蒙古、宁夏地区的电力外送将可能增加，但化石能源电力外送可能稳中趋减。

2. 环境保护发展目标

为促进化石能源基地与生态环境保护协同发展，需对化石能源基地明确以下具体发展目标：

一是煤矿开采的生态修复目标。2025 年，实现露天矿 90%生态修复，沉陷区 80%治理和生态利用；2035 年，露天矿生态修复和井工开采导致的沉陷治理与生态利用要达到 100%。

二是矿区土地复垦和利用目标。2025 年实现 90%以上，2035 年实现 100%利用。

三是资源节约利用目标。2025 年实现煤矸石 85%利用，2035 年实现 100%利用。

四是矿排水处理和利用目标。2025 年实现 100%矿排水处理和利用。

3. 能源基地用水强度降低和优化目标

为促进化石能源基地与水资源利用协同发展，形成水资源约束下化石能源基地建设模式，需对化石能源基地明确以下具体发展目标：

一是煤电、煤化工开发利用的水资源利用目标。2025 年实现所有煤化工企业水资源 100%循环利用，废水零排放。

二是推进使用保水开采技术应用。2025 年利用保水开采等先进技术煤矿占全部煤矿总数的 70%以上，2035 年实现 90%以上，基本上实现地下水资源充分利用和回用。

三是在煤化工等耗水的能源及能源化工产业规划时，明确以水定产、以水定工的要求。

4. 区域协同发展目标

为促进化石能源基地与国家能源安全保障协同发展，同时促进区域经济协同发展，需对化石能源基地建设明确以下具体发展目标：

一是总体上降低化石能源经济发展目标，实现能源产业与其他产业协同发展。在山西、陕西、内蒙古、宁夏地区，将包括煤炭、煤电、油气等在内的化石能源产业规模控制在 30%以内，腾出更多空间支持新能源产业和其他非能源产业发展。

二是保障能源安全下煤炭总量发展目标。总体上降低化石能源经济依赖，主要是降低煤炭经济依赖，在保障国家能源安全供应前提下，短期内适当增加或优化煤炭生产供应，长期控制煤炭生产规模。2025 年控制山西、陕西、内蒙古、宁夏煤炭生产量在 27 亿吨以内，2035 年逐步降至 25 亿吨以内。最终实现山西、陕西、内蒙古、宁夏提供 80%以上的全国煤炭供应量保障，另外 10%~12%来自新疆，7%~8%来自其他地区。从山西、陕西、内蒙古、宁夏分省区来看，2025 年，山西和内蒙古分别可以实现 9 亿~10 亿吨煤炭发展规模，陕西可以实现 7 亿吨煤炭发展规模，宁夏可以实现 0.7 亿吨煤炭发展规模。2035 年，山西和内蒙古均可降至 8 亿~9 亿吨，陕西可保持在 6 亿~7 亿吨。

三是在控制煤炭消费总量的同时，推动化石能源延链增值，带动地方经济社会发展。如发展煤炭深加工、碳基材料产业等。

四是增加油气能源发展。根据资源条件，2025 年油气当量增至 8000 万~1 亿吨，2035 年争取在 1 亿吨以上。

五是大力发展新能源，形成一定规模的新能源产业集聚。力争 2025 年新能源（风能、太阳能）发电装机占区域全部装机容量的一半以上，新能源发电量占 20%以上，新能源装机规模在全国领先。

五、黄河“几”字弯区域能源基地协同发展重点和路径

产业转型升级和绿色发展滞后已经成为黄河流域与全国发展不平衡、自身发展不充分的突出表现，这种特点在“几”字弯区域表现得尤为明显。为此，必须在总体的生态环境约束下，推进“几”字弯区域能源基地产业升级和协同发展。

（一）与生态环境相协同，推进煤炭绿色智能开发

坚持以生态环境红线为纲约束化石能源基地总体发展，促进形成结构合理、绿色低碳、安全高效的化石能源产业体系。坚持“生态优先、绿色发展”，不断提升煤炭基地绿色发展水平。坚持应用先进技术，提升煤矿企业经济效率，不断降低煤炭供给成本并增加生态环境效益。坚持运用信息化手段，整合优化煤炭企业，推动煤炭产业与现代信息技术融合。具体做法如下：

一是要深化供给侧结构性改革，逐步淘汰退出安全无保障、生产效益差、资源枯竭等低效无效产能，核增释放开采条件好、安全有保障、生产成本低、煤炭质量优的先进产能。到 2025 年，上游青海煤炭生产控制在 0. 1 亿吨以内，先进产能占比达 70%，因陇东地区释放先进产能，甘肃省煤炭产量由目前的 3700 万吨增至 6000 万吨左右；中游山西、陕西、内蒙古、宁夏煤炭产量保持在当前的 27 亿吨左右，先进煤炭产能占比超过 80%；下游山东、河南煤炭产量比当前降低 10%～20%，总量保持在 2 亿吨左右，先进产能占比达到 70%。到 2035 年，上游甘肃陇东和中游山西、陕西、内蒙古、宁夏煤炭先进产能均达到 90%。

二是要分类、分步地推进现有煤矿系统升级，生产装备高端化、智能化。按照国家煤矿智能化建设实施意见，重点对资源条件较好的神东煤炭基地、陕北煤炭基地和晋北煤炭基地等开展智能煤矿、选煤厂及智能采掘工作面、卡车无人驾驶、煤矿机器人专项建设。加快推进神东上湾、同煤塔山等数百个智能煤矿项目，加快建成一批智能综采、一批智能掘进、一批智能洗选、一批无人卡车等单项示范工程，建设多个世界一流的智能煤矿。最终实现区域煤矿智能开采水平全国第一、世界第一。

三是在全国煤炭产业逐步向黄河“几”字弯集中过程中，发挥全国煤炭生产基地的主导作用，在保持总产能规模的同时，减轻增量生态环境影

响，加大力度对存量生态环境问题进行修复。瞄准产业经济性需要，发展先进、绿色环保勘探开发、采掘技术，提高煤炭开发效率，全力推进煤炭绿色环保开发及资源综合开采，全面推动绿色矿山建设。

四是加大资金和政策支持，企业可以设立建设安全、高效、绿色、智能煤矿专项奖励资金，利用好各类专项资金基金和成本费用，用好国家西部开发、产业结构调整、科技经费等各类优惠政策。

（二）以水定产、以碳控产，科学谋划煤基产业发展

从煤电基地来看，2019 年黄河流域山西、陕西、内蒙古、宁夏“几”字弯区域火电装机 2. 3 亿千瓦，占全国火电装机总量的 19. 3%；火力发电量 10760 亿千瓦时，占全国火力发电总量的 20. 6%。从煤化工基地来看，截至 2019 年底，我国已建成（或部分分期建成）煤制油项目 8 个，包括 1 个煤直接液化项目和 7 个煤间接液化项目，总产能达 858 万吨/年；煤制烯烃项目 14 个和甲醇制烯烃项目 16 个，合计产能达 1651 万吨/年，占国内烯烃总产能的 24. 2%；建成（或部分分期建成）煤制天然气项目 4 个，总产能 51. 1 亿立方米/年。这些煤制油、煤制烯烃和煤制气项目除少量布局在新疆地区外，其他基本上均布局在黄河流域各省；在黄河流域，除个别项目位于河南省外，基本上均布局于山西、陕西、内蒙古、宁夏等黄河流域“几”字弯区域。

1. 近期以水定产

“几”字弯区域各化石能源基地的项目整体规模巨大，近期必须把水资源作为能源基地发展最大刚性需求，坚持“以水定产、量水而行”，合理统筹规划黄河流域“几”字弯区域能源产业发展，推进节约集约高效用水，不断提升“几”字弯区域集约高效发展水平。

一是科学优化能源生产布局。“几”字弯区域沿黄各省要执行最严格的水资源管理制度，坚守水资源管理“三条红线”，根据流域可利用水量和分配用水量情况，坚持量水而行，将水资源作为能源生产布局的重要前提，尤其对于煤化工等高耗水产业，应以用水量为刚性约束，统筹规划布局产业项目，制订合理的产能计划和发展规划，合理确定“几”字弯区域能源发展规模和速度。严格控制严重缺水地区布局建设煤电、煤化工项目，抑制不合理用水需求。

二是高效配置能源产业水资源。建立新上能源项目用水与投资、产

值、利润、税收等挂钩机制，以高效用水机制倒逼能源产业转型升级。积极开展水权转换、水沙置换，支持能源企业建设改造黄河流域农牧业、生态环境基础设施，把节约下的水用于支持能源产业发展，减少水土流失，减少入黄泥沙，提高水资源利用效率和效益。推进能源基地之间对水资源、土地资源和环境容量的市场化交易机制建设。

三是推进能源产业节约集约用水。综合考虑水资源、水生态、水环境承载力，合理规划能源产业用水，提高能源项目门槛，新上项目全部采用最先进的工艺路线和装备，执行最严格的用水定额标准，倒逼新型节水工业技术和工业水循环使用技术的发展，推动单位产品水耗指标全部达到国内先进水平。

四是加强水资源综合利用。推进矿井水产业化利用，矿区周边的燃煤电厂、煤化工项目生产优先使用矿井水和再生水，实现煤矿矿井水全部利用。积极推进煤电、煤化工等行业废水“零排放”。

五是适当调整区域用水结构。基地发展用水总量必须处理好与流域水资源调配、生态补水、农业用水之间的关系，严守水资源利用总量红线，推进以水定产模式下化石能源基地发展，坚决避免对生态安全、粮食安全造成冲击。

2. 远期以碳控产

根据我国努力争取 2060 年前实现“碳中和”的发展目标，远期（2035 年）“几”字弯区还必须把碳排放作为约束发展的核心要素，坚持“以碳控产”，即以碳排放控制煤电、煤化工产量，实质上起到控制区域化石能源的消费、减少二氧化碳排放的作用。为此，从当前开始要有意识地提前谋划碳约束发展目标，做好充分准备。可以推动以下发展：

一是提前谋划“碳中和”约束目标。做好统筹规划，积极发展 CCS（或 CCUS）技术示范和规模化应用。到 2025 年推动拟建 CCS（或 CCUS）示范项目建成，形成适宜本地区的碳捕获、封存与利用技术体系。到 2035 年形成规模化的 CCUS 技术利用，有效应对“碳和中”发展目标。

二是打造氢能产业链，促进灰氢向绿氢转型。在积极发展风电和光伏发电同时，努力突破风电和光伏发电成本，积极推动非化石能源制气效率突破和提升，推动建设绿氢生产体系，建设较为完整的绿氢产业链，最终推动向绿氢体系转型发展。

专栏 7-6 "几"字弯区域以水定产的具体方式参考

从水生态角度，水生态约束程度的高低可从以下两个方面进行分析：一是水环境约束评价。主要是各地区水环境容量和水环境压力两个指标。水环境容量：根据评价方法，划定水环境控制单元（可以与水功能区一致），依据水资源流量和水文设计条件，统计出各控制单元的环境容量。水环境压力：考虑城市发展中的人口变化、土地利用情况、产业结构、经济发展、环保投入等方面，进行水环境压力指标的设置①。使用层次分析法，对各层次指标因子进行赋权，得出的权重是根据城市发展规律和水质变化情况对各指标重要性排序的反映。二是水资源约束评价。主要考虑水资源供给能力（即水资源可利用量）和水资源压力，包括农业用水量占比，规模 GDP 产业用水量占比等②。

从产业角度，结合山西、陕西、内蒙古、宁夏不同地区水生态特点、产业发展现状和规划，因地制宜，以水生态承载力为依据，科学确定不同区域资源环境开发利用底线，合理控制资源开发强度，对各地区水生态保护、产业结构调整与布局优化进行精细管理、分类管控。

例如，宁夏沿黄区域是农业发展较好的地区，农业用水占比过重，农业面源为主要污染源，在产业布局优化过程中应该做好农业面源污染管控、农业节水工作。而鄂尔多斯市是工矿企业较多的地区，由于企业用水直接排放对水环境影响较大，因此应建立工业基地，优化工业布局。对于如榆林地区等水生态约束高的地区，应严格限制发展环境容量需求较大、水资源消耗较大的产业。

一方面，可以通过水环境和水资源约束，倒逼企业以绿色化、高端化、生态化为导向，加快传统产业转型升级。另一方面，也可以对区域能源基地进行统筹规划，将相关产业转移至水生态约束低的地区，同时加强技术创新和产业升级，将水环境限制考虑在生产的前端，产业发展与环境保护同步进行，不单纯依赖末端治理。

---

① 陈侃，郑彤，王鹏．基于水环境质量压力的城市化进程指标体系及数学模型研究［C］．中国工程院第 155 场中国工程科技论坛——城市可持续发展研讨会，2012.

② 谢立，年福华，郑奇洋．基于水生态约束的产业布局优化研究——以江苏省泰州市为例［J］．苏州科技大学学报（工程技术版），2019.

（三）推动煤油气与可再生能源一体化开发

除了煤炭及相关产业（煤电、煤化工等），油气产业和可再生能源同样是“几”字弯区域能源基地推进产业协同发展的重要内容，应加大鄂尔多斯盆地大型岩性地层油气藏的勘探开发和以风、光为代表的非化石能源开发利用，成为国家综合能源安全保障的重要一极。

1. 在油气领域

一是全国层面制定鄂尔多斯油气资源勘探开发的统一规划。鄂尔多斯盆地资源丰富，但目前资源开发各自为政，经常发生矿权纠纷，中央企业与地方政府矛盾较大，资源破坏严重。应由国家制定统一的资源开发规划，实现各种资源的合理、有序开发，既服务国家经济发展大局又兼顾地方利益，实现盆地的和谐和可持续发展。

二是加大先进技术应用，创新开发模式。持续开展技术攻关。技术进步是低品位资源得到有效开发的前提。目前，盆地内 0.5 毫达西以上的特低渗透油藏和 0.1 毫达西以上的致密天然气藏已实现了规模经济有效开发，但仍有大量更低品位的油气资源等待开发，而开发这些资源需要新方法、新技术、新工艺。

三是加大投入和政策支持。出台优惠政策，鼓励鄂尔多斯盆地低品位资源开发和山西煤层气资源开发利用。鄂尔多斯盆地许多资源（如石油、天然气等）都属于低品位资源，勘探成本高、开发难度大、经济效益差。国家和地方政府应出台一定的优惠政策，支持和鼓励低品位资源开发，带动经济发展。

四是企业层面创新管理，提升效率、效益。企业要创新和发展低成本技术体系，探索低成本管理模式，积极培育和不断完善“低成本技术+低成本管理”体系，既实现低品位资源的规模开发，又能获得较高的经济效益。

2. 在可再生能源领域

解放思想，深刻意识到发展新能源也是“几”字弯区域化石能源基地协同发展的重要方向。深刻意识到长远来看，化石能源路径依赖将对“几”字弯区域经济社会发展形成重大阻碍，需及早摆脱化石能源路径依赖。

一是研究规划新能源发展布局。“几”字弯区域要优化能源生产结构，积极发挥地区新能源资源也十分丰富的优势，充分开发“几”字弯区域风光等新能源，推动新能源成为“几”字弯区域新增用能和外送增量的主体。如鄂尔多斯毛乌素沙地、库布齐沙漠等地区，可以大量建设太阳能发电；阿拉善、巴彦淖尔、榆林等地区地处毛乌素沙漠附近，风能发达，可建立千瓦级风电基地。

二是破解新能源发展的政策障碍。根据实际情况重新核实鄂尔多斯市等地区的土地利用类型，努力纠正不适当的土地利用归类，为风能、太阳能等新能源发展破除土地利用的政策障碍。可通过优化整合产业园区，着力推动传统能源产业转型升级，以及太阳能、风能等战略性新兴产业发展壮大，减轻“一煤独大”的能源产业依赖和路径锁定，促进区域经济社会高质量发展。

三是推动建设“几”字弯区域“黄河带状”绿电输送走廊。坚持风光水储打捆外送，最大限度地输送新能源，提高现有电力外送通道新能源输送比例。推进相关抽水蓄能电站建设。

3. 在核能开发利用领域

尽管“几”字弯区域发展核电的可能性不大，但核能资源开发和核能利用仍是“几”字弯区域重要的协同安全发展领域。

一是推动先采铀后采煤或铀煤共采。根据鄂尔多斯盆地煤系地层中铀资源赋存特点，加大铀资源保护力度，加强研发铀煤共采技术，探索铀煤共采的体制机制创新，协调各主体利益，推进铀煤共采或先采铀后采煤，有效推进煤矿地区的铀资源开发和煤炭资源开采。

二是积极推进小堆或微堆供热。发展低温泳池堆等小型核能供热堆，加快技术进步，创新体制机制，有效降低核能供热成本，推动逐步替代“几”字弯区域部分中小城市的燃煤供热，实现清洁供暖。

（四）推动各能源基地协同有序发展

考虑到山西、陕西、内蒙古、宁夏各省份发展的不平衡，如果完全按照各省发展需求，化石能源基地开发将呈无序状况。推动黄河“几”字弯区域高质量发展，不仅需要根据不同省份的区位来进行其功能的定位、产业的选择，还要坚持区域内部核心城市之间的联动与合作，从而避免省份之间的产业同质化竞争，强化产业间合作与互补，形成以城市为载体、产品为内容、市场为导向的黄河流域产业联盟①。为此，一方面要推进全国层面统一规划，在更高层次上促进协同发展；另一方面推动不同区域能源基地的差异化发展。

一是推进全国层面统一规划。由国家对“几”字弯区域化石能源基地发展进行统一规划。

二是推进区域能源基地差异化发展。适当根据区域不同的特点，不同地区煤炭开发、煤电发展和煤化工产业发展现状，实行不同的政策。

例如，陕西省榆林市有国家电网和榆林地方电网同时存在，榆林市有众多的小型煤电机组，且小型煤电机组参与榆林地方电网，而大型煤电机组一般参与国家电网。通常由于利益关系，榆林市小机利用小时数更高，但更耗能。为此，要推进榆林煤电发展与生态环境协同，必须强力实行煤电机组的上大压小政策。同样的情况在山西也存在。山西省也有一批60万千瓦以下的小型机组，但山西省小型煤电机组存在的主因在于消耗相对劣质煤炭资源，且绝大部分机组经过清洁化改造，常规污染物排放量已经很小，因此在山西就不必强力推进煤电机组的上大压小政策。

再如，“十四五”时期山西、陕西、内蒙古、宁夏地区还将新增部分煤炭产能。根据陕西、山西、内蒙古和宁夏等地区的煤炭资源及产能情况，新增的产能可以适当地向榆林市倾斜，而山西、内蒙古和宁夏必须控制新煤炭产能。

三是适当推进黄河“几”字弯各地区煤炭产业链延长，发挥各地区优势，形成关联性强的产业集群，通过以项目带项目、以企业引企业的方式发展高度集约化的能源基地，从而提高产品的市场竞争力。

四是推进要素资源在山西、陕西、内蒙古、宁夏全域流动。由于山西、陕西、内蒙古、宁夏地区化石能源产业同质化严重，推进要素资源的充分流动，可以有效约束能源价格或电价的恶性竞争，有效发挥市场优势，促进技术创新和模式创新，提升区域经济竞争力。

此外，“几”字弯区域也应打通与区域外的城市和地区的经济联系，打造规模更大、运行良好的市场环境，带动周边城市群实现区域经济均衡协调发展。

---

① 聂娜．基于“新发展理念”的黄河流域高质量发展路径研究［J］．攀登，2020，39（2）：131-135.

第八章

黄河下游衰退型化石能源基地转型发展研究

内容提要：黄河下游的山东、河南两省是化石能源衰退型基地，近年来煤炭、石油等化石能源开发对经济的贡献程度持续下降，后备资源接续不足、开采经济性降低、生态环境保护要求制约加强和“因矿而生”所积累的社会民生问题致使下游能源基地转型发展需求极为迫切，其转型发展是黄河流域生态保护和高质量发展战略的应有之义。本章详细分析了山东、河南两省约20个主要煤炭矿区和油田依托城市的资源、经济、人口、城镇化水平等现状，通过文献、资料、实地调研，识别出黄河流域下游能源基地目前存在生态环境、用地空间、产业经济、社会发展等四方面突出问题，分别是土地、水的生态环境大量破坏，采矿权与耕地、建设用地、生态红线存在重叠冲突，资源依赖锁定效应仍较强，矿区依托城市公共管理和民生保障能力弱等。按照黄河生态保护和高质量发展战略等要求，采用层次分析法量化方法辅助分析，确定了四大领域12个方面的具体转型路径和任务，包括分型推动矿区油田废弃地生态修复和再利用、强化生产矿区开发利用与保护治理举措并重、鼓励各地因地培育多元接续替代产业和促进矿—城—人协同发展等。同时，围绕目标实现和任务落实，提出了资源、产业、社会、生态政策安排和机制设计。

一、黄河下游能源基地发展历程及现状

黄河下游能源基地主要包括山东、河南两省的鲁西煤炭基地、河南煤炭基地和中原油田、胜利油田（隶属渤海湾油气盆地）。

从 20 世纪 80 年代末 90 年代初开始到 2005 年前后，黄河下游能源基地凭借丰富的煤炭和石油资源，有力地保障了我国煤、石油供应安全，强力支撑了当地乃至全国经济发展。经过几十年的高强度开发，两省煤炭、石油储量和产量贡献在全国的比例不断降低，逐渐处于衰退期。目前，在煤炭资源上，河南省煤炭可开发储量严重不足，几乎处于枯竭状态；山东省煤矿按现有生产能力也仅能维持 20 年左右，多数煤矿已进入枯竭期。在油气资源上，河南省常规油气区域全部枯竭；山东胜利油田生产难度不断加大，勉强保持在稳产状态。同时，两省对其他可再生能源资源（如风能、太阳能、地热能等）开发利用程度仍较低。

（一）主要能源资源储量

山东、河南两省煤炭资源量自 2004 年不断下降。如图 8-1 所示，2004 年，山东、河南煤炭探明总储量达到峰值，约 240 亿吨，占全国总储量比重超过 7%。随后，煤炭探明储量缓慢下降，2016 年总储量达到 161 亿吨，占全国总储量的 6.5%，山东、河南平分秋色，比重均约为 3%。山东、河南两省煤炭预测储量为 1324.8 亿吨，占全国比重不到 3%。

山东油气资源仍较为丰富。三大石油盆地渤海湾盆地大部位于山东境内，山东石油资源探明储量约占全国的 1/4[①]。此外，渤海湾盆地溶解气资源位居第一，累计探明地质储量和累计探明技术可采储量分别为 6130 亿立方米和 1963 亿立方米，分别占全国的 31.2%和 33.3%。

（二）主要能源资源产量

原煤产量 2010 年达到峰值。如图 8-2 所示，山东、河南两省原煤产

① 数据来源：2016 年自然资源部发布的《全国矿产资源储量通报》。

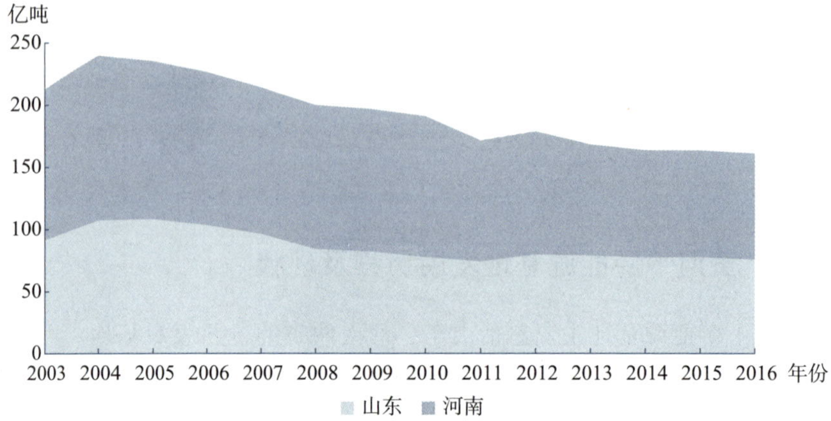

图 8-1　山东、河南两省煤炭探明储量变化（2003—2016 年）

资料来源：国家统计局，自然资源部网站。

量从 1980 年起以年均 8.3%的速度保持快速增长至 2005 年前后，之后增速开始放缓，约于 2010 年达到峰值，此时两省原煤产量占全国比重接近 1/5。2010 年后，原煤产量以年均 3.9%的速度开始下降，目前对全国原煤产量的贡献率约为 7%。2013 年以前，河南对全国煤炭产量贡献较大，2013 年后，山东逐渐反超河南，目前两省产量均为 1.2 亿~1.3 亿吨。

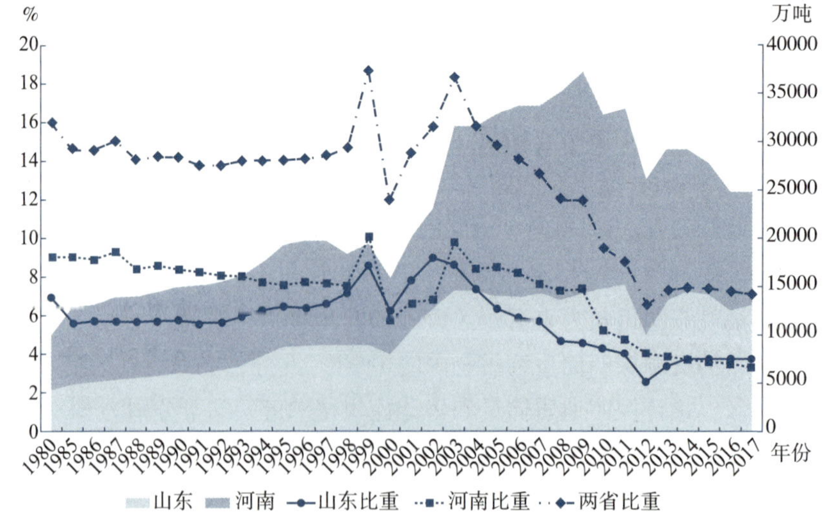

图 8-2　山东、河南历年原煤产量及占比（1980—2017 年）

资料来源：国家统计局网站，历年中国能源统计年鉴。

原油产量 1991 年达到峰值。如图 8-3 所示，两省原油产量从 1980 年起以年均 7.8%的速度快速增长至 1988 年，之后增速开始放缓，在 1991 年达到峰值，此时全国占比接近 1/3。1991 年后，原油产量以年均 1.6%的速度持续缓慢下降，目前对全国原煤产量的贡献率约为 13.1%。山东对全国原油生产贡献程度远大于河南，始终保持在 10%，1988 年曾达到峰值 24.3%。

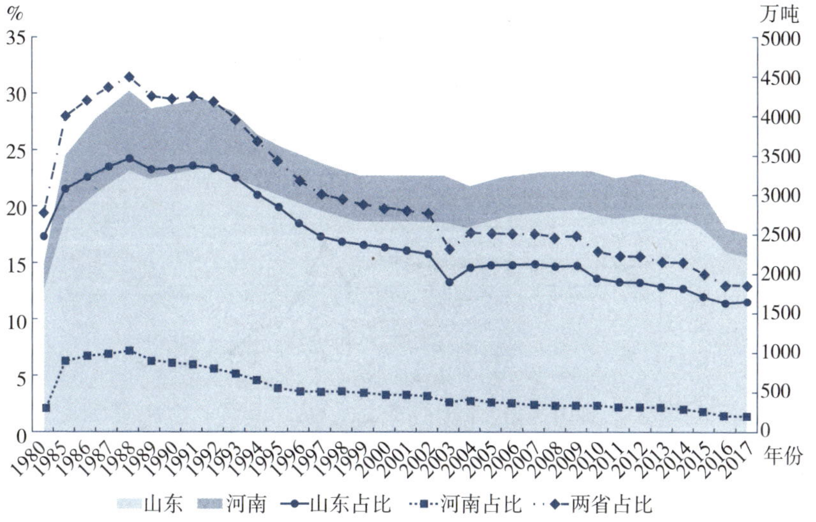

图 8-3　山东、河南历年原油产量及占比（1980—2017 年）

资料来源：国家统计局网站，历年中国能源统计年鉴。

（三）能源资源调入、调出情况

2004 年前为煤炭净调出地区。如图 8-4a 所示，2004 年以前，山东、河南两省煤炭调出量大于煤炭调入量，除满足自身消费外，还向境外供应约 500 万吨至 1 亿吨的量。2004 年后，调出量呈波动性缓慢下降，调入量则快速增长，2017 年两省煤炭净调入量达 3.3 亿吨。如图 8-4b 所示，河南 2010 年前为煤炭净调出省份，且个别年份净调出量保持在 2000 万吨以上，但 2010 年以后皆为净调入；山东一直为净调入省份，2004 年后净调入量以年均 8.1%的速度快速增长至约 2.5 亿吨。总之，下游两省当前对其他地区煤炭供应能力极弱，本地消费还需从其他省份大量调入。

一直为油品净调出地区。如图 8-5a 所示，自 1995 年以来，下游两省一直为油品净调出地区，向外供应量从几百万吨到几千万吨不等，目前，

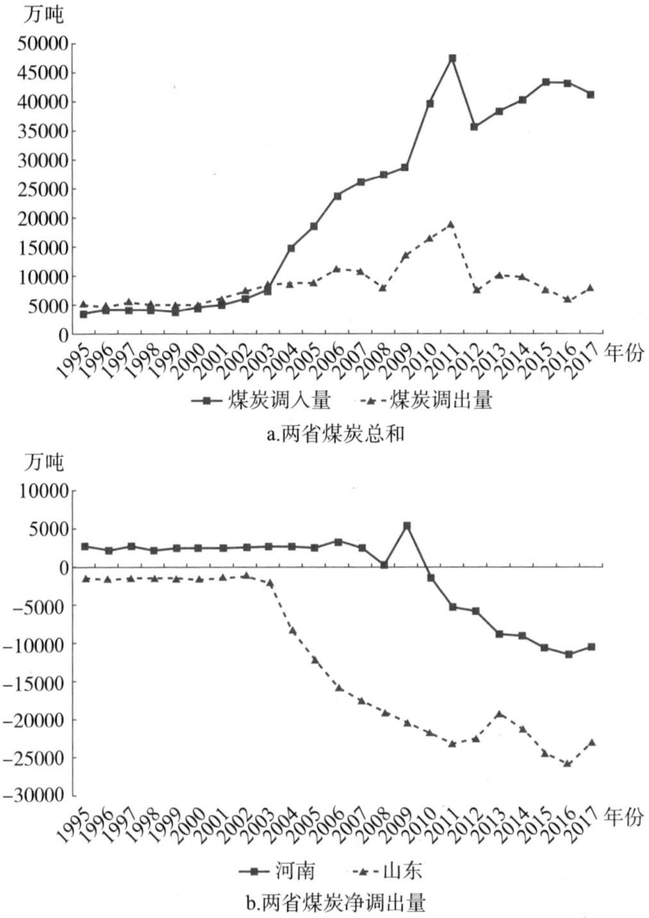

图 8-4　山东、河南历年煤炭调入、调出情况（1995—2017 年）

资料来源：历年中国能源统计年鉴。

两省油品总调入量约 8700 万吨，总调出量超过 1 亿吨，净调出量超过 2000 万吨。如图 8-5b 所示，河南无论是调入还是调出，量都极少，基本属于自给自足状态；山东在各年份几乎都是净调出，在经历了 2011 年前缓慢下降后，净调出量又开始快速上升，2012—2017 年年均增幅达 29.6%。总之，下游两省，尤其是山东省，仍保持较强的油品生产供应能力，起到了支撑区外石油消费的作用。

（四）能源资源开采经济贡献度情况

煤炭开采增加值贡献于 2005 年达到峰值。如图 8-6 所示，煤炭开采经济贡献程度以 2005 年为分界点，2005 年前煤炭开采增加值占当地比重

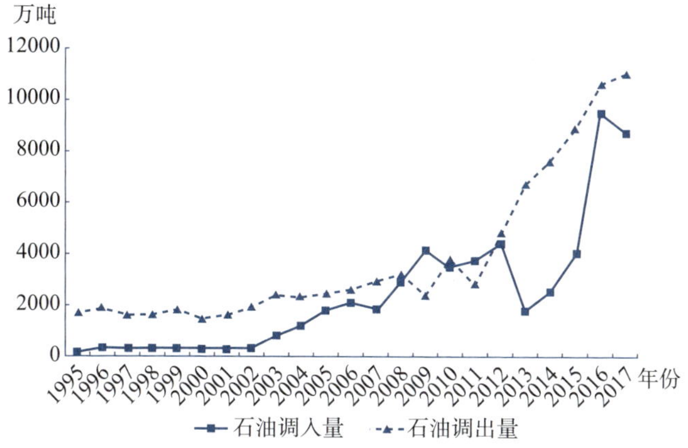

a.两省石油总和

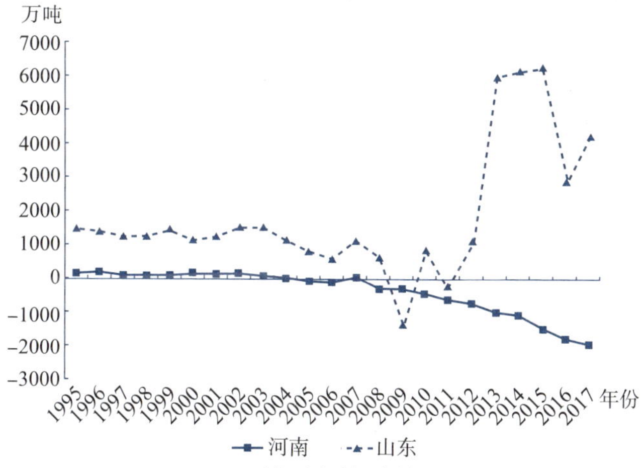

b.两省石油净调出量

图 8-5　山东、河南历年油品调入调出情况（1995—2017 年）

资料来源：历年中国能源统计年鉴。

持续增长，由 1987 年的 7.4%增长至 2005 年的约 15%；峰值之后，贡献度开始下降，2018 年全国占比不到 8%。河南省煤炭开采经济比重一直高于山东省，2018 年河南、山东比重分别为 4.7%和 3.2%。

油气开采增加值贡献于 2000 年达到峰值。如图 8-7 所示，油气开采经济贡献程度以 2000 年为分界点，2000 年前，石油和天然气开采业增加值占当地比重基本呈增长态势，1997—2000 年比重快速增加至约 18%的峰值；2000 年后，贡献度以年均 10.6%的速度开始下降。山东省石油开采经济比重一直高于河南省，2018 年河南和山东比重分别为 0.3%和 2.4%。

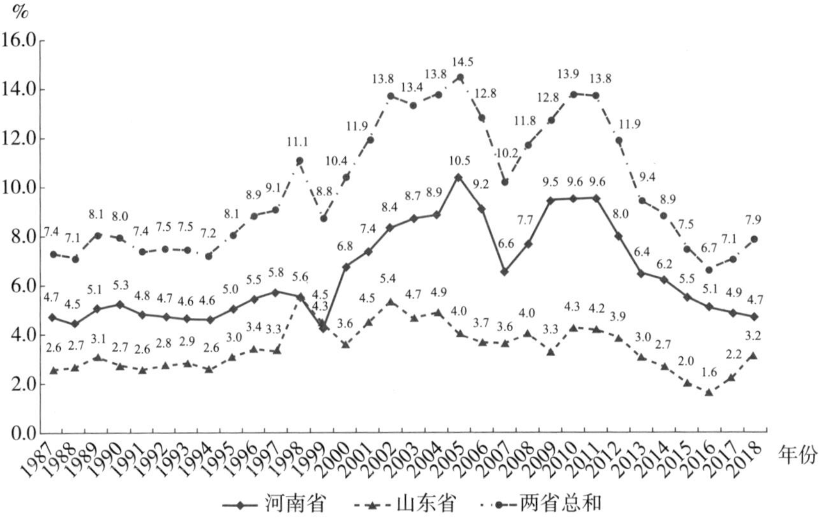

图 8-6　山东、河南历年煤炭开采对经济的贡献（1987—2018 年）

资料来源：历年山东、河南统计年鉴。

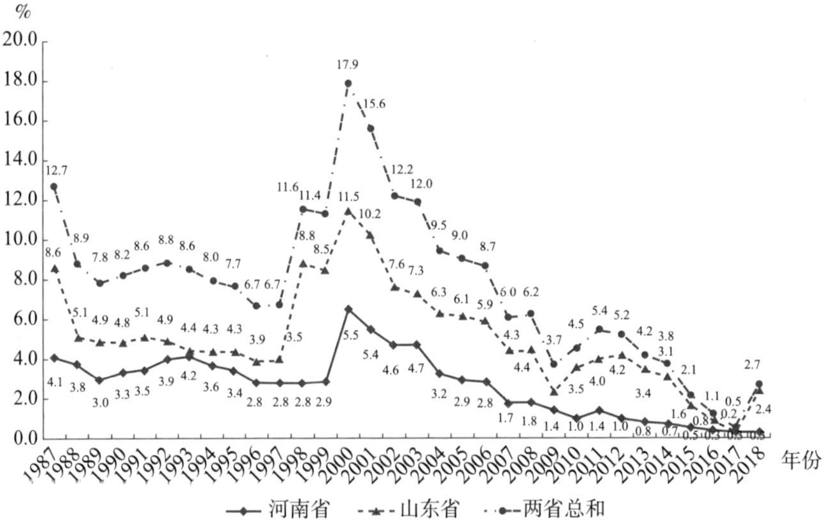

图 8-7　山东、河南历年油气开采对经济的贡献（1987—2018 年）

资料来源：历年山东、河南统计年鉴。

（五）特征为“多煤、少油、少气、可再生能源资源较好”

山东省[①]：煤炭资源上，是全国重要产煤省份之一，煤种齐全，煤质

① 资料由山东省发展改革委提供。

优良，烟煤储量大于 80%，2000 米以浅含煤面积占总面积的 11.5%。截至 2018 年底，全省累计探明资源储量 430 亿吨，剩余资源储量 326 亿吨。全国大型煤炭基地之一的鲁西煤炭基地由兖州、济宁、新汶等 10 个矿区组成。油气资源上，主要分布在鲁北和鲁西南地区，胜利油田和中原油田为陆上油气勘探开发主体，胜利油主体位于东营市，中国最大的海上油田——渤海油田的原油、天然气储量也主要集中在山东东营、烟台等沿海区域。全省原油累计探明地质储量全国占比约为 14%，剩余可采储量全国占比约为 7.7%，居全国第 6 位；天然气累计探明地质储量全国占比约为 1.9%。风能资源上，沿海陆域和海上风能资源较为丰富，风力发电开发建设条件优良，70 米高度风能资源总储量为 6.9 亿千瓦。太阳能资源上，太阳能资源理论储量居全国第 17 位，2/3 以上的面积年日照时数在 2200 小时以上，大部分地区属于太阳能资源很丰富的Ⅱ类区①。生物质资源上，据不完全统计，农作物秸秆、林木剩余物、禽畜粪便、城市垃圾和污泥量总计近 4 亿吨，利用潜力大。地热资源上，分布广、类型多、深度适中，各市均有地热资源富存，开发利用条件较好。据估计，200 米以浅浅层地热能可交换能量约 131.4 亿吨标准煤，3000 米以浅深层地热量约 108.7 亿吨标准煤。水电资源上，属严重缺水省份，总量不足，开发利用难度大，理论可开发利用资源总量仅为 11.7 万千瓦。

河南省②：煤炭资源上，是全国重要的产煤省份，开发历史悠久，有国家 14 个大型煤炭基地之一的河南煤炭基地。目前煤炭产能约 1.67 亿吨，年产量约 1.1 亿吨。油气资源上，常规油气资源少，主要集中在中原油田、河南油田等地区，近年来可开采量不断减少，产量持续下降。原油年产量约 200 万吨，炼化能力总规模 1240 万吨/年，天然气产量约 2 亿立方米，累计建成油气长输管道 8924 千米。其他清洁能源上，水电开发基本饱和，风能资源属Ⅳ类地区，太阳能资源属资源丰富Ⅲ类区，开发利用条件一般，地热能资源储量居全国中上等水平，生物质资源丰富，现有燃料乙醇产能 80 万吨。截至 2019 年 11 月底，全省可再生能源发电装机 2197 万千瓦，占全省装机总量的 23.6%。

---

① 我国将太阳能资源划分为四类区：资源最丰富区：年太阳总辐射量 ≥6300 兆焦/米^2；资源很丰富区，年太阳总辐射量为 5040～6300 兆焦/米^2；资源丰富区，年太阳总辐射量为 3080～5040 兆焦/米^2；资源一般区，年太阳总辐射量 <3080 兆焦/米^2。

② 资料由河南省发展改革委提供。

二、黄河下游主要煤炭矿区及油田基本情况

能源基地在更小一点的空间尺度为煤炭矿区及油田。黄河下游主要的煤炭矿区有鲁西煤炭基地下辖的兖州、济宁、新汶、枣滕、龙口、淄博、肥城、临沂、巨野、黄河北 10 个矿区以及河南煤炭基地下辖的鹤壁、焦作、义马、郑州、平顶山、永夏 6 个矿区；主要的油田有胜利油田、中原油田、河南油田 3 个。

以上矿区油田涉及的地级市见表 8-1。

表 8-1　黄河下游矿区油田涉及地级市清单

省份	矿区名称	资源种类	所属地级市
山东	兖州	煤炭	济宁市
	济宁		
	新汶		泰安市
	枣滕		枣庄市
	龙口		烟台市
	淄博		淄博市
	肥城		泰安市
	临沂		临沂市
	巨野		菏泽市、济宁市
	黄河北		济南市、德州市
	胜利油田	石油	东营市、滨州市
河南	鹤壁	煤炭	鹤壁市、新乡市
	焦作		焦作市、新乡市
	义马		三门峡市
	郑州		郑州市
	平顶山		许昌市、平顶山市
	永夏		商丘市
	中原油田	石油	濮阳市
	河南油田		南阳市

资料来源：课题组整理。

（一）自然地理条件

煤炭矿区。位于鲁中南低山与丘陵区、秦岭中山区和豫西低山与丘陵区，属于暖温带亚湿润气候，土壤类型主要为棕壤和褐土，原生植被为温带落叶灌丛，种植一年两熟或两年三熟连作和落叶果树。属暴雨型泥石流轻微地区，丘陵区属北方土石山地丘陵水土流失严重地区，平原区水土流失轻微，暴雨洪水灾害严重。河南干旱灾害程度为重旱，多为伏旱，山东干旱程度为极旱，初夏旱与伏旱交叠。

豫东鲁西区（鲁西煤炭基地）主要在平原开采，易形成地表下沉盆地、富水地区塌陷坑积水、地表裂隙引起水土流失、地表建筑物破坏等问题。豫西区（河南煤炭基地）主要在丘陵和山地开采，易造成山体滑坡、台阶状塌陷、山体裂缝、水土流失加剧。都属于黄淮海区，大部分位于高潜水位区，井工开采造成塌陷地，塌陷地常年积水。

胜利油田。主体部分的东营市位于黄河入海口冲积平原，以平原地貌为主，地势沿黄河走向自西南向东北降低。是著名的“湿地之城”，黄河口湿地是世界上现存最年轻、保存最完整的湿地生态系统。土壤以潮土和盐土为主，占全市土壤总面积95%以上，潮土易于农作，盐土难以为种植业利用。毗邻渤海湾，沿海资源丰富，拥有长达413.4千米的海岸线。

（二）面积及资源情况

鲁西煤炭基地10个矿区总面积为6064平方千米，占山东省面积的3.84%，煤矿资源储量占山东省总储量的85.45%。在已经开发的矿区中，济宁、兖州、枣滕资源储量位于前三，分别占全省的25%、22.6%、6.8%。

河南煤炭基地6个矿区总面积为13974平方千米，占河南省面积的8.4%，煤矿资源储量占全省的32.84%。各矿区煤炭资源量差别不大，鹤壁、平顶山、郑州分别以7.9%、6.5%、5.3%排在前三位。

上述煤炭矿区整体上仍处于生产状态，但包含数量较多的已关闭矿井，既有因煤炭资源枯竭停产的，如龙口、新汶、鹤壁矿区中的大量闭矿属于此类，又有政策性关闭的，如新汶、肥城、焦作矿区大量闭矿属于此类。

胜利油田80%的油气地质储量和85%的油气产量集中在东营境内，自1991年原油产量达到3355万吨峰值后，开始稳中递减，2018年胜利油田生产原油 2341 万吨。虽然有四五十年的高强度开采，但因不断提高采收率、勘探老油区中的新气田，产量一直保持在较高水平，未来目标仍是增储稳产。河南境内的中原、河南油田石油探明可采剩余储量较少，为典型的衰退型油田。

黄河下游矿区油田面积及资源情况见表 8-2。

表 8-2 黄河下游矿区油田面积及资源情况

省份	矿区名称	资源种类	面积/平方千米	资源储量/万吨	资源比重/%
山东	兖州	煤炭	449. 30	320661. 9	22. 6
	济宁		684	354822. 7	25. 0
	新汶		255. 3	32784. 83	2. 3
	枣滕		346. 7	95939. 2	6. 8
	龙口		77. 6	10858. 8	0. 8
	淄博		1593. 8	93533. 7	6. 6
	肥城		105. 6	39532. 7	0. 3
	临沂		272. 7	9943. 4	0. 7
	巨野		1794. 2	10878. 4	0. 8
	黄河北		2279. 0	281181. 6	19. 8
	胜利油田	石油	44000	417072	—
河南	鹤壁	煤炭	966	249515. 73	7. 9
	焦作		182	132621. 25	4. 2
	义马		8250	125982. 7	4. 0
	郑州		2560	167729. 34	5. 3
	平顶山		650	206858	6. 5
	永夏		1366	160856. 3	5. 1
	中原油田	石油	5300	59300	—
	河南油田		117. 9	17000	—

资料来源：国家统计局网站、各地市 2019 年统计年鉴。

（三）经济发展水平

如表 8-3 所示，经济总量上，矿区油田所涉地市 GDP 总量占山东、河南两省的 60%以上，山东、河南该比重分别为 61. 6%和 62. 4%，经济产出较为可观。人均 GDP 上，山东东营、烟台、淄博、济南人均 GDP 显著高于山东平均值，其余地级市低于平均值；河南除郑州显著高于平均值，南阳和商丘低于平均值外，其余地级市人均 GDP 与河南平均值差距不大，均为5万元左右。产业结构上，济南、郑州等省会城市和副中心城市三产最发达，泰安、临沂、南阳、商丘三产比重也略超过二产，其余地级市产业结构呈现“两头大、中间小”的纺锤形结构，东营、鹤壁、许昌、焦作、三门峡五市的二产占比甚至超过55%。此外，商丘、南阳一产比重较高，超过14%，同其他地市相比是典型的“农业型城市”。经济活动强度①上，如图8-8所示，山东省与河南省均值分别为4810万元/千米^{2}和2918万元/千米^2，山东远高于河南。不少矿区油田城市，如临沂、菏泽、德州、滨州、南阳、三门峡、平顶山、商丘，经济活动强度低于全省平均水平。

表8-3　下游矿区、油田所涉地级市2018年经济社会情况

地区	GDP/亿元	人均GDP/元	产业结构/%		
			第一产业	第二产业	第三产业
山东省	76470	76267	6.5	44.0	49.5
济南市	7857	106302	3.5	36.0	60.5
淄博市	5068	107720	2.9	52.1	45.0
枣庄市	2402	61226	6.5	50.8	42.7
东营市	4152	191942	3.5	62.2	34.3
烟台市	7833	110231	6.5	49.1	44.4
济宁市	4931	58972	10.0	45.3	44.7
泰安市	3652	64714	7.8	44.2	48.0
临沂市	4718	44534	7.8	43.0	49.2
德州市	3380	58252	9.5	47.7	42.8
菏泽市	3079	35184	9.8	51.0	39.2
河南省	48056	50152	8.9	45.9	45.2
郑州市	10143	101352	1.4	43.9	54.7
平顶山市	2135	42587	7.5	47.6	44.8
鹤壁市	862	53084	7.0	62.9	30.1
新乡市	2527	43696	9.0	47.9	43.2
焦作市	2372	66329	5.7	56.6	37.7
濮阳市	1654	45644	9.9	50.6	39.5
许昌市	2831	63988	5.2	57.8	37.0

① 经济活动强度指单位国土面积的生产总值，单位为万元/千米^2。

续表

地区	GDP/亿元	人均 GDP/元	产业结构/%		
			第一产业	第二产业	第三产业
三门峡市	1528	67275	7.8	55.1	37.1
南阳市	3567	35555	14.7	41.4	43.9
商丘市	2389	32670	16.0	41.3	42.7

资料来源：各地市 2019 年统计年鉴。

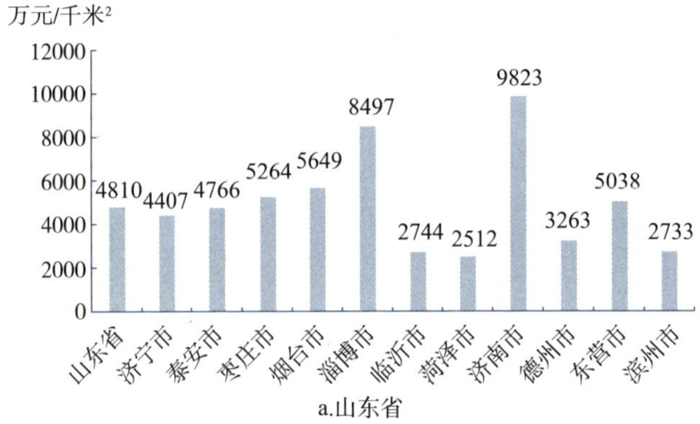

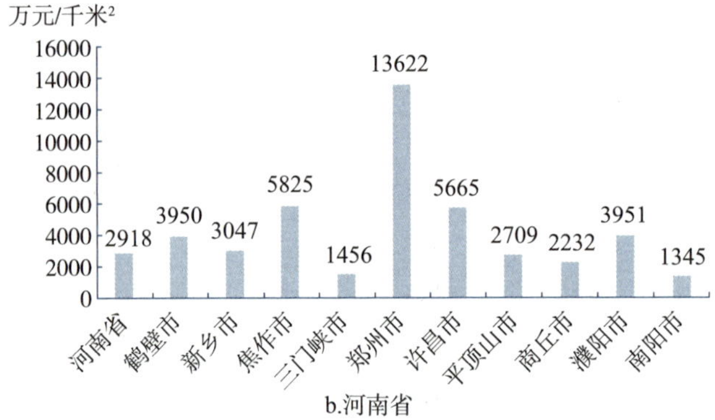

图 8-8　下游两省 2018 年经济活动强度

资料来源：各地市 2019 年统计年鉴，综合指标由课题组计算整理。

（四）人口与城镇化程度

山东、河南两省主要矿区油田涉及地级市的人口占两省总人口的 50% 以上，其中山东占比为 65.7%，河南占比为 52.7%，人口在矿区油田地市聚集程度较高。人口密度也位于所属省前列，绝大部分地市人口密度高于省平均水平，人口密度最高的城市为山东枣庄（927 人/千米^2）和河南郑州（1160 人/千米^2）。

总体来看，矿区油田所涉地市城镇化水平较低。如图 8-9 所示，人口城镇化率方面，除东营、淄博、郑州、焦作等地高于山东（61.2%）和河南（51.7%）的平均水平外，大部分地市均低于省平均水平，临沂和南阳甚至分别低至 24.7%和 19.7%。土地城镇市化水平方面，山东省土地城市化水平为 12.1%，低于河南的 17.6%。山东省中，即使土地城市化水平最高的烟台，其值也超过 20%，高 GDP 的东营市土地城市化水平仅为 2.6%。河南省中，较高 GDP 的矿区油田城市一般也有较高土地城市化水平，如郑州高达 53.9%，焦作、新乡和濮阳的值也超过 20%。

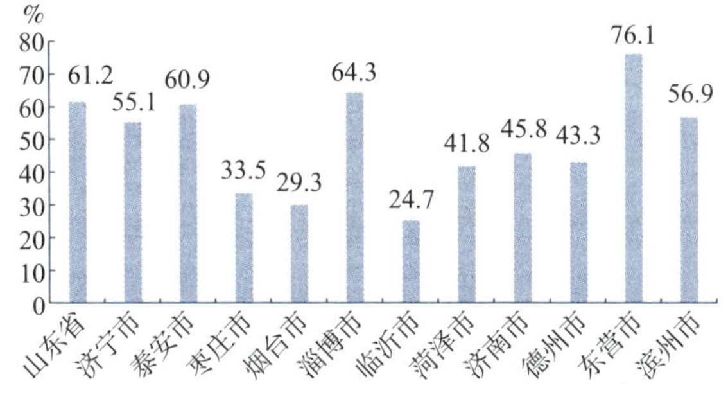

a.山东省人口城镇化率

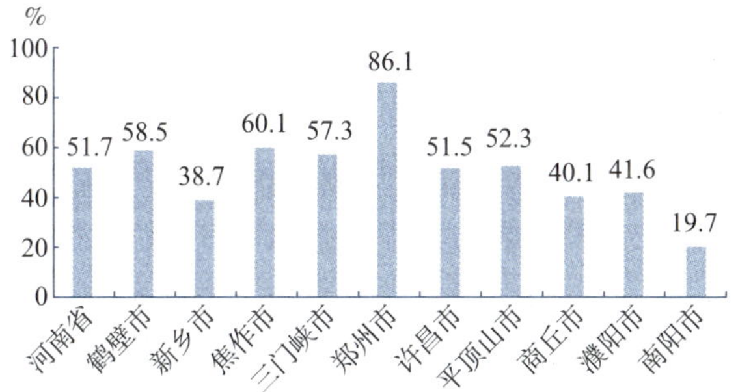

b.河南省人口城镇化率

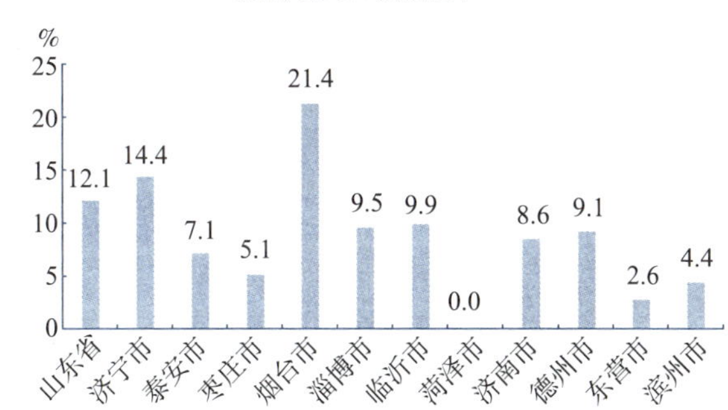

c.山东省土地城市化水平

图 8-9　下游两省 2018 年人口与土地城镇化水平

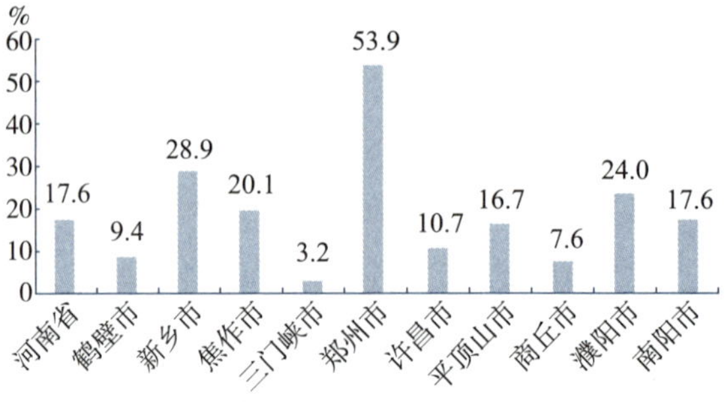

d.河南省土地城市化水平

图 8-9　下游两省 2018 年人口与土地城镇化水平（续）

资料来源：各地市 2019 年统计年鉴，综合指标由课题组计算整理。

三、黄河下游衰退型能源基地存在的主要问题

（一）能源资源开发利用导致大量的生态环境问题

1. 采煤塌陷地面积广，范围仍将持续扩大

我国 90%以上的煤炭生产以井工开采为主，井工开采会造成不同程度的地面塌陷。根据有关研究，我国共有 23 个省区 151 个县（市、区）分布有采煤沉陷区，面积超过 20000 平方千米，部分资源型城市塌陷面积超过了城市总面积的 10%。相比于中上游地区，黄河下游煤炭矿区采煤造成的地面塌陷更为严重，在全国前 40 名重点采煤沉陷县（市、区）中，山东、河南两省占 1/3（见表 8-4）。

表 8-4　山东、河南属于全国前 40 名重点采煤沉陷县（市、区）名单

排名	县（市、区）	排名	县（市、区）
6	商丘永城	21	平顶山新华
7	济宁任城	22	郑州新密
8	济宁微山	37	济宁高新
9	济宁兖州	38	济宁嘉祥
10	济宁邹城	39	济宁汶上
11	枣庄滕州	40	泰安肥城

资料来源：课题组总结整理。

据统计，山东省共有采煤塌陷地 184 处，损毁土地面积达 724 平方千米，其中，关闭退出矿山和生产矿山塌陷地面积占比分别为 16.5% 和

83.5%，主要分布在枣庄、济宁、泰安、菏泽等地。由于下游地处平原区，地下潜水位高，采煤塌陷极易导致地下水渗出，形成积水，恢复植被与设施重建的难度大，同时因潜水位高易形成土壤次生盐渍化。与此同时，已经塌陷区改变了周边地应力分布，从而引发持续不断的沉降塌陷，塌陷面积进一步扩大。预计山东省2030年采煤塌陷地面积还将新增50%，达到384平方千米。其中，滕州煤田、兖州矿区、济宁矿区南部、肥城矿区东部、巨野矿区为塌陷区面积扩大的高风险地区。塌陷范围扩大除进一步破坏所覆盖的土壤植被、生产生活设施外，还有可能引发山体、斜坡的开裂、崩塌和滑坡等地质灾害，生态安全隐患风险突出。

2. 煤炭、石油井下开采严重破坏地下水资源，污染水环境风险高

煤炭、石油开采直接破坏地下水，通过改变水循环间接减少了地表径流。煤炭矿区在建矿、采煤的过程中形成的采空区是破坏矿区及周边一定区域水资源的主要原因。传统开采方式对矿坑的疏干排水导致地下含水层水分流失、水位降低，形成一定范围或深或浅的“漏斗”带；地下水系的变化连带导致地表水与地下水间循环流动异常，主要表现在地表水加速下渗，地表径流量降低，采空区上部常有的坍塌和裂缝也加剧了地表水下渗和流失。同其他能源资源相比，石油开采和炼制对水资源需求量大，目前在我国是仅次于火力发电的能源生产方式，占比超过15%。大规模油田开发通常通过引调地表水和开采地下水实现，开采过程中的采油、取水、注水等行为以及采油井、注水井等设施建设改变了区域下垫面及地下水系统，例如华北地区目前存在我国范围最大的石油开采地下水超采漏斗。煤矿的水体污染更易发生且大范围扩散，煤矿在关闭后对地下水的污染过程仍在持续，随着时间的推移有加重态势，致使矿区周边较大范围为受污染水体，如山东滕州煤矿区的矿山废水对地下水影响区域面积有1500余平方千米，是其污染最严重的核心区域的近20倍。此外，煤矿关闭后通常将地下水亏空漏斗进行回补，若污染区未得到净化处理，则可能造成采空区周边静水水体二次污染，将其直接改造为灌溉饮用水水源将威胁人畜健康、粮食安全。油田在耗水量大的同时废水排放量巨大，若处理不当易渗漏形成面源污染。以东营市为例，全市油气开采排放的废水占全市总排放量的50%以上①。石油开采污染地下水常发生在井壁受油气腐蚀穿孔渗透、注

① 数据来自东营市实地调研资料。

水过程使用含高矿化度、硬度、硫化氢等回注水造成的溢出、渗漏等环节。

3. 煤矸石等固体废物不断累积，长期积存压占土地

尽管黄河下游大型煤炭基地的新产生固体废物排放量很少，目前占大型煤炭基地合计不到2%，固体废物综合利用率也处于较高水平，河南、山东分别为85%和接近100%，远高于全国煤炭基地平均65%的利用率，且存在数量较多的煤矸石、粉煤灰、排土、尾矿等固体废物的历史积存，造成了严重的压占土地、破坏生态环境等问题。以煤矸石为例，山东省关闭退出和生产矿山共计有煤矸石堆120处，煤矸石、废土地堆积存量超13万吨，侵占土地面积接近6000万平方米。河南省历年煤矸石累计存量约9222万吨，年平均排放煤矸石500万吨，煤矸石堆放占地1703.93万平方米。一方面，固体废物堆存对土壤、植被等生态要素造成严重破坏，且矸石山多为结构松散的碎石堆积体，自然、植被、土壤等条件恶劣、功能极差，生态修复成本高、难度大。例如，河南因煤矸石堆放破坏森林、草地面积达231万平方米，破坏耕地面积达400万平方米，总破坏面积占压占面积比重接近50%。另一方面，固体废物压占对大气、水、土壤等造成多介质的污染。煤矸石粉尘是矿区大气污染的主要来源，煤矸石、粉煤灰等在堆积过程中经雨水冲刷淋溶，有毒有害成分渗入土壤，造成土壤和地下水酸碱、有机毒物和重金属污染，还有可能汇入地表径流，引起地表水污染。

（二）能源基地矿权与生产、生活、生态用地矛盾较为突出

1. 煤炭采矿权与大面积耕地存在叠压

山东和河南是我国的产粮大省，豫鲁沿黄河区域均位于国家重要的粮食主产区黄淮海平原上。两省煤炭矿区与耕地重叠面积大，占总耕地面积比重也较大。山东省煤炭矿区与耕地重叠面积约为3400平方千米，在拥有采矿权的省份中排第二，仅次于山西省，重叠面积占总耕地面积比重约18%，为各省之首。河南省重叠面积超过2000平方千米，排名第五，占总耕地比重为6%，位于第三，仅次于山东和安徽。煤炭矿区中的采煤塌陷地对耕地面积和功能恢复影响最大，据统计，两省已塌陷矿区土地中70%为耕地，未来随着塌陷范围不断扩大，这一比例还会增长，高潜水位区又导致采煤塌陷地极易积水，所影响的良田修复难度大，大量流失。以山东

为例，2030 年预计采煤塌陷地总面积 384 平方千米，按 70% 为耕地计算，耕地面积达 269 平方千米，占山东省 2020 年耕地红线目标 11288 平方千米的近 3%。并且，随着两省均不断提高耕地红线，煤炭矿区、采煤塌陷地同严守耕地的矛盾将进一步加剧。

2. 煤炭采矿权与城乡规划建设用地重叠面积大

山东省煤炭采矿区与城乡建设用地重叠面积较大，接近 1000 平方千米，占矿区总面积（5600 平方千米）的 18%。河南省煤炭矿区与城乡建设用地重叠面积约为 450 平方千米，仅次于山东和中游的内蒙古、山西两省区，矿区中约 13% 为城乡建设用地。同内蒙古、陕西等黄河中游煤炭矿区面积较大的省份相比，山东、河南采矿权与城乡建设叠压用地以城乡居民建设用地为主，大型工矿企业用地占比较少，其中，山东省 65% 为农村居民点，近 30% 为城镇建设用地，5% 为大型工矿企业用地，河南省 50% 以上为城镇建设用地，大型工矿企业用地不足 20%，而内蒙古大型工矿企业同煤炭矿区叠压的比例高达 85%。因此，作为人口大省，黄河下游煤炭矿区影响城乡建设用地的现象较为明显，若不对其中以采煤塌陷地为主的废弃土地进行合理修复利用，将严重影响两地未来的城乡建设发展。

3. 传统化石能源资源发展规划与重要生态红线划定冲突

位于东营渤海海滨的黄河三角洲湿地是我国重要的生态功能区，是重点自然保护区，然而目前保护区内仍有油气井 700 多口。受到东营境内胜利油田长时间高强度的开采活动影响，海岸带湿地的自然景观被不断侵占，湿地植被、土壤遭受破坏，连续海岸带形态被人为割裂，其中滩涂、荒草地等自然湿地景观受到的影响远大于耕地、养殖水面、盐田等人工景观。更严重的是，湿地在东营市产业发展规划中仍继续被占用、改造、建设为工业园区和盐池，目前东营市规划建设的以石油化工产业园为主体的东营港经济开发区占地约 102 平方千米，远景将扩大近 3 倍①。由于成本低，园区用地绝大部分由湿地改造；为给化工企业提供原料，附近湿地被铲除水生植物，挖渠引入海水变成盐池，黄河下游石油化工与湿地等重要生态用地的矛盾将更为突出。煤炭矿区亦存在同生态保护红线范围重叠的问题，例如，山东省沿黄河九市划定的生态保护红线范围与黄河北煤炭国

① 来自东营市实地调研资料。

家规划矿区存在交叉。

（三）能源基地资源锁定效应仍较强

1. 传统化石能源资源产业结构单一，发展后劲不足

由于下游两省传统能源产业发展高峰在20世纪90年代，理念、环境的不同导致传统能源产业发展初级、粗放，质量不高、结构不优。一是纵向链条延伸不足，黄河下游两省的煤炭加工主要包括煤化工、煤电铝、煤电盐化、煤焦化工、尼龙化工等领域，主导产品大多处于产业链前端和价值链低端，精深加工产品少，多元化发展程度低，产品同质化严重。二是产业集中度较低，2018年鲁西煤炭基地、河南煤炭基地产业集中度分别为63%和49%，低于煤炭基地合计71%的水平。此外，作为衰退型能源基地，目前发展最突出的问题是后备能源资源接续不足，开采难度加大、生产经济性变差，致使产业发展后劲不足，逐渐丧失竞争优势。以价格为例，下游两省煤炭骨干企业吨煤生产成本高出“三西”、陕西、华东等地区2~3倍。加之近年来，受资源、环境、政策限制，煤化工等发展门槛不断提高，黄河下游两省在以煤炭为原料的化工初加工领域竞争力持续减弱。

2. 非传统能源资源型产业发展不充分、质量不高，未形成有效替代作用

产业结构上，替代传统能源资源产业比重仍然较低，未能成为新的支柱。下游两省中一半以上的矿区油田所涉地市一产高于省平均比重，而三产低于所属省比重，二产中也以高耗能、高排放的重化工业以及低附加值、低端产业链的产品为主，例如，东营市二产中95%以上为采掘业和制造业，新型化工产品投资仅占20%，2018年河南省规模以上高技术制造业增加值仅占全省的10%，低于全国平均水平3.9个百分点。替代产业发展上，由于技术、资金、人才等要素紧缺，有些地区在产业选择上以初级产品项目为主，深加工能力弱、附加值不高，中高端产品存在缺口；有些地区依然以工业为主要形式，缺乏对在发展规则、技术工艺、市场环境等方面与传统行业经营理念和方式有较大差异的服务业，尤其是生产性服务业的探索。地区本身的能源发展上，从本土能源安全角度考虑，传统化石能源资源枯竭后还应充分利用本地其他能源资源，然而目前下游尽管在风能、太阳能、地热能等方面禀赋较好，但存在探索不充分、开发利用程度低的问题。例如，东营在山东省地热资源中属于Ⅰ类靶区，利用前景好，

但目前资源开发利用率不足 4%。

3. 科技、资金等生产要素稀缺，产业多元化发展受制

资源型产业具有一定程度的垄断性，市场化程度低，造成各类生产要素或是被肆意挪用挤占或是难以充分有效流动。科技要素上，山东、河南两省创新行为主体能力不强，科技费用投入不足，创新资源和条件相对落后，据中国科学院大学评价，2019 年山东、河南区域创新能力全国排名分别为第 6 位和第 15 位，河南未进全国前十，河南 R&D 经费投入强度、技术合同成交额不仅低于全国平均水平，在中部六省中排名也十分靠后；山东同第 5 位的浙江相比，在综合创新能力及知识创造、创新环境、创新绩效等单项指标上差距都在不断拉大。资金要素上，山东、河南两省在国民收入和财政收入水平上均低于东部、南部发达地区，支持本地建设和吸引外部资金投入的能力较差。2018 年山东、河南城镇居民人均可支配收入分别为 3.9 万元和 3.2 万元，低于长三角地区 4.9 万元的平均水平，尤其是河南省，显著低于东部及东南沿海地区。此外，两地缺乏对产业转型升级和绿色发展具有领军作用的龙头企业，山东省民营企业前 15 强中没有高科技和新兴产业，难以对人才、科技、资金等生产要素形成有效的集聚作用；在 2018 年“中国制造企业 500 强”榜单中，河南仅有 13 家企业入选，与浙江、安徽等地差距明显。

（四）能源基地所在城市民生保障能力不强

1. 城市公共管理水平普遍较低

黄河下游煤炭、石油等资源型城市基本“因资源而生”，多数为“先企业，后城市”的发展模式，在管理初期都是由企业代替政府，形成典型的“企业型城市”。城市成为企业实施生产计划的载体，重视资源基地的建设而轻视对城市功能发展的“大企业，小市政”现象较为普遍，且由于长时间积累，惯性难除。一方面，该种模式严重阻碍了地方产业发展。资源枯竭地区的资源开发企业都是大型或特大型国有企业，人员多、规模大、职能全，各方面在城市中都居主体地位，形成了庞大的自我服务体系，但却无法提供足够的公共产品来满足资源枯竭后接续替代产业的发展。另一方面，城市和地方政府社会支撑能力和相关职能弱。由于城市各项公共服务功能是为资源开发服务的，地方利益和城市中心功能无法得到体现，产业转型发展、人的生产生活需求的基础设施建设滞后、环境污染缺乏治理等城市问题突出。

2. 劳动力就业结构不优，失业人员规模较大

一是黄河下游两省矿区油田城市均呈现出一定程度的低技能低就业均衡状态，自然资源“挤出”人力资本，政府缺乏人力资本投资动力，而低技能低就业均衡反过来又抑制了产业结构调整和技术升级改造。突出表现在就业结构中，低层次人力资本过剩，中高层次人力资本不足。例如，在山东省煤矿50万从业人员中，初中以下文化程度占53.4%，国有重点煤矿大专以上人员只占5.4%，一线专业技术人才严重短缺。二是随着资源枯竭及产能淘汰推进，原来从事资源型行业的劳动力大量闲置或失效，社会负担加大。2019年，山东、河南两省的城镇登记失业人员分别约为40.7万人和45.75万人，规模排在全国第二位和第五位。同其他城市失业率保持稳定或下降相比，两省中资源型枯竭、老工业基地城市的失业率明显提高。例如，枣庄市城镇登记失业率从2014年的2.2%升至2018年的3.0%。在两省近几年煤炭去产能行动中，需安置大量煤矿职工，资金缺口大，转岗分流难度大，目前人员安置进度已远落后于去产能的速度。

3. 棚户区和社会保障两大历史遗留民生问题突出

棚户区是资源枯竭城市重要的民生问题，棚户区往往是相对贫困区，居民大多数收入较低、学历不高、健康状况不佳，成为社会中的弱势群体，且普遍人居环境差，存在房屋破损严重、年久失修，公共基础设施配置不足，易受地质灾害和环境污染影响等问题。目前全国资源枯竭城市还存在尚未改造的棚户区面积约6000万平方米，其中河南焦作、濮阳及山东枣庄待改造棚户区面积超过100万平方米。与此同时，由于资源枯竭、经济衰退、财政困难，社会保障统一性与累积社会保障资源的差异性导致社会保障资源和资金存在较大缺口，社会保障历史欠账仍具有相当规模，尤其表现在矿区再就业人员社会保障水平低。例如，河南焦作开展的有关调查显示，矿工再就业社会参保覆盖率不到30%，随工子女入学比例仅约35%，津贴补贴发放不足40%，只有少数矿工有五险一金或三险一金。

四、黄河下游衰退型能源基地转型发展研究方法及分析结果

（一）转型发展路径构成维度

1. 按生产状态，分为停产和在生产两种

停产指已经关闭的矿区油田，存在大量的待保护、开发、利用的废弃

闲置土地，在转型发展路径上，主要解决废弃地优化再利用，以及需安置转业的失业劳动力的问题。在生产矿区油田指近期甚至中期还保持一定煤炭、石油产量，但随着资源耗竭或出于保护资源的政策性目的，长期亦将逐渐退出关闭。生产矿区主要解决生态保护修复治理、煤炭/石油资源优化利用、替代产业扶持培育及人居环境改善等问题。

2. 按可利用资源种类，分为煤炭/石油、土地、水、大气、劳动力五种

煤炭、石油等能源矿产资源的状态分为无富余存量和有富余存量。若无富余存量，则以寻找合适的非资源型替代产业为主要转型路径；若有富余存量，则将延伸、耦合能源产业链条，最大化利用资源存量作为转型优先路径。

土地资源重点考虑那些废弃地，既包括停产矿区油田的废弃土地重新利用，又包括生产矿区油田受破坏土地的再生修复利用。停产矿区油田的废弃土地类型复杂，面积大，既有房屋、道路、管道等基础设施占用的土地，又有因资源开发利用遭到破坏的土地，重新利用时要统筹兼顾。生产矿区油田的废弃土地一般因塌陷、压占、挖损等遭到破坏或污染的土地资源，相比停产矿区，面积较小，碎片化特征明显。

水、气资源顾名思义为矿区油田及依托城市可利用的水资源和大气资源。重点应加强对水和大气环境的保护和治理，一方面降低甚至消除已经产生的地下水、地表水及大气污染，另一方面对生产矿区，还要强化源头治理和过程削减等措施。

任何转型发展都离不开人，劳动力资源是衰退型能源基地转型发展的关键要素。对于停产矿区，要重点解决失业劳动力资源的转移；对于生产矿区，要重点改善棚户区人居环境，有效配置、合理利用劳动力资源，优化人力资本结构，更好地服务于生产和城市建设转型发展。优化劳动力资源的相关措施通常需要从市、省等行政层面加以落实。

3. 按价值导向，分为保护导向和开发利用导向两种

例如，在废弃地修复再利用方面，停产矿区一般倾向开发利用导向，废弃地大多可通过复垦为农业、商业用地创造经济价值，而生产矿区油田则倾向于保护导向，更多地采用复绿手段，恢复受损土地的生态功能。

理论上，以上三个方面相互排列组合可形成数量众多的具体转型发展路径（见图 8-10）。例如，在停产矿区油田中，能源矿产资源转型发展路径为发展扩展、替代产业，土地资源利用方式为闲置土地再利用和受破坏

土地修复再生利用，水、大气资源保护要加强末端防控，劳动力资源优化配置聚焦在失业人员的安置转业，其中能源矿产资源、土地资源利用属于开发利用导向，水、大气资源治理属于保护导向。

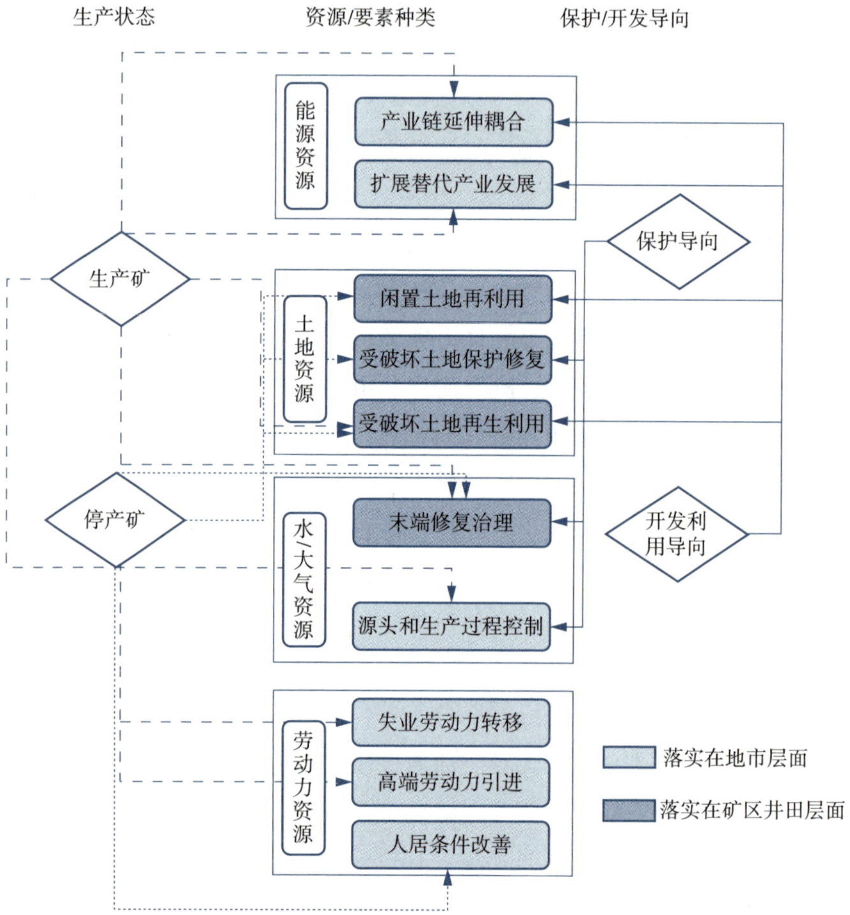

图 8–10　转型发展路径构成示意图

为更好地确定转型发展主要路径与重点任务，在上述路径排列组合中总结提炼出生态保护和污染治理、产业发展、土地资源利用和能源基地与城市协同发展四大方面，在报告正文第五部分做了详细阐述。

（二）确定转型发展路径量化方法

1. 用层次分析法确定废弃矿区生态修复和再利用方式

本报告采用层次分析法确定废弃矿区修复再利用具体方案和矿区油田

涉及地级市接续替代产业。层次分析法（AHP）是一种多目标、多方案优化决策的系统方法，包含的目标指标可以是定性的，也可以是定量的。它将决策问题按目标、评价准则和指标分成若干层次的树状结构，通过定性、定量指标模糊量化方法算出每一层次各指标对上一层次某元素的权重和排序，采用加权加和和递阶归并的方法计算备选方案对总目标的权重，最大权重者为推荐方案。各层权重由反映两两指标间相对重要性的判断矩阵计算，相对重要性通常依赖于专家判断。层次分析法的关键是根据研究需求搭建包含目标层、准则层和指标层的树状模型。

废弃矿区修复再生利用方案选择涉及多因素、多尺度，不仅要考虑矿区自身土壤、植被等自然条件，还需要考虑降水、温度等大尺度的气候条件，以及矿区周边地区或所依托城市的经济、社会支撑能力。因此，本书围绕自然、气候、经济、社会、区位、污染状况六个方面构建涵盖目标层、准则层、指标层的矿区废弃土地修复再生利用层次分析模型（见图 8-11）。

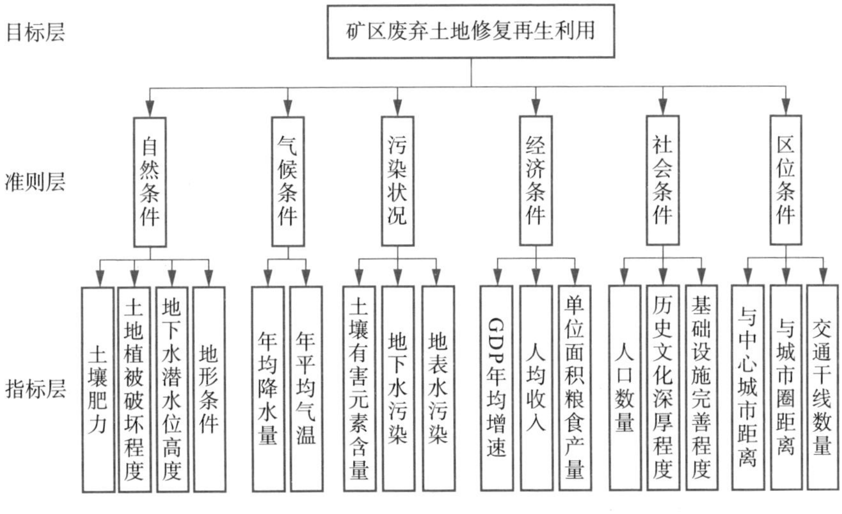

图 8-11　矿区废弃土地修复再生利用层次分析模型

2. 用区位熵和投入产出表分析确定重点替代产业方向

矿区油田依托城市在选择接续替代主导产业时，应选择能够发挥地区比较优势、具有技术密集型特征、产业关联度及链条长、对区域社会进步有较大贡献的行业。根据这一原则，本报告从比较优势、产业关联度、产业技术进步率、社会贡献等方面进行定量测算。

区位熵分析。本报告通过区位熵分析辅助确定矿区油田所属地级市未来优势主导的替代产业。区位熵考察的是国民经济各行业在空间上分布的相对集中程度，衡量某一区域要素的空间分布情况，反映某一产业部门的优劣势，是评价区域优势产业的分析方法，用来判断一个地区具有一定地位的优势产业，并根据区位熵的值来衡量其专门化率，区位熵值越高，地区产业集聚水平越高，产业优势越大。

区位熵的计算公式为

$$LQ_{ij} = \frac{L_{ij} / \sum_{j=1}^{m} L_{ij}}{\sum_{i=1}^{n} L_{ij} / \sum_{i=1}^{n} \sum_{j}^{m} L_{ij}}$$

式中，i 表示第 i 个行业（$i = 1, \cdots, n$）；j 表示第 j 个地区（$j = 1, \cdots, m$）；L_{ij} 表示 j 地区 i 行业的总产值；LQ_{ij} 表示 j 地区 i 行业的区位熵。

产业关联分析。本报告通过产业关联度分析衡量矿区油田所属地级市各产业之间的联系，利用省级投入产出表计算山东省和河南省第二产业影响力系数和产业感应度系数，并结合各地级市产业的产值得出影响力值判断未来优势主导的替代产业。产业影响力系数反映产业的后向联系程度，是指某产业的生产发生变化时使其他产业的生产发生相应变化的系数。如果某产业的影响力系数大于1，说明该产业的影响力高于社会平均水平，对其他部门的中间产品需求较大，对其他产业的发展起较大的拉动作用。产业感应度系数反映产业的前向联系程度，是指其他产业的生产发生变化使某产业的生产也发生相应变化的系数。如果某产业的感应度系数大于1，说明该产业感应度高于社会平均水平，提供给其他部门的中间使用越多，反映的是该产业对其他产业的支撑和制约作用越大。

影响力系数的计算公式为

$$e_j = \frac{\sum_{i=1}^{n} C_{ij}}{1/n \sum_{i=1}^{n} \sum_{j=1}^{n} C_{ij}}$$

式中，e_j 表示第 j 产业的影响力系数；n 表示产业数目；$\sum_{i=1}^{n} C_{ij}$ 表示列昂

惕夫逆矩阵的第 i 列之和；$1/n\sum_{i=1}^{n}\sum_{j=1}^{n}C_{ij}$ 表示列昂惕夫逆矩阵列和的平均值；C_{ij}表示列昂惕夫投入产出逆矩阵（$I-A$）$^{-1}$中的元素（i，j=1，2，…，n）。

影响力值的计算公式为

$$E_{sj}=e_j\times F_{sj}$$

式中，E_{sj}表示 s 城市第 j 产业的影响力值；F_{sj}表示 s 城市第 j 产业的产值。

感应度系数的计算公式为

$$e_i=\frac{\sum_{j=1}^{n}C_{ij}}{1/n\sum_{i=1}^{n}\sum_{j=1}^{n}C_{ij}}$$

式中，e_i 表示第 i 产业的感应度系数；n 表示产业数目；$\sum_{j=1}^{n}C_{ij}$ 表示列昂惕夫逆矩阵的第 j 行之和；$1/n\sum_{i=1}^{n}\sum_{j=1}^{n}C_{ij}$ 表示列昂惕夫逆矩阵行和的平均值；C_{ij}表示列昂惕夫投入产出逆矩阵（$I-A$）$^{-1}$中的元素（i，j=1，2，…，n）。

感应度值的计算公式为

$$E_{si}=e_i\times F_{si}$$

式中，E_{si}表示 s 城市第 i 产业的感应度值；F_{si}表示 s 城市第 i 产业的产值。

产业技术进步率。产业技术进步率是技术进步速度指标，根据柯布—道格拉斯生产函数的偏导数求出。

产业技术进步率的计算公式为

$$a_i=y_i-al_i-(1-a)\ k_i$$

式中，a_i 表示技术进步率；y_i 表示产出增长率；l_i 表示劳动力（工资）的增长率；k_i 表示资本投入的增长率；a 表示工资额占净产值（附加价值）的比例。

（三）产业转型升级测算结果

1. 主导产业

主要矿区油田城市区位熵如表 8-5 所示。

表 8-5　主要矿区油田城市区位熵

产业	泰安市	枣庄市	烟台市	淄博市	临沂市	菏泽市	济南市	德州市	东营市	新乡市	三门峡市	郑州市	商丘市
煤炭开采和洗选业	2.15	4.49	0.41	0.04	0.00	2.32	0.03	0.06	0.00	0.83	8.48	1.98	0.00
石油和天然气开采业	0.00	0.00	0.00	0.07	0.00	0.00	0.15	0.00	8.64	0.00	0.00	0.00	0.00
金属矿采选产品	0.00	0.55	0.00	1.64	7.73	0.00	0.00	0.00	0.00	0.00	2.75	0.00	0.00
非金属矿和其他矿采选产品	0.00	0.00	4.77	0.00	0.06	0.00	0.00	0.00	0.00	0.00	6.65	0.01	0.00
食品和烟草	1.38	1.38	0.87	1.07	2.12	0.00	0.68	0.00	0.30	3.34	3.53	0.94	0.00
纺织业	0.00	0.00	0.00	0.00	0.00	0.00	0.00	0.00	8.63	0.00	0.00	0.14	0.00
纺织服装鞋帽皮革羽绒及其制品	0.00	0.00	0.00	3.68	6.47	0.00	0.00	0.00	0.00	0.00	0.00	0.00	0.00
木材加工品和家具	0.93	1.16	1.76	0.14	2.78	1.17	0.16	2.00	0.10	0.85	0.22	0.36	1.83
造纸印刷和文教体育用品	1.75	0.91	0.87	0.23	0.81	1.30	1.25	0.90	0.15	1.11	0.46	1.35	3.63
石油、煤炭及其他燃料加工业	0.87	1.22	1.00	0.89	0.82	0.80	1.05	1.07	0.01	1.47	0.81	1.32	2.87
化学产品	0.00	0.00	0.00	0.00	0.10	0.00	0.09	0.00	0.00	0.00	0.00	6.43	0.00
非金属矿物制品业	2.38	0.97	0.16	1.09	1.03	3.61	0.42	3.02	0.32	1.56	0.02	0.07	3.03
金属冶炼和延压加工品	1.81	2.72	0.94	0.11	0.74	0.85	0.29	0.62	0.01	0.26	0.03	0.27	10.67
金属制品业	0.37	0.29	0.21	1.00	1.42	1.01	0.35	1.13	0.00	1.14	0.00	0.03	11.32
通用设备	0.24	0.67	0.03	0.02	7.12	2.93	0.11	0.33	0.04	0.17	0.66	0.03	0.89
专用设备	0.27	0.26	0.60	0.36	2.72	3.83	0.72	2.46	0.01	0.66	0.04	0.50	1.12
交通运输设备	1.82	2.78	0.48	2.85	0.80	0.27	0.30	1.76	0.92	2.16	0.00	0.50	0.70

续表

产业	泰安市	枣庄市	烟台市	淄博市	临沂市	菏泽市	济南市	德州市	东营市	新乡市	三门峡市	郑州市	商丘市
电气机械及器材制造业	1.73	1.32	0.67	0.56	1.52	1.41	3.09	1.22	0.02	0.99	0.00	0.73	0.73
计算机、通信和其他电子设备制造业	0.22	1.94	0.33	0.64	2.22	4.75	0.48	4.01	0.00	0.11	0.19	0.21	0.42
仪器仪表制造业	0.13	0.83	0.00	2.71	0.16	1.55	0.45	0.85	4.22	0.01	0.26	0.01	0.01
其他制造产品和废品废料	1.05	1.73	0.62	2.75	0.88	2.16	0.62	1.33	0.98	0.99	0.16	0.09	0.41
金属制品、机械和设备修理业	1.02	0.33	0.67	1.25	1.87	1.96	1.86	1.84	0.13	1.29	0.26	0.22	1.32
电力、热力生产和供应业	0.20	0.45	2.58	0.29	0.57	0.69	0.64	0.40	0.00	8.90	0.00	0.02	0.37
燃气生产和供应业	0.87	1.68	1.03	0.53	1.37	0.76	0.27	1.02	3.18	0.97	0.19	0.14	0.63
水的生产和供应业	1.74	1.93	0.22	1.13	1.05	0.91	1.28	0.93	0.14	1.01	1.36	1.75	1.52

2. 产业关联度

主要矿区油田城市影响力值和感应力值如表 8-6 和表 8-7 所示。

表 8-6 主要矿区油田城市影响力值

产业	泰安市	枣庄市	烟台市	淄博市	临沂市	菏泽市	济南市	德州市	东营市	新乡市	三门峡市	郑州市	商丘市
煤炭开采和洗选业	53.6	90.0	56.0	3.3	0.0	131.1	2.4	2.3	0.0	56.7	479.3	557.7	0.0
石油和天然气开采业	0.0	0.0	0.0	4.1	0.0	0.0	7.4	0.1	574.1	0.0	0.0	0.0	0.0
金属矿采选产品	0.0	1.6	751.9	20.8	91.9	0.0	0.0	0.0	0.0	0.0	229.6	2.3	0.0

续表

产业	泰安市	枣庄市	烟台市	淄博市	临沂市	菏泽市	济南市	德州市	东营市	新乡市	三门峡市	郑州市	商丘市
非金属矿和其他矿采选产品	2.0	1.6	7.1	5.7	10.0	0.0	2.9	0.0	49.8	9.5	8.3	12.7	0.0
食品和烟草	252.1	207.7	1918.4	198.4	1582.9	607.3	321.1	621.7	89.2	212.6	60.2	758.2	610.4
纺织业	140.5	46.1	54.0	229.4	193.4	484.9	72.1	287.3	70.9	72.6	0.7	13.1	169.8
纺织服装鞋帽皮革羽绒及其制品	26.2	30.6	76.5	24.5	55.7	38.4	16.8	23.2	0.4	9.5	0.4	15.2	241.8
木材加工品和家具	7.5	15.9	17.4	7.0	657.3	217.9	17.1	29.8	4.3	7.5	15.8	11.6	36.0
造纸印刷和文教体育用品	85.7	120.7	162.6	434.9	264.8	251.2	132.6	241.6	130.3	91.7	3.0	119.2	49.1
石油、煤炭及其他燃料加工业	50.9	262.1	9.7	3793.5	195.0	1383.8	509.4	534.2	6306.8	2.8	53.7	7.6	2.4
化学产品	1364.8	1587.1	5414.6	10269.0	4831.9	5856.4	3116.7	2977.4	5836.0	1340.9	171.5	576.2	843.2
非金属矿物制品业	165.7	147.7	117.9	384.2	316.6	196.6	349.7	142.2	49.0	116.5	129.3	828.3	210.9
金属冶炼和延压加工品	460.7	28.2	4772.6	731.2	1527.4	79.3	229.5	592.4	1776.1	248.3	1691.9	2231.3	100.6
金属制品业	61.6	61.7	265.2	73.8	182.8	36.3	307.0	129.2	64.2	49.9	13.8	87.9	40.2
通用设备	88.8	104.5	415.8	137.7	179.8	89.9	393.8	204.2	21.0	430.7	13.2	175.2	137.2
专用设备	82.3	43.7	461.0	181.1	316.6	39.3	222.4	118.6	108.2	56.5	28.6	188.8	24.7
交通运输设备	119.8	18.1	1960.9	88.4	188.8	107.5	2166.8	123.6	50.4	171.8	25.0	1124.9	164.0
电气机械及器材制造业	300.7	46.1	242.9	76.0	107.2	62.4	326.8	117.2	38.3	234.3	12.1	392.6	134.0
计算机、通信和其他电子设备制造业	11.5	16.8	1954.0	37.3	31.1	21.5	1020.1	21.3	14.1	39.5	10.1	5580.0	161.1
仪器仪表制造业	6.5	5.6	32.4	2.3	6.7	6.4	27.6	3.7	3.0	1.3	2.4	20.2	73.1

续表

产业	泰安市	枣庄市	烟台市	淄博市	临沂市	菏泽市	济南市	德州市	东营市	新乡市	三门峡市	郑州市	商丘市
其他制造产品和废品废料	0.2	1.6	7.1	4.6	2.9	3.4	0.4	1.9	0.3	1.2	0.0	2.1	3.8
金属制品、机械和设备修理业	0.0	0.0	0.0	0.0	0.0	0.1	2.3	0.0	0.2	0.0	4.3	14.2	0.0
电力、热力生产和供应业	45.9	39.4	138.8	133.1	116.4	62.1	75.7	62.8	46.6	369.3	235.6	712.7	227.8
燃气生产和供应业	11.4	8.3	21.2	24.8	39.9	4.2	17.4	7.5	8.9	9.0	0.7	80.2	3.0
水的生产和供应业	0.9	0.6	2.6	3.2	1.1	3.1	7.2	0.6	1.1	0.9	1.6	13.0	2.0

表 8-7　主要矿区油田城市感应力值

产业	泰安市	枣庄市	烟台市	淄博市	临沂市	菏泽市	济南市	德州市	东营市	新乡市	三门峡市	郑州市	商丘市
煤炭开采和洗选业	70.6	118.7	73.8	4.4	0.0	172.8	3.2	3.1	0.0	30.8	260.3	302.8	0.0
石油和天然气开采业	0.0	0.0	0.0	4.5	0.0	0.0	8.3	0.1	640.7	0.0	0.0	0.0	0.0
金属矿采选产品	0.0	1.9	891.4	24.7	109.0	0.0	0.0	0.0	0.0	0.0	222.9	2.2	0.0
非金属矿和其他矿采选产品	6.2	5.0	21.7	17.5	30.7	0.0	8.9	0.0	152.1	15.0	13.1	20.0	0.0
食品和烟草	182.6	150.5	1389.6	143.7	1146.5	439.9	232.6	450.4	64.6	200.1	56.6	713.7	574.5
纺织业	114.2	37.5	43.9	186.4	157.2	394.1	58.6	233.5	57.7	80.2	0.8	14.4	187.4
纺织服装鞋帽皮革羽绒及其制品	55.1	64.4	160.8	51.5	117.2	80.8	35.3	48.7	0.8	22.1	0.9	35.6	564.8
木材加工品和家具	11.9	25.1	27.5	11.0	1038.4	344.3	27.0	47.1	6.8	12.1	25.5	18.8	58.0
造纸印刷和文教体育用品	83.8	118.0	159.0	425.3	258.9	245.6	129.7	236.2	127.5	98.2	3.2	127.7	52.5

续表

产业	泰安市	枣庄市	烟台市	淄博市	临沂市	菏泽市	济南市	德州市	东营市	新乡市	三门峡市	郑州市	商丘市
石油、煤炭及其他燃料加工业	29.7	152.8	5.7	2211.8	113.7	806.8	297.0	311.5	3677.2	2.7	50.6	7.2	2.2
化学产品	366.0	425.7	1452.2	2754.1	1295.9	1570.7	835.9	798.5	1565.2	507.0	64.8	217.8	318.8
非金属矿物制品业	202.8	180.8	144.2	470.3	387.5	240.7	428.0	174.0	59.9	145.4	161.4	1033.5	263.1
金属冶炼和延压加工品	240.3	14.7	2489.8	381.4	796.9	41.4	119.8	309.0	926.6	123.4	841.1	1109.2	50.0
金属制品业	69.4	69.6	298.9	83.1	206.0	40.9	345.9	145.6	72.3	63.2	17.4	111.3	50.9
通用设备	86.7	101.9	405.7	134.3	175.5	87.7	384.3	199.2	20.5	518.1	15.9	210.8	165.1
专用设备	91.7	48.7	513.4	201.7	352.6	43.8	247.7	132.1	120.4	106.7	53.9	356.3	46.7
交通运输设备	89.6	13.6	1467.2	66.1	141.3	80.4	1621.3	92.5	37.7	206.7	30.1	1353.5	197.3
电气机械及器材制造业	330.3	50.6	266.8	83.5	117.7	68.6	359.0	128.7	42.0	255.2	13.2	427.6	145.9
计算机、通信和其他电子设备制造业	10.4	15.3	1774.0	33.8	28.3	19.6	926.1	19.4	12.8	33.5	8.5	4731.0	136.6
仪器仪表制造业	18.1	15.7	90.0	6.4	18.7	17.9	76.7	10.3	8.2	3.2	6.1	50.1	181.5
其他制造产品和废品废料	0.3	2.5	11.0	7.2	4.6	5.3	0.6	2.9	0.4	1.5	0.0	2.6	4.8
金属制品、机械和设备修理业	0.0	0.0	0.0	0.0	0.0	0.4	7.4	0.0	0.7	0.0	6.5	21.1	0.0
电力、热力生产和供应业	47.7	40.9	144.3	138.4	121.0	64.6	78.7	65.2	48.5	188.4	120.2	363.5	116.2
燃气生产和供应业	17.5	12.8	32.6	38.3	61.5	6.5	26.9	11.5	13.8	14.0	1.1	124.5	4.6
水的生产和供应业	1.5	1.0	4.6	5.5	1.9	5.5	12.7	1.1	1.9	1.8	3.1	25.5	4.0

3. 技术进步

主要矿区城市技术进步指标如表 8-8 所示。

表 8-8 主要矿区城市技术进步指标

产业	泰安市	枣庄市	烟台市	淄博市	临沂市	菏泽市	济南市	德州市	东营市	新乡市	三门峡市	郑州市	商丘市
煤炭开采和洗选业	-13.5	-22.6	-14.1	-0.8	0.0	-32.9	-0.6	-0.6	0.0	2.6	21.7	25.3	0.0
石油和天然气开采业	0.0	0.0	0.0	-0.2	0.0	0.0	-0.5	0.0	-35.1	0.0	0.0	0.0	0.0
金属矿采选产品	0.0	-1.6	-765.4	-21.2	-93.6	0.0	0.0	0.0	0.0	0.0	-23.3	-0.2	0.0
非金属矿和其他矿采选产品	-82.6	-66.6	-287.0	-231.5	-405.6	0.0	-117.0	0.0	-2010.8	-2.2	-1.9	-2.9	0.0
食品和烟草	-128.6	-106.0	-978.9	-101.2	-807.7	-309.9	-163.8	-317.2	-45.5	8.5	2.4	30.4	24.5
纺织业	-73.2	-24.1	-28.2	-119.6	-100.8	-252.7	-37.6	-149.7	-37.0	-9.5	-0.1	-1.7	-22.2
纺织服装鞋帽皮革羽绒及其制品	-10.3	-12.0	-29.9	-9.6	-21.8	-15.0	-6.6	-9.1	-0.1	-1.2	0.0	-2.0	-31.3
木材加工品和家具	-13.6	-28.7	-31.4	-12.6	-1186.0	-393.3	-30.9	-53.7	-7.8	-0.2	-0.5	-0.4	-1.2
造纸印刷和文教体育用品	-5.7	-8.0	-10.8	-29.0	-17.6	-16.7	-8.8	-16.1	-8.7	4.6	0.1	6.0	2.5
石油、煤炭及其他燃料加工业	-26.6	-137.3	-5.1	-1986.7	-102.1	-724.7	-266.8	-279.8	-3302.9	0.0	-0.2	0.0	0.0
化学产品	-150.8	-175.4	-598.4	-1135.0	-534.0	-647.3	-344.5	-329.1	-645.0	44.5	5.7	19.1	28.0
非金属矿物制品业	-75.1	-67.0	-53.4	-174.2	-143.6	-89.1	-158.5	-64.5	-22.2	-2.7	-3.0	-19.4	-4.9
金属冶炼和延压加工品	-25.7	-1.6	-266.7	-40.9	-85.4	-4.4	-12.8	-33.1	-99.2	3.8	26.1	34.4	1.6
金属制品业	-6.7	-6.7	-28.8	-8.0	-19.8	-3.9	-33.3	-14.0	-7.0	5.1	1.4	9.1	4.1
通用设备	-42.6	-50.1	-199.5	-66.1	-86.3	-43.1	-189.0	-98.0	-10.1	9.3	0.3	3.8	2.9

续表

产业	泰安市	枣庄市	烟台市	淄博市	临沂市	菏泽市	济南市	德州市	东营市	新乡市	三门峡市	郑州市	商丘市
专用设备	-33.3	-17.7	-186.7	-73.4	-128.2	-15.9	-90.1	-48.0	-43.8	4.2	2.1	13.9	1.8
交通运输设备	-52.8	-8.0	-865.1	-39.0	-83.3	-47.4	-956.0	-54.5	-22.2	0.9	0.1	5.8	0.8
电气机械及器材制造业	-681.4	-104.5	-550.5	-172.2	-242.9	-141.5	-740.8	-265.6	-86.8	-4.3	-0.2	-7.2	-2.5
计算机、通信和其他电子设备制造业	-2.5	-3.7	-431.2	-8.2	-6.9	-4.8	-225.1	-4.7	-3.1	-11.4	-2.9	-1616.0	-46.7
仪器仪表制造业	-7.0	-6.1	-35.0	-2.5	-7.3	-7.0	-29.9	-4.0	-3.2	0.0	0.0	0.0	-0.1
其他制造产品和废品废料	-3.6	-32.2	-141.3	-92.2	-58.6	-68.4	-8.3	-37.4	-5.7	-0.5	0.0	-0.9	-1.6
金属制品、机械和设备修理业	0.0	0.0	0.0	0.0	0.0	-0.2	-4.3	0.0	-0.4	0.0	-14.1	-46.0	0.0
电力、热力生产和供应业	-1313.3	-1127.7	-3974.8	-3811.3	-3332.8	-1778.8	-2166.7	-1797.2	-1335.0	-5042.4	-3217.5	-9730.9	-3110.1
燃气生产和供应业	-0.4	-0.3	-0.7	-0.8	-1.3	-0.1	-0.6	-0.2	-0.3	0.0	0.0	-0.3	0.0
水的生产和供应业	-13.1	-8.2	-38.5	-46.7	-16.0	-46.3	-106.7	-9.4	-16.3	-2.3	-4.2	-34.1	-5.3

五、黄河下游衰退型能源基地转型发展思路及目标

（一）思路及原则

把生态保护、绿色发展作为一切活动的前置条件。坚持人与自然和谐共生，树立“绿水青山就是金山银山”的理念，顺应自然、尊重规律，从过度干预、过度利用向自然恢复、休养生息转变；优化城市与能源基地国土空间开发利用布局，对不宜开发利用的区域加强保护修复举措，宜开发利用区域要坚持在保护中开发利用，把能源资源开发、能源基地生产力布局限定在生态、资源、环境可承受范围内；以绿色、低碳、可持续为理念调整能源产业结构，转变生产方式，发展新兴产业，推动清洁生产。

统筹优化利用能矿、土地、水、大气、劳动力等各类资源及要素。从以往单一、过度、无序利用能源矿产资源向充分发挥能源基地各类资源、要素合力，最大限度地实现能源矿产资源的循环利用和能源基地可持续发展转变。煤炭、油气等传统化石能源资源，要通过适度发展精深一体化链条，加强废弃物循环综合利用，拓展横向共生网等方式优化利用现有存量；能源基地土地资源，要加快废弃矿区修复治理和再利用；能源基地及依托城市的水资源，为典型的公共品，要加强治理和保护，为生产生活提供优良的环境资源；经济发展最终靠人，优化劳动力资源首先要解决困难群体就业、住房等民生问题。

结合禀赋、条件与需求，精准定位、因地制宜、分类施策。充分考虑能源基地及依托城市自然禀赋、社会条件和经济水平，评估地区生态、农业、城市、产业发展需求，提高政策措施的针对性和有效性。分区分型开展废弃矿区油田生态修复治理，划分为生态型、农业型、城乡建设型等不同保护治理导向，因地制宜；从各矿区、油田、城镇实际出发，宜绿则绿、宜农则农、宜工则工、宜商则商、宜建则建，确定转型发展路径，培育能源基地及依托城市社会经济发展增长极。

兼顾过去和未来，解决历史遗留问题和防范重要风险并重。山东、河南两省因资源枯竭导致的能源产业、生态环境、社会转型等各类历史遗留问题交织存在、亟待解决。同时，山东、河南两省作为全国最主要的产粮省份，黄河三角洲湿地等重要生态功能区所在地，又承担着保障黄河流域乃至全国的粮食、水、生态等安全的责任，未来既要防范耕地缩减等粮食

安全风险、水灾害和水资源短缺等水安全风险，又需避免能源资源枯竭和非化石能源替代等能源安全风险及煤炭、石油产业扩大导致的生态破坏、污染扩大等生态安全风险。

（二）发展目标

受化石能源枯竭影响，2035 年下游地区煤炭产量占比将从 2019 年的 69.5%大幅降至 16%左右，油气产量占比从 15.7%降至 12%左右，而分布式光伏、海上风电、核电的快速发展，有力推动非化石能源产量占比从 14.8%大幅增至 71%以上。以下围绕生态、产业、布局、民生等方面提出具体目标。

——推进生态修复、环境治理和资源综合利用。补上“生态欠账”，应用先进生态修复技术、创新修复模式，推动塌陷区再开发、矿区废地再利用和矿山恢复治理。优化环境治理体系，从根本上改善矿区和城市环境质量。建立循环发展新模式，提升煤矸石、粉煤灰等资源综合利用水平。力争到 2025 年，矿山地质环境得到有效保护，历史遗留煤炭矿山恢复治理率达到 100%，新建和生产矿区油田新损毁土地得到全面恢复和治理。矿区油田废地再利用面积显著增大，较大面积、集中分布的废地再利用率达到 100%。土壤、地下水体重金属污染得到有效控制，土壤重金属污染治理率达到 50%。煤矸石综合利用率达到 100%，矿井水综合利用率 80%以上。2035 年，所有矿区达到绿色矿山标准，矿井水重复利用率达到 100%，土壤重金属污染治理率 90%以上。

——因地制宜培育多元接续产业。拓宽能源发展思路，挖掘接续能源资源潜力。探索非碳基清洁能源开发模式，提高本地能源供应能力。积极开展能源对外合作，以外补内维持能源基地生产体系运转。大力发展高端制造、战略性新兴产业、生产性服务业，推动城市支柱产业转型升级。力争到 2025 年，能源经济性显著提高，煤炭、石油资源产出率提高 25%，单位国内生产总值能源消耗比重降低 20%。能源资源依赖程度降低，采矿业增加值占地区生产总值比重降低 18%，非资源型产业销售收入比重 70%以上，非煤炭、石油资源型行业从业人员占比 50%以上，服务业增加值占地区生产总值比重提高 50%。2035 年，采矿业增加值占地区生产总值比重小于 15%，服务业增加值比重超过第二产业。

——推动产城融合和优化空间布局。依托现有能源产业建设城市基础设施，推广电厂余热供暖、窑炉协同处置生活垃圾、废弃矿井改造为地下储气库等模式。统筹城区与矿区在教育、医疗等公共服务资源上的分配，推动能源基地与所在地区公共设施互联、互通、共建、共享。优化“生态、生活、生产”空间布局，按照生产重要性、生态环境影响程度等因素，分批分步、梯次推进生态红线内产能退出。到2025年，基本实现能源产业与城市发展融合、能源基地与城市基础设施融合。煤炭、石油产能全部退出生态保护红线核心区。2035年，能源产业与城市发展的产能布局、用地布局、设施布局等达到协调、统一、可持续发展的状态，所有矿区城市均为山水园林、生态宜居城市。

——提升区域公共服务水平和民生福祉。全面改善衰退型能源基地基本公共服务条件。加快推进棚户区改造搬迁，修缮具有改造价值的建筑，完善供水、供暖等公共服务和配套设施。提高劳动力资源开发力度和就业创业水平，重点对矿区下岗职工、棚户区搬迁居民、采煤沉陷区居民和失地农民提供就业创业支持。协同保证能源、水、粮食安全，统筹推进废弃矿区复垦、矿井水再利用等重点工作。力争到2025年，矿区民生历史欠账全面解决，棚户区改造任务完成率达100%，矿区油田失业人员全面实现就业转移安置。到2035年，各矿区城市城乡居民收入水平位列下游两省前列。

六、黄河下游衰退型能源基地转型发展主要路径与重点任务

（一）分型推动矿区油田废弃地生态修复和再利用

1. 强化生态环境复垦复绿的生态型措施

结合煤炭矿区开采情况和自然因素，综合采用生物、工程和农业手段，因地制宜地制订生态修复治理方案，以促进生态良性循环发展为目的全面实现下游废弃矿区复垦复绿。科学复垦，以物理填充法为主修复建立适合植物生长的环境，以生物技术法为主改善土壤结构、提高土壤肥力。重建植被，基于地貌特点和水土保持要求合理安排种植树种，优先选择乡土树种。净化水体，以尾矿库、尾液库为重点建造高酸性废水排水、净化设施系统。重塑景观，以自然和生态为主导，建造人与矿和谐发展的景观，针对下游采煤塌陷地易积水特点，建设环湖、河岸、城市等各类湿地，打造湿地公园；针对城郊矿区废弃地，通过生态修复、环境美化、设

施改造等手段，形成规模化绿带、绿道等城市重要绿色基础设施。加强东营黄河三角洲废弃油井周边土壤、水等生态环境治理，恢复其重要鸟类栖息地生态功能。

2. 大力推进农业型生态治理和重建

强调下游稳固粮食安全的作用，在不浪费一块耕地的前提下，推动新汶、肥城、龙口、鹤壁、义马、永夏等与耕地重叠较多矿区大力开展以恢复土地农业生产功能为目的的修复治理工作。高标准地恢复耕地，采用填充裂缝、土地平整等措施，加强农田道路、水利等基础设施配套，最大限度地恢复耕地，建设高标准农业用地。采用挖深垫浅的方式在地势较低区域及矿坑和塌陷地等积水区域发展渔业。充分利用矿区大场地和梯田式的地形地势条件，结合区域自然条件，发展生态农业、农渔互补等特色农业，打造一批不同规模、各具特色的现代农业园区和高效生态农业示范区。发展“农业+新能源”模式，凭借地热能、太阳能和农渔业优势，着重打造“农光互补”“渔光互补”“农地互补”产业模式，实现土地、资源集约化、立体化利用。

3. 积极探索城镇建设型废弃土地/空间利用模式

以郑州、焦作、济南、烟台等经济发展水平较高的煤炭、油气基地和位于城市附近的矿区、油区为重点，采用城镇建设型模式，深度开发废弃土地和空间资源，拓展城市建设空间。通过建设矿山公园、地质公园、科普公园等主题公园，扩大城市居民休闲游憩空间。强化工业遗产的文化、教育、旅游功能，建设露天博物馆或创意文化园。在城市土地严重缺乏和建设用地不断扩展的区域，充分发挥商业功能，变为新的城市用地，通过建造酒店、写字楼、餐馆等增加经济产出。科学合理地利用井工煤矿巨大废弃地下空间，积极探索利用地下空间建设储气库、水库、抽水蓄能/光伏/地热等清洁能源电站、战略物资储备库、废弃物处置填埋库等方式。在下游两省选择矿区油区依托城市或资源型城市开展地下空间利用试点示范，取得技术、管理、资金等方面的突破，形成可复制、可推广的经验。

（二）强化生产矿区开发利用与保护治理举措并重

1. 优化生产矿区油田资源开发与产能布局

有序推进煤炭限采、减采和缓采，限制开采城市规划区内已建成国家、省重大基础设施、生态环境敏感脆弱地区下压占的煤炭资源，减少开采安全、地质、煤质等不达标或资源压覆严重地区的煤炭资源，减缓开采未纳入开采范围的煤炭资源。支持东营开发利用区外、境外资源，为本地资源深加工产业寻找原料后备基地。合理、积极推进红线内产能退出，组织开展生态红线内煤炭、石油产能大调查，全面摸清下游与生态红线区域重叠的产能底数，按照生产重要性、生态环境影响程度等因素，分批分步、梯次推进生态红线内产能退出，制定更有利于矿区生态环境恢复的企业退出标准。统筹解决黄河北规划煤炭矿区与生态红线冲突问题。不再新增煤炭产能，严格控制煤电发展，严格退出钢铁、水泥、化工等煤炭依赖型高耗能行业落后产能。现有产能实现集约高效规模化生产，简化生产系统，依托现有资源和工业设施，突出循环横向链条的打造，强化伴生、副产品和次级资源的循环综合利用。大力推进东营地方炼化企业整合提升。

2. 生产矿区全面达到绿色矿山标准

采用环境友好型开采方式，以城区、重大基础设施和生态敏感脆弱区的压煤地区为重点，推广应用充填式开采、保水开采、煤与瓦斯共采、矸石不升井等绿色开采技术，探索煤炭地下气化开发利用可能的途径，合理控制地面塌陷，消灭已有矸石山；科学选择钻井方式、钻井液和井控措施，推广多分支井、水平井、小孔钻井、空气钻井技术，减少油气田建设过程中废弃物的产生和占地。所有大中型煤矿均配套建设选煤厂或中心选煤厂，鼓励开展井下选煤厂建设和运营示范，提高原煤入选比例。监督企业切实履行“边开采、边治理、边恢复”生态环境治理义务，做到资源开发利用方案、矿山地质环境治理恢复方案、土地复垦方案“三同时”，确保在用矿区、压占损毁土地和其他设施破坏的生态环境按照相关标准及时治理修复。加强共伴生资源、废弃物循环综合利用，煤炭矿区以提高瓦斯抽采率，合理利用处理高岭土、油页岩、煤矸石、粉煤灰、煤泥等为重点，油气田以提高油气藏共伴生资源为重点，提高节约集约利用水平。在中大型矿区大力推广数字化矿山建设。

3. 着力降低矿区水资源破坏与污染

以矿井疏干水、煤矸石淋滤水、选矿水、尾矿坝、油气采出水为重点防治水污染和实施高效节约用水，各煤矿自建矿井水净化处理设施，选择适宜工艺流程确保稳定达标排放，建设输送管网至统一调配中心，统筹使用；对煤矸石淋滤水、选矿水、洗井废水等加强收集与二次处理，实施清污分流、雨污分流，必要时可建立小型污水处理厂，对各类污水进行分类处理；“一井一池”全面实现井场周边配备有污水蓄积的水泥结构池，实现采油污水零外溢。提高废污水重复利用水平，充分利用矿井水，在充分自用的前提下，鼓励余水作为生态、农田用水；油气采出水应尽可能做到循环利用，不能循环利用的应满足达标排放或回注要求。加强地下水污染防控，完善下游重要矿区、油田周边地下水监测体系，以涉及重要粮食产区、重点生态功能区等区域为重点，提高地下水污染监测频率，扩大覆盖范围，在油气开发全过程建立地下水污染动态监测评估、处理及报告制度。探索通过排污权交易、水权交易等手段引导企业优化用水并减少污染。

（三）鼓励各地因地培育多元接续替代产业

1. 积极发展清洁能源或寻找域外能源资源替代

立足本地太阳能资源禀赋和土地、农业优势，继续拓展“光伏+”和“风电+”的应用模式，扩大“农光互补”“渔光互补”规模，探索“光伏+风电”路径，打造若干光伏“领跑者”基地。依托农林大省的生物质资源优势，积极发展生物质能，加快推动以制气、发电、供热等多种方式的农林废弃物能源化、综合化发展，扩展生物质能源在农村的应用场景，在有条件的地方鼓励经济性能源植物①栽培种植。继续推动陆上和海上风电建设，在国家、省规定下，地方政府加大财政投入和政策支持力度，探索多种形式的融资运营方式，完善与之匹配的电网基础设施建设。充分发挥山东省地热能资源丰富的特点，加强地热资源勘查和相关技术研发应用，在小区供热取暖的基础上丰富应用场景。提前谋划氢能产业和基础设施布局，推动制、储、运、用核心技术突破和工程攻关，在有条件的地区开展试点示范。凭借两省在煤炭、石油企业品牌、管理和技术优势，积极推进能源基地建设“走出去”，加大对黄河中上游、新疆等国内地区以及澳大利亚、“一带一路”共建国家或地区的支撑基地建设力度，在有序消化、转移压减产能的同时扩大新产地、新产区。同时提前谋划能源“引进来”，支撑既有能源加工转化产业持续健康发展。

---

① 能源植物是指以提供制取燃料原料或提供燃料油为目的的栽培植物总称。

2. 培育壮大非能源资源型支柱产业

立足禀赋、区位、政策比较优势，加快发展非煤炭、非油气替代产业，培育新的城市发展支柱产业。在济南、泰安、烟台、郑州等地，做大做强矿山、冶金等大型成套装备和工程机械等传统优势产业，全部矿区城市可接续发展化工装备、环保和综合利用装备制造产业。以东营、烟台、临沂、平顶山为重点加强橡胶化工、盐化工等现代化工产业建设。加快战略新兴产业规模化、特色化、错位化发展，以东营、枣庄、淄博、临沂、新乡等为重点支持发展玻纤、纳米、高性能稀土材料等新材料产业，以淄博、商丘等为重点支持发展废弃物综合利用和节能环保产业，以泰安、焦作等为重点支持发展生物医药产业。发展特色服务业，建设一批特色化、区域性的物资分流集散中心，围绕传统自然资源和重要工业产品，不断打造延伸特色服务链条，探索资源型托管、咨询、金融等业态。

3. 构筑坚实的纵、横向资源利用平台载体

对于山东济宁、兖州、枣滕和河南鹤壁等资源相对富集煤炭矿区，在巩固传统能源资源主导产业链的基础上，补链强链，形成更为完整的纵向产业链条。对于山东新汶、肥城、临沂和河南义马等资源相对贫乏区矿区，根据所依托城市条件，结合开采过程中产生各类共伴生资源、相关副产品和开采次级资源，合理选择、积极发展高岭土—化工、煤层气—电、粉煤灰—建材、粉煤灰—化石等综合利用技术和产业链条，努力做到边产生边利用。推动以综合高效利用生产废水、废气、固体废物为主的产业循环式组合，鼓励构建跨行业、跨企业资源循环利用产业体系，积极消纳遗存废弃物。建设一批循环经济和综合利用项目。加强共生产业链网平台载体建设，依托原有基础，改造或建设一批循环利用产业园等载体平台，强化能源资源产业纵向链条和伴生资源横向链条之间的物理联系和依存关系。强化园区、集聚区、经济开发区、港口等平台载体的支撑作用，根据替代产业发展规划布局，改造和建设一批特色鲜明的专业化产业园区和集聚区，推进多领域的科技创新融合应用，注入转型发展动力。突出知识产业发展，在有条件的地方新建一批科学技术产业园。

（四）促进矿—城—人协同发展

1. 加强产城间政策统筹衔接

在发展能源资源产业的同时，强化延伸产业链、整合资源培育发展比

较优势产业、整合资源培育新产业等举措，在资源还未枯竭时尽早着手接续、替代多元产业培育。将能源产业布局融入城市功能的完善，利用自身区域优势和基础设施，通过建立工业园区和产业集聚区的方式，提高能源及其他工业生产效率，同时腾出土地建设城市基础设施、公共服务等项目，使产业发展与新型城镇化建设相协调。能源基地绿色、清洁、低碳化同城市生态环境治理紧密结合，持续推动产业生态化和循环化，加大对采煤沉陷区等土地恢复再利用的力度。加强规划和政策文件制定中两者衔接，提出明确的方向性和计划性安排。做好废弃矿区生态修复与再利用顶层设计与城市、区域发展规划的统筹衔接，已废弃或即将废弃的纳入近期规划，生产矿区纳入中长期规划，规划矿井在设计时要充分考虑再利用需求。

2. 全面解决“企业办社会”下的城市遗留社会问题

以棚户区改造搬迁为重点，加快人居环境改善，具有适宜规模和规划布局的棚户区应着力完善供水、供暖等公共服务和配套设施，提高居民生活标准和生活质量；布局较为完整，建成环境较好，但新老建筑杂糅的棚户区可实施局部改造，增加基本公共服务供给，提升商业、文化娱乐等服务功能；靠近市区或处于重要地段的棚户区应加大政府投入搬迁和重建。统筹城区与矿区油田教育、医疗等公共服务资源布局，鼓励城市与矿区基础设施共建共享，城区市政公用设施要向工矿区对接和延伸。加快推进社会保障全局统筹，建立城矿统一的居民社保制度和经办管理体制。全面解决关闭破产集体企业退休人员参加医疗保险、“老工伤”人员纳入工伤保险、失地农民社会保障等历史遗留问题。

3. 提高劳动力资源开发力度和就业创业水平

重点为矿区下岗职工、棚户区搬迁居民、采煤沉陷区居民和失地农民提供就业创业支持。利用矿区油田既有厂房和设施，发展纺织、服装、食品等具备传统优势、劳动力密集型产业，着力培育形式多样的小微企业，吸纳矿区油田下岗职工再就业。设立“再就业特区”或“替代产业开发区”，国家给予区中企业以安置下岗职工的优惠政策。结合棚户区改造搬迁工程，在集中连片棚户区大力发展吸纳就业能力强的企业和项目，对不具备发展潜力的乡镇，制定合适的“移民政策”，推动异地转移劳动力。实施职工转岗培训及再就业计划，加强创业教育，在社会上营造鼓励就业创业的良好氛围。

七、创造良好的转型发展环境

（一）完善资源开发补偿机制

1. 完善自然资源价格形成体系

强化能源矿产资源有偿使用，科学制定资源性产品成本核算方法，把矿业权取得、资源开采、环境治理、生态修复、安全生产投入、基础设施建设等费用列入资源性产品成本构成。明确能源资源商品属性，健全遵循市场经济规律的价格形成机制，在成本上更全面地反映外部性。继续完善反映生态补偿成本、环境成本的煤炭价格形成机制，规范煤炭行业税费制度，完善煤电价格联动机制。加强现有成品油价格机制评估，赋予市场主体更多的定价自主权，深入研究市场化改革的路径、时机，待成熟后逐步放开。

2. 建立自然资源有偿开采制度

按照“谁开发、谁保护，谁受益、谁补偿，谁污染、谁治理，谁破坏、谁修复”的原则，监督资源开发主体承担资源补偿、生态建设和环境整治等方面的责任和义务，将企业生态环境恢复治理成本内部化。构建可持续发展准备金制度，向资源开采企业收取资源开采税或资源开采补偿费，纳入可持续发展准备金。

3. 探索标准化、实用化和市场化的生态补偿机制

探索推动建立健全生态产品价值多样化实现机制，推动地区生态优势向发展优势转化。设立生态产品价值实现引导基金，对资源枯竭地区相关企业按照法律、行政法规的有关规定提取用于环境保护、生态恢复和修复等方面的专项资金。探索开展生态产品价值核算计量，逐步推进综合生态补偿标准化、实用化、市场化。在有条件的区域鼓励通过资源共享合作协议的准市场化方式进行生态补偿模式探索。

（二）加大对产业的援助和扶持力度

1. 有序援助退产转产企业

采用“收购报废”，受益者以收益或出资形式提供补偿，给予企业贷款、税率、补偿等优惠方式，设立以援助企业退出和转产为目的的产业援

助基金。优先援助下岗人员安置和就业培训。通过鼓励企业兼并、设立工业园区和集聚区、鼓励外资和其他地区企业家投资等方式实施退产、转产企业区域调整。

2. 积极扶持接续替代产业

从本地出发，“一市一策”制定接续替代产业发展专项规划。对符合本地接续替代产业发展实际和国家重大产业布局的项目，向黄河下游资源枯竭地区倾斜。对符合条件的接续替代产业龙头企业、集群在项目审核、土地利用、贷款融资、技术开发等方面给予支持和优惠。政府投资与市场投融资相结合，在建立稳定的财政投入增长机制的同时，强化招商引资、银企对接、设立股权投资基金等投融资支持，引导和鼓励各类生产要素向接续替代产业集聚。综合考虑吸纳就业等因素，科学规划建设接续替代产业平台载体，促进特色产业集群化、规模化发展。

3. 培育发展中小企业

中小企业是接续替代产业发展初期的主要形式。通过扩大中央财政资金专项资金，设立国家或地方中小企业发展基金等方式，加大对资源枯竭地区接续替代产业中小企业资金支持力度，重点支持中小企业技术创新、结构调整、开拓市场、扩大就业。加强对中小企业的投融资支持，建立小企业贷款风险补偿基金，对金融机构发放小企业贷款给予适当补助，拓宽中小企业融资渠道。给予符合条件的中小企业税收、土地等优惠，减轻负担。

（三）健全社会支撑和保障机制

1. 加强再就业支持政策

对于退产、转产企业下岗人员自主创业，给予一定的财政支持。对于退产、转产企业下岗人员到异地工作的，有关城市户籍管理部门要提供户籍便利。在政府投资或政府给予优惠政策兴办的各类市场，规定开办者拿出不少于一定比例的摊位租赁给退产、转产企业下岗人员经营，并按一定比例减收摊位费，有条件的地区探索为下岗人员开辟专门市场。地方财政部门担保，地方商业银行向下岗人员再就业提供小额贷款。政府积极举办各种劳务洽谈活动，为退产、转产企业下岗人员开设专门服务窗口，提供专项服务，并实行免费或价格优惠。

2. 多渠道扩大社会保障资金

完善、健全包括社会保险、社会救助、社会福利、优抚安置和社会互助在内的社会保障体系。加大中央财政转移支付力度，着力弥补养老保险、最低生活保障、经济补偿金等对经济和社会影响重大的保障问题资金缺口。开辟新的资金筹措渠道，将企业国有资产的存量和增量通过资本市场变现，或将社保基金持有竞争力强的境外国有上市公司的股份用于社会保险基金。扩大社会保障覆盖面，及时把外商投资企业、新兴产业、民营科技企业等经济效益好、以年轻职工为主的企业纳入缴费范围，扩大费基。

（四）优化生态环境管控手段

1. 加强国土空间和生态修复顶层设计

加快构建黄河下游国土空间规划体系，加大推广桓台县、获嘉县等地区的“多规合一”试点工作经验，完善以国土空间开发、资源环境保护、国土综合整治和保障体系建设等内容为重点的空间总体部署和统筹安排。制定废弃矿区生态修复与再利用顶层规划。全面摸底，针对已关闭退出或近期拟关闭退出的矿区、油区情况开展普查，摸清其生态破坏与环境污染现状特征，以及土地资源、地下空间资源、各类可供利用的能源资源及其他资源的分布及数量。强化顶层设计，制定废弃矿区、油区生态修复与开发利用专项规划，结合矿区、油区地理、自然、社会、经济等条件，科学确定近期、中期、远期的生态修复方案和开发利用路径，合理安排保障实施的政策机制。

2. 落实“三线一单”制度

借助下游两省完成的“三线一单”初步成果，全面摸清省市级生态、地表水、大气环境和土壤环境的空间本地条件。凭借高精度的环境要素分区，严格执行生态环境分区管控要求，有力补充和延伸主体功能区规划。发挥“三线一单”综合性环境准入作用，做好与相关制度的衔接和对接，通过“一单”强化与项目环评制度衔接，通过“三线”强化与规划环评制度衔接，将环境要素分区成果与国土空间规划“三区三线”对接，为生态保护红线和生态空间划定提供有力支撑。提升“三线一单”制度的法律地位，尝试纳入地方性法规，确定其在各类规划中的基础性地位，与“三线一单”不相符的各类规划、计划应逐步调整完善。

3. 建立“矿—生”空间发展协同机制

全面评估国家及黄河下游地区各项发展目标对矿产资源的需求规模，科学评价供需缺口，开展矿产资源勘查开发与生态环境保护空间矛盾分析，实施生态保护、基本农田保护和矿产资源勘查开发综合价值比对，建立一套“矿—生”空间优化协调机制。

第九章

促进黄河流域能源基地转型发展的体制机制研究

内容提要：目前，黄河流域生态环境硬约束机制正逐步建立，能源转型发展产业政策逐步强化，能源资源型地区转型发展支持力度不断提升。但是，生态环境硬约束下“一刀切”现象突出而激励性经济手段应用较少；促进能源基地转型发展的市场化手段运用少、竞争性市场体系建设滞后；能源转型产业政策多但产、城、人共同转型支持政策不足；黄河流域各地区能源基地协同发展机制缺乏。为解决以上体制机制不足，本研究建议建立生态环境保护与能源基地转型发展相协调的激励机制，完善能源转型导向下的市场化手段和竞争性市场体系，健全促进能源基地产、城、人共同转型发展的长效机制，探索建立各地区能源基地协同发展和联动转型机制。

一、黄河流域能源基地转型发展相关体制机制建设情况

（一）生态环境硬约束机制正逐步建立

1. 我国生态文明体制改革稳步推进

党的十八大以来，中共中央高度重视生态文明建设，尤其重视生态文明体制改革。为了更有效地深入推进生态文明体制改革，增强生态文明体制改革的系统性、整体性、协同性，2015 年中共中央、国务院印发了《生态文明体制改革总体方案》（以下简称《体改方案》），生态文明制度的“四梁八柱”逐渐建立健全。

《体改方案》共明确了 8 个制度领域、47 项制度：一是构建归属清晰、权责明确、监管有效的自然资源资产产权制度。主要是为了解决自然资源所有者不到位、所有权边界模糊等问题。二是构建以空间规划为基础、以用途管制为主要手段的国土空间开发保护制度。主要是为了解决因无序开发、过度开发、分散开发导致的优质耕地和生态空间占用过多、生态破坏、环境污染等问题。三是构建以空间治理和空间结构优化为主要内容，全国统一、相互衔接、分级管理的空间规划体系。主要是为了解决空间性规划重叠冲突、部门职责交叉重复、地方规划朝令夕改等问题。四是构建覆盖全面、科学规范、管理严格的资源总量管理和全面节约制度。主要是为了解决资源使用浪费、利用效率不高等问题。五是构建反映市场供求和资源稀缺程度、体现自然价值和代际补偿的资源有偿使用和生态补偿制度。主要是为了解决自然资源及其产品价格偏低、生产开发成本低于社会成本、保护生态得不到合理回报等问题。六是构建以改善环境质量为导向，监管统一、执法严明、多方参与的环境治理体系。主要是为了解决污染防治能力弱、监管职能交叉、权责不一致、违法成本过低等问题。七是构建更多地运用经济杠杆进行环境治理和生态保护的市场体系。主要是为了解决污染防治能力弱、监管职能交叉、权责不一致、违法成本过低等问

题。八是构建充分反映资源消耗、环境损害和生态效益的生态文明绩效评价考核和责任追究制度。主要是为了解决绩效评价不全面、责任落实不到位、损害责任追究缺失等问题。

《体改方案》首次明确了我国生态文明体制改革的指导思想、理念、原则、目标以及实施保障等问题，是生态文明探索的重大突破，为我国下一步的生态文明体制改革明确了思路、方向、框架和重点。

2. 黄河流域生态环境管控力度不断强化

国土空间规划体系不断完善，对能源项目的土地利用约束指导作用不断加强。一是首部全国国土空间规划纲要出台，对涉及国土空间开发、保护、整治的各类活动起到了指导和管控作用。2017 年国务院发布了《全国国土规划纲要（2016—2030 年）》，对国土空间开发、资源环境保护、国土综合整治和保障体系建设等内容做出了空间性的总体部署和统筹安排，致力于优化国土空间开发格局、推进城乡区域协调发展、提升国土开发的协调性、提高综合国力和竞争力、提高能源资源保障能力、保护和改善生态环境，促进形成合力的空间规划体系，健全国土空间开发保护制度。二是省级、市县级国土空间规划编制工作取得积极进展。2014 年，全国 28 个市县级区域开展“多规合一”试点工作，试点中的山东省桓台县、河南省获嘉县、陕西省富平县、陕西省榆林市、甘肃省敦煌市、甘肃省玉门市位于黄河九省区内；2017 年，全国九省区开展省级“多规合一”试点工作，其中宁夏和河南属于黄河流域九省区；以上试点工作为制定全国国土空间开发保护制度积累了经验、提供了示范。2019 年，自然资源部印发了《关于全面开展国土空间规划工作的通知》，全面启动国土空间规划编制，实现“多规合一”。2020 年 1 月，自然资源部印发了《省级国土空间规划编制指南（试行）》（自然资办发〔2020〕5 号）；同年 8 月《市级国土空间总体规划编制指南（试行）》也开始征求意见工作，为我国各级国土空间规划编制提供了科学指导。三是黄河流域国土空间专项规划正在逐步开展。2020 年 7 月，青海省自然资源厅组织编制的《黄河青海流域国土空间规划（2020—2035 年）》通过了专家组评审，河南预期于同年 10 月完成黄河流域河南段国土空间规划编制，其余黄河流域省区的专项规划也在编制过程中。

黄河流域各省区“三线一单”工作取得积极进展，对能源项目的国土空间环境管控作用不断加强。“三线一单”通过划定生态保护红线、环境质量底线、资源利用上线和生态环境准入清单，将行政区域划分为若干环境管控单元，形成一张图、一清单、一平台（见图 9-1）。通过在空间上划定优先保护单元、重点管控单元和一般管控单元，实现从空间层面落实生态保护、环境质量目标管理、资源利用管控要求。我国自 2017 年开始，结合各地工作基础，在全国分梯次、有序推进“三线一单”编制工作。截至 2020 年 11 月，四川、青海两省属于第一梯队，“三线一单”成果于 2019 年正式发布。2021 年，黄河流域其他 7 省区“三线一单”成果也相继发布，生态环境分区管控全面进入落地应用阶段。

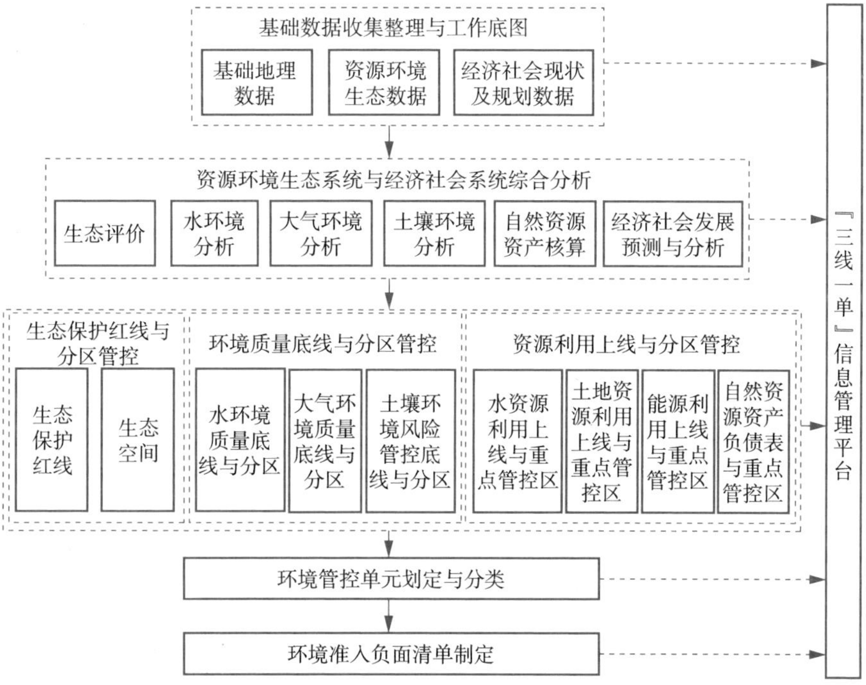

图 9-1　“三线一单”划定方法

流域生态环境统一标准、统一监测、统一执法的环境治理体系逐步健全。“十三五”期间，长江经济带生态环境保护工作取得积极进展，为我国流域生态环境保护积累了大量经验，“三统一”环境治理体系逐步健全。一是统一标准。以“一套标准”规范流域生态环境保护工作。出台一批标准规范，加快实现重点行业排放标准基本统一，形成标准统一的工作机制和发布机制。二是统一监测。用“一张网”和“一个平台”监测评估区域生态环境状况，实现区域监测工作协同和现有监测数据基本共享，建成流域高水平生态环境监测评估预警体系，支持科学系统评价和精准监管。三是统一执法。打造区域一体的现代化生态环境执法体系，用“一把尺子”加强流域生态环境执法监管，建成职责明确、边界清晰、行为规范、运转高效、协同一体的现代化生态环境执法体系。

生态文明绩效评价考核和责任追究制度不断加强。一是国家及地方层面的生态文明建设目标体系陆续出台，目标引导作用不断加强。2016 年 8 月，中央全面深化改革领导小组审议通过了《生态文明建设目标评价考核办法》，指出要强化省级党委和政府生态文明建设主体责任，重点评价各地区生态文明建设进展总体情况，考核国民经济和社会发展规划纲要中确定的资源环境约束性目标，以及生态文明建设重大目标任务完成情况。同年 12 月，中共中央办公厅、国务院办公厅印发《生态文明建设目标评价考核办法》（厅字〔2016〕45 号）。2017 年 12 月，国家发展改革委印发了《绿色发展指标体系》和《生态文明建设考核目标体系》，作为生态文明建设评价考核的依据，对地方的目标引导作用不断加强。二是自然资源资产负债表试点工作顺利推进，为自然资源资产核算、离任（任中）审计、精准化生态补偿提供技术支撑。《中共中央关于全面深化改革若干重大问题的决定》《中共中央、国务院关于加快推进生态文明建设的意见》和《生态文明体制改革总体方案》先后提出要推进自然资源资产负债表编制工作。2015 年 11 月，国务院办公厅印发了《编制自然资源资产负债表试点方案》，在内蒙古自治区呼伦贝尔市、浙江省湖州市、湖南省娄底市、贵州省赤水市、陕西省延安市开展试点工作。2018 年 3 月，国家成立自然资源部，对自然资源开发利用和保护进行监管，建立自然资源有偿使用制度，并进一步支持自然资源资产负债表编制。我国自然资源资产负债表编制工作已经积累的大量经验，虽然在科学化和规范化方面还有一定的改进空间，但已经为自然资源资产核算、离任（任中）审计、精准化生态补偿制度的建立打下了良好基础。三是领导干部在任考核、离任审计、终身问责的制度体系已基本形成。党的十八届三中全会审议通过的《中共中央关于全面深化改革若干重大问题的决定》提出，要对领导干部实行自然资源资产离任审计，建立生态环境损害责任终身追究制。2015 年以来，湖南省娄底市、河北省、内蒙古自治区、山西省、青海省等均开展了离任审计试点工作。随着生态文明体制改革的不断推进，以更加注重资源节约、环境友好和生态保育为主要特征的领导干部在任考核、离任审计、终身问责的制度体系已基本形成。

（二）能源转型发展产业政策逐步强化

1. 煤炭、煤电去产能政策持续深化

“十二五”中后期，受经济增速放缓、能源结构调整等因素影响，煤炭需求大幅下降，供给能力持续过剩，供求关系严重失衡，导致企业效益普遍下滑，市场竞争秩序混乱，安全生产隐患加大，对经济发展、职工就业和社会稳定造成了不利影响。2016 年，《国务院关于煤炭行业化解过剩产能实现脱困发展的意见》（国发〔2016〕7 号）出台，明确提出“从 2016 年开始，用 3~5 年的时间，再退出产能 5 亿吨左右、减量重组 5 亿吨左右，较大幅度地压缩煤炭产能，适度减少煤矿数量，煤炭行业过剩产能得到有效化解，市场供需基本平衡，产业结构得到优化，转型升级取得实质性进展”。

针对煤电运行小时数下降、煤电经济严重下滑的局面，2018 年国家又将化解煤电过剩产能纳入去产能政策体系，要求“有力有序有效关停煤电落后产能，清理整顿违规建设项目，发布实施年度风险预警，严控各地新增煤电规模，规范自备电厂建设运行，合理安排应急备用电源，继续推进煤电超低排放和节能改造工作，促进煤电转型升级”。工作重点：一是持续淘汰关停不达标的 30 万千瓦以下的煤电机组；二是结合煤电规划建设风险预警等级，严格控制煤电规划建设节奏。

全国煤炭、煤电去产能政策取得了显著成效。截至 2018 年底，我国已提前两年完成“十三五”去产能目标任务，累计退出煤炭落后产能 8.1 亿吨，淘汰关停落后煤电机组 2000 万千瓦以上。2019 年以来，随着形势变化，政策导向由总量性去产能为主转向系统性去产能、结构性优产能为主，去产能成果持续巩固，职工安置和资产债务处置质量逐步提升，产业不断优化升级。

去产能政策对黄河流域煤炭、煤电基地发展也产生了深远影响。

一方面，黄河流域煤炭和煤电产业进一步优化升级。截至 2019 年底，山西、陕西、内蒙古、宁夏 4 个省区 30 万吨/年以下的煤矿产能基本退出，山东、河南、甘肃、青海四省 15 万吨/年以下的煤矿产能基本退出。2015—2018 年，黄河流域八省区煤电的发电煤耗从 304 克标准煤/千瓦时降至 297 克标准煤/千瓦时。

另一方面，全国煤炭开发和煤电装机有向黄河流域进一步集聚的态势。煤炭方面，2015—2019 年，全国煤炭产量先下降后反弹，2015 年和 2019 年产量基本相当；但黄河流域八省区①煤炭产量有所增加，2019 年产量近 29.9 亿吨，较 2015 年增长了 1.8 亿吨，其占全国煤炭产量比重从 75.1%持续增加到 79.7%，煤炭产量越发向黄河流域特别是山西、陕西、内蒙古、宁夏地区集中（见图 9-2）。煤电方面，2015—2018 年，全国煤电装机稳步增长，累计增长近 7000 万千瓦，其中黄河流域八省区煤电增长超过 4000 万千瓦，其占全国煤电装机容量比重从 37.1%增加到 39.0%（见图 9-3）。可以看出，随着黄河流域煤炭基地地位的进一步提升，煤电基地地位也在稳步提升。

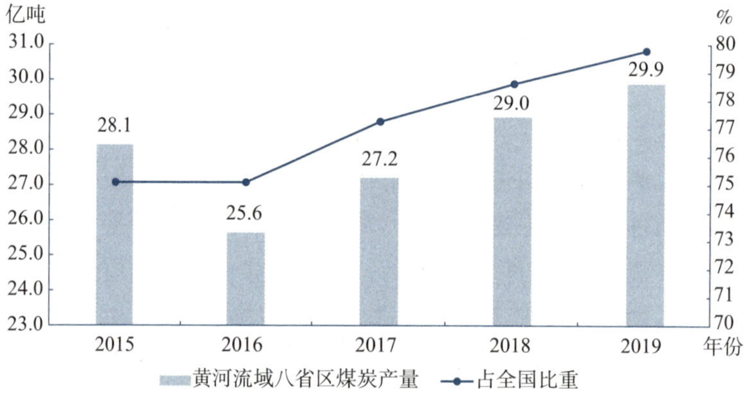

图 9-2　黄河流域八省区煤炭产量及占全国比重变化

资料来源：国家统计局、各省经济社会发展公报。

2. 油气增储上产支持政策加快实施

“十三五”时期，国际油价长期低位运行，我国原油产量持续下滑，从 2015 年的 2.05 亿吨降至 2018 年的 1.89 亿吨，对外依存度攀升至近 70%。为此，2019 年国家能源局制定了油气行业增储上产的“七年行动计划”，围绕“推动东部老油气田稳产，加快页岩油气、煤层气等非常规资源开发，加快天然气产供储销体系建设，加强油气储备能力建设”，制定了一系列举措。

① 黄河流域八省区为青海、甘肃、宁夏、内蒙古、陕西、山西、河南、山东，不包括四川省。

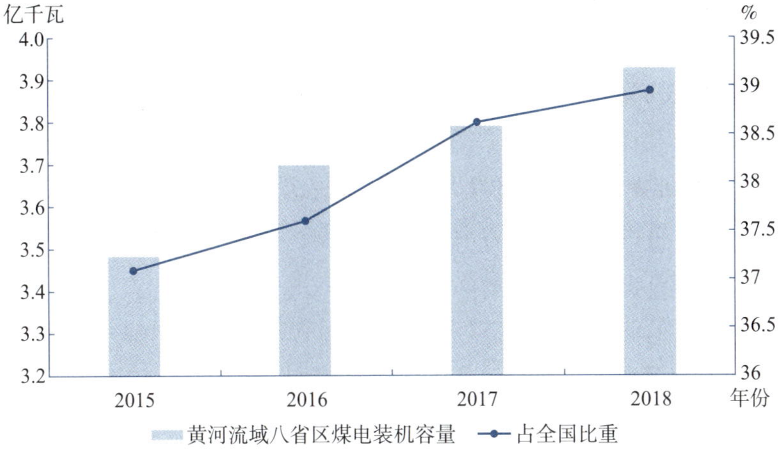

图 9-3 黄河流域八省区煤电装机容量及占全国比重变化

资料来源：国家统计局，中电联。

随着国内企业加大油气上游勘探力度，我国原油产量开始止跌回升，2019 年较 2018 年增产了约 200 万吨；天然气产量实现了稳步增长，从 2015 年的 1346 亿立方米增加到 2019 年的 1762 亿立方米。

尽管国家大力推进油气增储上产，但受资源禀赋和开采成本等因素影响，黄河流域各地区油气产量呈分化态势。2015—2019 年，山东、河南、青海等省油气产量均呈稳中趋降；鄂尔多斯盆地成为黄河流域油气稳产增产的主要区域，也是全国最大的油气产区，2019 年油气产量达 8000 万吨，其中天然气占比超过 50%；山西省煤层气开发利用规模稳步增长，2019 年已超过 60 亿立方米，但规模仍未达规划预期。

3. 可再生能源发展扶持政策不断健全

2006 年，我国制定了可再生能源发电的补贴政策。通过持续的政策支持，我国可再生能源发电产业从无到有并发展壮大，风电、光伏发电装机规模均跃居世界第一位。“十三五”期间，针对可再生能源发展新形势，相关扶持政策也有所调整，不断完善。一方面，随着可再生能源技术水平的不断提高，发电成本持续下降，国家发展改革委制定出台了《关于完善风电上网电价政策的通知》（发改价格〔2019〕882 号）和《关于完善光伏发电上网电价机制有关问题的通知》（发改价格〔2019〕761 号），探索建立可再生能源电价补贴逐步退坡机制，推动风电、光伏发电通过市场形成上网电价或通过竞争性等招标方式形成补贴标准，平稳实现全面平价上网。另一方面，针对可再生能源发电快速发展产生的弃风、弃光问题，既加强开发侧规划统筹，又强化用户侧消纳，一是制定了《可再生能源发电全额保障性收购管理办法》（发改能源〔2016〕625号），促进可再生能源发电优发、满发；二是印发了《关于健全可再生能源电力消纳保障机制的通知》（发改能源〔2019〕807号），正式提出建立可再生能源电力消纳保障机制，设定可再生能源电力消纳责任权重，按省级行政区域对电力消费规定应达到的可再生能源电量比重。

在相关政策的推动下，“十三五”期间在持续推动可再生能源发电装机快速发展的基础上，弃风、弃光问题得到显著改善。2019年，全国弃风、弃光率分别降至4.0%和2.0%，较2015年的约15%、10%大幅下降。黄河流域可再生能源电力消纳情况也有所改善。其中，甘肃弃风率从2015年的39%逐步降至2019年的7.6%，弃光率从2015年的31%逐步降至2019年的4.0%，弃风、弃光问题得到显著改善。内蒙古弃风率从2015年的18%逐步降至2019年的7.1%，宁夏弃风率从2015年的13%大幅降至2019年的1.9%，弃风问题得到明显改善。此外，青海受新能源装机大幅增加、负荷下降等因素影响，弃光率有所提高，2019年增至7.2%，需要加快解决弃光问题。

（三）能源资源型地区转型发展支持力度不断提升

1. 衰退型能源基地转型发展政策持续加强

衰退型能源基地表现为衰退型、渐枯竭的能源矿产资源城市。迄今为止，国家针对资源枯竭城市转型发展工作已开展十余年时间。2007年，《国务院关于促进资源型城市可持续发展的若干意见》（国发〔2007〕38号）的颁布实施是资源型城市转型发展的基础性文件，首次在全国范围内确定了69个资源枯竭城市，并给予中央财政资金支持。随后，2013年《全国资源型城市可持续发展规划（2013—2020年）》（国发〔2007〕45号）发布，界定了成长型、成熟型、衰退型和再生型4类共262个资源型城市，其中衰退型城市共67个，包含地级市24个、县级市22个、县5个和市辖区16个。发展改革委于2016年和2017年分别发布《关于支持老工业城市和资源型城市产业转型升级的实施意见》（发改振兴规〔2016〕1966号）和《关于加强分类引导培育资源型城市转型发展新动能的指导意见》（发改振兴〔2017〕52号），进一步完善了顶层设计，加大了资金支持力度。

目前，围绕资源枯竭城市化解历史遗留问题、培育接续替代产业、修复生态环境和改善社会民生等方面，已经形成了由文件、方案、意见以及配套专项资金和工程组成的较为完善的政策体系。在化解历史遗留问题方面，以独立工矿区搬迁改造和采煤沉陷区综合治理为重点，持续安排中央预算内投资专项资金，对改善自身发展条件和居民生产生活条件的基础型、公益性项目给予支持。在培育接续替代产业方面，除加大对资源综合利用、多元化产业培养的中央财政资金和金融信贷支持力度外，鼓励各地建立资源型企业可持续发展准备金制度，充分发挥市场机制作用，调动社会力量，推动接续替代产业发展。在修复生态环境方面，一方面通过推进资源税改革，完善矿业权使用费征收和分配，健全资源性产品价格形成机制；另一方面重点支持历史遗留矿山地质环境恢复治理，强化治理资源枯竭地区水、大气和生活垃圾污染。在改善社会民生方面，加快棚户区改造搬迁，积极帮扶失业人员再就业，提高资源枯竭城市吸纳就业能力，完善社会保障和救助制度，采取措施消除贫困代际传递现象，着力守住民生底线。

2. 鼓励各地积极探索转型发展路径

自2010年以来，国家结合示范区、示范省、试验区等建设，鼓励沿黄河地区能源基地探索转型发展路径。

（1）山西。

2010年，经国务院同意，国家发展改革委正式批复山西设立国家资源型经济转型综合配套改革试验区，旨在借助国家一系列支持政策，深化改革，加快产业结构优化升级，促进经济结构战略性调整，加快科技创新步伐，建设资源节约型和环境友好型社会，并统筹城乡发展，保障和改善民生，走出资源型地区经济转型发展的路子。2019年5月，中央深改委第八次会议审议通过了《关于在山西开展能源革命综合改革试点的意见》，山西成为全国首个能源革命综合改革试点，促使山西在能源供给体系质量效益提升、清洁低碳用能模式构建、能源体制改革深化等方面进行探索突破。

（2）内蒙古。

自2019年以来，内蒙古全力创建国家现代能源经济示范区。示范区建设以建设技术领先、可靠高效的能源供应系统，构建绿色低碳、生态环保的能源消费结构，打造创新驱动、区域协同的能源产业集群，营造机制有效、主体活跃的能源发展环境为目标，让能源产业带动社会经济发展，积极争取国家在重大政策制定、重大项目安排、重大技术等方面的支持。

（3）山东。

2018 年 4 月，国务院正式批复同意设立山东新旧动能转换综合试验区，这是党的十九大以来获批的首个区域性国家发展战略综合试验区。试验区以建成全国重要的新经济发展聚集地和东北亚极具活力的增长极为目的，打造践行新发展理念、推进供给侧结构性改革、对接国家发展战略和承接南北转型发展等若干“高地”，加快完善实体经济、科技创新、现代金融、人力资源协同发展的产业体系，推动经济更高质量、更有效率、更加公平、更可持续地发展。

（4）宁夏。

2015 年 11 月，宁夏政府与国家能源局在银川签署《合作备忘录》，共同建设宁夏国家新能源综合示范区。宁夏借助示范区建设，重点在新能源产业集约发展、光伏产业与扶贫开发结合等方面积极创新，为全国新能源发展探索经验、提供示范。国家能源局加大对宁夏新能源扩大开发规模、加强电力外送、促进产业融合发展、开展国际合作方面的支持力度，推进一批重要政策、项目的落实、建设。

（5）甘肃。

2016 年，国家能源局正式发文支持甘肃省建设国家新能源综合示范区，成为继宁夏后第二个新能源综合示范区。示范区建设以构建高比例可再生能源体系为目标，建设一批光伏发电和利用基地，扩大消费端可再生能源替代，探索新能源与传统能源协调发展机制，把新能源技术及其关联产业培育为带动甘肃产业转型升级的新增长点。

（6）青海。

2020 年 3 月，国家能源局正式批复支持青海创建国家清洁能源示范省。示范省重点任务围绕建设高比例清洁能源发展新高地、争当多元灵活储能调峰新标兵、提高绿色电力外送能力、构建高原绿色能源消费新体系、培育壮大能源产业发展新业态、拓展清洁能源惠民富民新模式等方面展开。国家能源局同意将青海清洁能源示范省建设纳入国家能源发展战略，在可再生能源重大项目、产业政策、体制机制。

（7）晋陕豫合作示范区。

2012 年，国家发展改革委批复建立晋陕豫黄河金三角承接产业转移示范区，2014 年，国务院发布《晋陕豫黄河金三角区域合作规划》。示范区建设重在推进科学承接、绿色承接、合作承接，旨在建设成为中西部地区重要的能源原材料与装备制造业基地、区域性物流中心、区域合作发展先行区和新的经济增长极，探索形成一套突破行政区划界限、整合区域优势资源、创新区域合作机制的省际交界地区合作发展的新方法、新路径

二、黄河流域能源基地转型发展体制机制建设中存在的不足和问题

（一）生态环境硬约束下“一刀切”现象突出而激励性经济手段应用较少

“十三五”期间，我国高度重视生态文明建设，不断加强生态红线、水资源总量、污染物总量等环境约束，生态建设投入不断加大，生态环境恶化态势得到扭转。但生态环境硬约束下“一刀切”现象突出而激励性经济手段应用较少的情况也导致了环境治理不公平、不积极的现象突出，具体体现为：

1. 既有能源基地开发边界与生态保护红线矛盾较突出，缺乏有效退出机制

一是黄河流域存在生态红线与矿业权冲突现象。由于我国近年来对生态环境保护的力度不断加大，全国范围内自然保护区的数量在逐年增加，生态红线划定力度呈现逐年递增的趋势，这虽然对保护生态环境有利，但是往往由于生态红线的扩张，将原来生态红线之外的矿产资源开发区域也包含在内，从而与原有的矿业权形成冲突。例如，2017 以来，黄河流域山西、甘肃、宁夏和内蒙古初步划定了生态红线，红线内年产原油 279.01 万吨，占长庆原油总产量的 11.74%；红线内年产天然气 26.83 亿立方米，占长庆气区天然气总产量的 6.93%。对于生态红线扩展与原有矿业权发生冲突的情况，实践中的处理办法比较混乱，通常情况下是某区域被地方政府划定为自然保护区之后，对于该区域之内原本存在的一些权利（如矿业权）不再办理延续变更等审批手续。但由于该矿业权已经办理完审批手续，甚至很多情况下矿产开发企业都已经在该区域实施了矿产资源勘查开采行为，此时就会出现生态红线与矿业权共同存在的现象。针对以上情

况，尚缺乏有效的退出机制、补偿机制及生态修复机制。目前的处理办法，通常是政府与企业达成收购协议，但实践中往往是资金到位不及时，使得收购的进程缓慢甚至难以实施；也有的地方是由地方政府为企业办理限期开采手续，给企业留出一定的缓冲时间，在期限之内还允许企业进行矿产资源开发，到期之后，企业必须退出生态红线；还有通过强行查封关闭等强制手段责令或强制企业退出。虽然各地解决生态红线与矿业权冲突问题的方法各异，但是在生态红线内限制或者逐步削弱、最终取消矿业权的趋势明显一致，拥有矿业权的企业可能承受较大的损失。

二是黄河流域生态红线与可再生能源发展矛盾突出。与矿业权类似，黄河流域生态红线与可再生能源发展也存在突出矛盾。例如，山东长岛自然保护区内有违规建设的风机需要拆除；宁夏华电公司宁东 5 台机组、月亮山 2 台机组被划入红线内，因此公司需以每台机组 600 万元的费用将其重新选址安装。大多数可再生能源项目在建设时期是经过审批的，但是现在需要独自背负风机拆除或者迁移的经济损失。另外，生态红线也对黄河流域可再生能源建设用地形成了较为强力的约束，例如宁夏几乎没有红线外可用于风电建设的土地了。

2. 水资源和污染物排放总量约束强化，但分解落实到各基地强制实现的有效性较差

一是水资源和污染物排放总量约束难以分解落实到各基地。在水资源量方面，黄河流域“八七”分水方案明确了各个省份、各个行业的用水量指标。但该指标目前只起到了增量控制的作用，对于用水量在基地内部如何公平分配缺乏指导性。在污染物排放总量控制方面，《重点流域水污染防治规划（2016—2020 年）》对黄河流域优良水体及劣Ⅴ类断面比例提出了要求，但是该要求如何落实到能源基地或基地外的企业尚不明确。因此需要在总量控制要求下，探索水权、排污权等市场化手段，促进能源基地转型，有效实现资源环境约束目标。

二是微观上水权交易机制尚未真正建立。虽然我国已有宁夏、内蒙古等地区开展水权交易试点，但受工程节水、农业用水指标向工业指标让渡思路的限制，市场高效配置资源的优势还未能在黄河水资源的配置中发挥出来。目前的水权交易范围主要在一省之内，并且交易主要依靠行政命令的协调，市场化程度不高。目前水权交易模式单一，通常为某新增工业项目出资开展农业节水工程改造，或者购买农业节水改造节省的水量指标。这或将造成农业节水达到极限，农业灌溉的生态补水作用被限制，同时水平衡和水生态被破坏。

三是排污权交易制度设计不成熟，定价难以显示环境容量的稀缺程度。虽然我国已开展了多个排污权交易试点，并且各试点地区都已制定或正在制定排污权有偿使用和交易试点管理暂行办法，但在国家层面，除国务院办公厅在 2014 年 8 月 6 日发布了《进一步推进排污权有偿使用和交易试点工作的指导意见》外，目前还没有明确具体的法律法规。现在各试点地区正在积极探索排污权交易的形式创新，但交易制度的设计缺乏合理性。由于交易制度不健全，实际交易中一些交易者故意钻制度的漏洞，出现了不少违规操作。

另外，各地区现行的交易制度间存在较大差异，“一地一制度”的问题使得排污权交易的公允性受到质疑。目前试点地区各自制定有偿分配方式和定价方法，很多地方公布的定价指导往往不能体现环境容量的稀缺程度。各地的污染物交易价格相差甚远，如山西的二氧化硫排放权指导价格为 18000 元/吨，排污指标长期有效，而重庆排污指标有效期为 1 年，每年清缴核定，价格约为 1000 元/吨。

（二）促进能源基地转型发展的市场化手段运用少，竞争性市场体系建设滞后

“十三五”期间，随着能源领域供给侧结构性改革的深入推进，“去煤（煤电）、稳油、增气、大力发展可再生能源”的转型政策目标导向已确立，也切实推动了黄河流域能源基地和能源产业的转型变革，但大多依靠强制性行政手段或激励性财税政策，市场化手段运用较少，竞争性市场体系建设更是滞后，具体体现为：

一是煤炭去产能以及化解煤电产能风险在很大程度上依靠强制性行政手段，管控约束下的市场化手段探索和应用程度不足。煤电去产能方面，“十三五”期间，我国制订了 8 亿吨产能削减目标并分解落实，同时，引导企业实行减量化生产，规定“从 2016 年开始按全年作业时间不超过 276 个工作日重新确定煤矿产能，原则上法定节假日和周日不安排生产”。严格的管控措施对煤炭供需再平衡、市场秩序快速恢复作用显著。由于煤炭领域“僵尸企业”众多，产能有效退出以及职工合理安置是个大问题。随

着去产能向优产能转变，我国也探索开展了产能指标交易等方式，协调推进“僵尸企业”退出和优质产能上马，取得了积极成效，但发展规模不大。在未来煤炭减量化大趋势下，这些市场化手段应当更多、更大程度地挖掘和利用。化解煤电产能过剩风险方面，国家能源主管部门推出煤电规划建设风险预警机制，通过红灯预警方式在一定程度上刹住了地方煤电投资冲动，但仅靠行政手段难以真正解决问题。一旦形势变化，政策有所松动，煤电投资可能又将卷土出来。“十三五”前4年新增煤电装机规模已降至3000万千瓦/年左右，但2020年受多种因素驱动，主要基地的煤电装机很可能又大幅增加。

二是油气增储上产以压实企业责任为主，但通过上游市场开放、激活油气勘探开发活力方面进展缓慢。油气增储上产的核心措施，是压实主要油气勘探开发企业的主体责任。中石油、中石化、中海油“三桶油”以及陕西延长油田等地方国有企业均落实了相关主体责任，围绕国家“七年行动计划”各自制定针对性相关举措，加大勘探开发力度。但现实约束是，我国油气上游投资大、风险高，资源品质差、开采成本高，对于企业而言，在勘探领域加大投入很可能最后什么也找不到，在当前低油价背景下加大开采力度又意味着生产即亏损，因此仅仅依靠几大中央及地方国有企业推动增储上产难度颇大。另外，由于我国油气资源“占而不探”现象普遍存在，在一定程度上使得国内油气上游领域“死气沉沉”“毫无活力”，很多专家认为通过引入民营资本，发挥民营企业的“鲇鱼效应”，才能打破国有经济的痼疾和僵化思维，进而有望显著提升油气增储上产水平。油气体制改革方案明确提出加大油气上游勘探开发环节开放力度，但截至目前推动油气区块招投标等市场化方式收效甚微。

三是可再生能源消纳能力提升和长足发展，较大程度上依靠强制性行政手段和激励性财税政策，但电力市场建设背景下可再生电力如何融入电力市场亟待破题。“十三五”期间，我国风电和光伏发电持续快速发展，除技术进步因素外，政府政策依然发挥了十分重要的作用。财税支持力度继续加强，2016年可再生能源电价附加提高到0.019元/千瓦时。为有效解决弃风、弃光问题，2016年发布了风电、光伏发电全额保障性收购政策；2019年“配额制”出台，以明确各省区可再生能源电力消纳责任权重方式，促进跨省跨区消纳。但是，随着风电、光伏发电装机规模的快速增加，补贴缺口仍在扩大，2019年光伏“531”新政也是在补贴缺口不断增大背景下的无奈之举。通过“配额制”推动可再生能源发展的同时，未来有可能加剧本地和外送市场的割裂，给电力体制改革及电力市场建设又带来一定冲击。再者，随着风电、光伏发电比例的不断提升，对储能及灵活性资源的需求将大幅增加，相关辅助服务市场机制如何建设，以及它们又将如何影响电价水平，都亟待寻找解决之道。

四是竞争开放的能源电力市场体系不健全，不利于统筹推动能源品种间替代和能源基地绿色高质量发展。其一，当前电力市场建设基本上以省为主体推进，人为将电力资源配置很大程度上集中在一省之内。对于黄河流域重要的电力特别是可再生电力外输省份而言，当地难以充分消纳各类可再生电力，长距离外输又面临波动性、随机性等问题落地难；不能发挥区域资源互补调节作用，既不利于区域资源优化配置，又不利于西电东送可持续发展。其二，煤炭、石油、天然气和电力等能源各品种市场化程度差异较大，跨品种的市场基本不存在，相互之间替代弹性低，各能源品种普遍以自身最优方式发展；即使是最为市场化的煤炭行业，仍存在市场分割、市场交易规模偏小等问题，能源结构转型和能源基地绿色转型发展面临着市场化程度不足的严重掣肘。

（三）能源转型产业政策多但产、城、人共同转型支持政策不足

针对资源枯竭型城市，中央财政支持政策更多地倾向于支持能源产业转型，但统筹考虑能源资源型经济体即能源基地产、城、人共同转型的支持政策不多，导致劳动力转型、民生保障、接续产业发展面临难题，具体表现为：

一是随着资源枯竭及产能淘汰推进，原来从事资源型行业的劳动力大量闲置或失效，社会负担加大。2019 年，山东、河南两省的城镇登记失业人员分别约为 40.7 万人和 45.75 万人，失业人员规模排在全国第二位和第五位。同其他城市失业率保持稳定或下降相比，两省中资源型枯竭、老工业基地城市的失业率明显提高，例如，枣庄市城镇登记失业率从 2014 年 2.2%升至 2018 年的 3.0%。在两省近几年煤炭去产能行动中，需安置大量煤矿职工，资金缺口大，转岗分流难度大，目前人员安置进度已远落后于去产能的速度。

二是棚户区和社会保障两大历史遗留民生问题突出。棚户区是资源枯竭城市重要的民生问题，棚户区普遍人居环境差，存在房屋破损严重、年

久失修，交通、能源、供水等公共基础设施配置不足，离矿区核心区近，易受地质灾害和环境污染影响的问题。目前全国资源枯竭城市还存在尚未改造的棚户区面积约6000万平方米，其中河南焦作、濮阳，山东枣庄待改造棚户区面积超过100万平方米。与此同时，还存在相当规模的社会保障历史欠账，资源枯竭城市的低保人口占到全国的1/10，主要表现在由于城市资源枯竭、经济衰退、财政困难，社会保障统一性与累积社会保障资源的差异性导致社会保障资源和资金存在较大缺口，难以实现应保尽保，相当一部分人面临看病、养老、住房等生活困难。

三是资源枯竭城市非煤非油产业发展不充分、质量不高，未形成有效的替代作用。近些年，随着能源产业升级、资源型地区转型、新旧动能转换等政策推进，山东、河南在能源资源接续替代产业培育和发展上开展了许多工作，取得了一定成效，但仍存在非煤非油产业发展质量不高、体质不强等问题。有些地区在非煤非油产业及产品选择上仍以高耗能、高排放的初级产品项目为主，深加工能力低、附加值不高，中高端产品存在缺口。非煤非油的中高附加值的产业项目则存在技术创新能力薄弱、人才资金紧缺等问题，尚处于起步和成长阶段，整体规模、效益低，未实现对煤油资源产业的有效替代。同时，在探索替代支柱产业时，依然以工业为主要形式，由于服务业、技术密集型新兴产业在发展规则、技术工艺、市场环境等方面与能源资源行业差异很大，大多数城市缺乏对服务业，尤其是生产性服务业的探索延伸。

四是黄河流域财政支持力度偏弱。中央对长江经济带重点生态功能区保护加大财政转移支付力度，占全国比重不断增加。黄河流域能源基地转型发展尚缺乏针对性财政资金支持，依靠能源基地自身力量实现转型难度大。

（四）黄河流域各地区能源基地协同发展机制缺乏

能源基地之间存在无序竞争、盲目扩大产能、加剧生态环境破坏的现象。从流域、区域角度看，缺乏有效的机制促进其协同发展是其重要原因，具体表现为：

一是各地区能源基地产业发展同质性强、分工协作关系弱。黄河流域缺乏跨省区的统一协调机构，导致黄河流域产业关联较弱，流域内部甚至区域之间产业开放度低、产业分工协作差，产业结构同质性强，重复建设、低水平过度竞争现象严重。以鄂尔多斯、包头、乌海、大同、忻州、吕梁、临汾、榆林、延安、庆阳、吴忠、石嘴山12座资源型城市为例，在去产能的背景下，2013—2018年原煤产量仍增长近10%，而同期全国原煤产量保持平稳。产能结构趋同，同质无序现象严重，以黄河流域陕甘青宁为例，2016年四省区三次产业结构相似系数达到0.96，主导能源产业高度重合，产品也扎堆在煤制油、化肥、醇醚、烯烃等产品生产上。并且区域一体化市场体系尚未形成，人才、资源、资金等要素流动不畅，区域之间未形成链条间有效衔接和对接。

二是黄河流域管理尚未建立起有效的协调机制。黄河水利委员会作为黄河流域水行政主管单位，仅是水利部派出的流域机构，并不具备统筹国家与地方、行业与行业之间的管理权限、职能交叉、利益协调的权威。2002年《水法》仅规定政府有关部门按照职责分工，负责本行政区域内水资源开发利用与节约保护的相关工作，未具体规定这些涉水部门之间的协调机制。流域管理机构作为流域宏观调控机构本应承担起协调流域内涉水部门水资源管理行为的职责，而相关法律、法规却未对此作出详细的规定，流域管理机构协调职能在立法上的不明确致使其在实践中无法承担起流域涉水事务的协调工作。黄河流域内经济活动复杂，参与流域管理的部门多，主要有生态环保、自然资源、应急、交通运输等，还包括农业、渔业、林业、建设、地矿等部门；在如此多的部门都参与到流域涉水事务中时，由于缺乏统一协调机构，导致涉水事务的管理比较割裂，甚至出现涉水部门权力竞争的混乱局面。

三、总体考虑

深刻领会和准确把握黄河流域生态环境保护和高质量发展战略根本内涵和总体要求，贯彻社会主义市场经济体制建设的总体方针，坚持生态优先，坚持改革创新，坚持以人民为中心，坚持流域协同，更好地发挥市场机制作用，更多地利用市场化手段，促进黄河流域能源基地开发由生态破坏型转变为生态环境友好型，促进黄河流域能源基地由粗放型发展迈向高质量发展。

第一，贯彻落实生态环境硬约束要求，既要严守生态红线，又要结合自然资源产权制度建设，探索建立生态环境保护与能源基地转型发展相协调的激励机制，充分运用市场化手段，有效避免“一刀切”带来的问题，推动生态保护红线内既有能源资源产权有偿退出，推进能源基地开发有偿占用和合理保护自然生态空间。

第二，坚持能源市场化改革总体方向，紧紧围绕“去煤（煤电）、稳油、增气和大力发展可再生能源”这一能源转型战略目标，加快构建能源转型目标导向下的现代能源市场体系，丰富、完善产能指标交易、兼并重组等市场化手段，进一步推动煤炭、煤电基地去产能、优产能；全面放开和积极培育油气上游市场，激发油气资源勘探开发的活力和潜力；大力构建功能更完备、覆盖区域更广的现代电力市场，促进黄河流域可再生能源基地大发展。

第三，树立以人民为中心思想，不仅仅关注能源及相关产业转型，更要高度关切能源基地所在城市转型以及各类人的转型，健全促进能源基地产、城、人共同转型发展的长效机制，推动黄河流域（传统）能源基地迈出一条可持续发展的新路子。

第四，树立流域整体性视角，着眼于解决黄河流域能源基地同质化、无序化过度竞争问题，探索建立各地区能源基地协同发展和联动转型机制，推动黄河流域能源基地协同改善流域区域生态环境，共同迈向绿色高质量发展。

四、创新建立健全有利于黄河流域能源基地转型发展的体制机制

（一）建立生态环境保护与能源基地转型发展相协调的激励机制

一是完善能源基地合理退出和准入的自然生态资源产权制度和定价机制。针对已有能源开发项目与生态红线冲突的问题，应尽快完成自然资源确权工作，制定红线内能源开发项目有偿退出办法，综合考虑能源开发企业建设运营费用、土地费用、采矿权费用、职工安置费用等信息，省级层面应制定退出企业详细补偿标准、补偿方式和期限，规定企业申请补偿救济的途径，保证对退出企业予以补偿。针对红线内能源项目的准入问题，需充分考虑能源资源的重要程度以及红线区域的生态脆弱性，必要时可采用“一事一议”的原则进行可开发评估，若允许开发则需受到严格的环境监管来确保对生态环境的扰动最小，同时对环境造成的生态损害必须进行生态补偿，补偿的方式除货币补偿外，还可以采用置换的方式建立红线保

护区，或者扩大保护区的面积等。

二是设计更有效的水权交易和排污权交易等市场化激励手段。水权交易本质上是节水量交易，黄河流域各省区应加快建立水权交易平台，探索建立工业企业之间的水权交易机制，特别是高耗水能源基地的企业进行水权交易，激发既有能源项目的节水潜力。同时需要避免水权交易过度集中于农业节水项目，农业大范围节水甚至极限节水，将导致水的空间分布发生变化，造成水系统平衡被破坏，违背生态保护的初衷。在排污权交易方面，需在试点经验的基础上建立健全排污权交易制度，完善交易体系，引导能源基地内既有企业清洁化发展，并通过市场交易排污权为新增项目腾出发展空间。

（二）完善能源转型导向下的市场化手段和竞争性市场体系

一是不断健全煤炭、煤电去产能、优产能的市场化手段。随着煤炭开发和煤电发展进一步向黄河流域能源基地集聚，黄河流域煤炭、煤电基地必须进一步贯彻落实供给侧结构性改革的总体要求，更好地推动煤炭、煤电去产能、优产能。一方面，全面推动产能指标交易方式，构建全国性煤炭、煤电指标交易平台，既帮助“僵尸企业”、落后产能获得一定补偿收益，实现有效退出，又提高新进入者的门槛，促使煤炭新产能、煤电新装机质量更高、结构更优、效益更好。另一方面，坚持市场导向、企业主体原则，按照市场化方式推进煤炭、煤电企业兼并重组，不“拉郎配”，不片面追求规模，以优化资源配置、推动基地可持续发展为目标，强化安全、环保、技术、效率等标准约束，鼓励符合条件的各类市场主体整合煤炭、煤电等资源。

二是加快推进油气勘探开发环节竞争性市场体系建设。黄河流域油气基地应贯彻落实油气勘探开发市场全面放开新要求，积极培育竞争对手，现阶段对新进入者可不完全采用竞争出让办法，从而真正鼓励民营资本、外资等积极进入油气勘探开发环节，加快实现上游领域市场主体多元化。强化过去圈占的油气区块退出，建立严格的矿权退出机制，提高矿权持有成本，提高探矿权占用费和最低勘查投入标准，充分利用经济手段有效遏制“圈而不探”，盘活探矿权存量，加快落实矿业权转让交易、资料共享等配套改革，切实降低社会资本参与油气勘探开发的风险。

三是大力构建功能更完备、覆盖区域更广的现代电力市场。“十四五”

及中长期，黄河流域中上游地区可再生能源电力的大发展，根本上需要更有力的电力市场来支撑，必须加快建设功能更完备、覆盖区域更广的现代电力市场。一方面，扩充电力市场功能，更好地促进可再生能源电力并网。结合各地实践，建立健全容量市场和调峰调频辅助服务市场机制，促进水电、火电、电化学储能等市场主体积极参与电力辅助服务，也从根本上改变水电、火电运行方式，发挥多能互补特征，有效推动可再生能源电力充分并网。另一方面，扩大电力市场边界，推动西北、华北乃至黄河流域统一市场建设，加大区域协同消纳力度。首先，进一步完善黄河流域各省级电力市场；其次，努力打破省际壁垒，加强西北、华北等区域电力市场建设，加强跨省、区域间的紧密性网架建设，加强区域职责，建立类似北欧国家的联合电力市场，充分发挥更大电网的灵活调节水平，协同促进可再生能源电力消纳；最后，充分把握黄河流域横贯东（电力负荷中心）、中（火电基地）、西（可再生能源基地）特征，探索推动黄河流域统一电力市场建设。

（三）健全促进能源基地产、城、人共同转型发展的长效机制

一是加强能源产业政策和资源型城市转型政策统筹衔接。在发展能源资源产业的同时，强化延伸产业链、整合资源培育发展比较优势产业、整合资源培育新产业等举措，在资源还未枯竭时尽早着手接续、替代多元产业培育。将能源产业布局融入城市功能的完善上，利用自身区域优势和基础设施，通过建立工业园区和产业集聚区的方式，提高能源及其他工业生产效率，同时腾出土地建设城市基础设施、公共服务等项目，使产业发展与新型城镇化建设相协调。能源基地绿色、清洁、低碳化同城市生态环境治理紧密结合，持续推动产业生态化和循环化，加大对采煤沉陷区、矿山废弃地等土地恢复再利用的力度。加强规划和政策文件制定中两者衔接，提出明确的方向性和计划性安排。

二是高度重视人的转型，完善就业政策和人才政策。加大转职再就业技能培训力度，根据新工业园区或产业集聚区建设需要，设置有针对性的职工培训课程和岗位，探索利用“飞地园区”实现人员跨地区就业，给予再就业补助金、职业培训补助金等援助。对安置失业人员的企业按雇用人数提供补助、实施优惠贷款或其他差别优惠政策。健全以企业家为主的高端人才吸引和激励体系，制定合理的企业家准入、聘用和考核机制，建立

年薪、股权等薪酬激励制度，完善中小企业金融纾困和优惠政策支持制度，吸引企业家投资，降低企业家创业融资壁垒。

三是健全长效多元投资融资机制。通过能源发展、资源型地区转型发展、生态文明建设、基础设施建设、中小企业发展等相关中央预算内投资和专项资金，加大对能源基地产、城、人共同转型发展的重大任务、重大项目和重大工程的倾斜和资金支持力度，进一步完善有利于能源基地产、城、人转型发展的财政转移支付政策。在科学合理评估对地方财政、企业经济、能源矿产价格影响的基础上，建立能源资源型企业可持续发展准备金制度，并整合能源矿产税费体系中的其他税种。推动金融机构设立资源型城市可持续发展专项贷款，完善资源枯竭地区中小企业信用担保体系，鼓励民间资本参与资源型城市产业、生态和基础设施建设。

（四）探索建立各地区能源基地协同发展和联动转型机制

一是搭建高层次、跨行政区域的能源发展协商平台和协作机制。充分发挥黄河流域生态保护和高质量发展领导小组办公室作用，对黄河流域能源基地相关规划编制、政策制定、跨省重大项目和工程建设等进行总体指导和统筹协调。建立健全跨省区政府间联席会议制度和会商机制，制定能源基地资源整合、投资共筹、项目共建办法以及重点子领域协同发展的制度体系。

二是健全能源基地转型发展的协同机制。重点在陕西、宁夏、内蒙古，山西、陕西、河南，山西、陕西、内蒙古，山东、河南等毗邻或省际交界地区，加强区域产能总量管控，合理规划产能建设。合理评估各地资源条件、区位优势、运输通道及生态环境容量，科学定位区域内各市县、园区的产业发展方向，构建差异化发展格局。构建产业协作平台，以重要示范区为圆心，加强各园区分工协作、错位发展和上下游产业配套，构建多元、完整、稳固的能源产业体系。成立跨区产业联盟，形成生产、运输、内供、外销的综合协调机制。共建科技创新平台，整合人才、技术、资本等要素，加强协同创新合作，最大限度地发挥各能源基地的合力。

五、结论及建议

目前，黄河流域的体制机制建设已逐渐完善，生态环境硬约束机制正逐步建立，能源转型发展产业政策逐步强化，能源资源型地区转型发展支持力度不断提升。但黄河流域能源基地转型的过程中，仍面临体制机制建设不足的问题，例如生态环境硬约束下“一刀切”现象突出而激励性经济手段应用较少；促进能源基地转型发展的市场化手段运用少、竞争性市场体系建设滞后；能源转型产业政策多但产、城、人共同转型支持政策不足；黄河流域各地区能源基地协同发展机制缺乏。

为解决以上体制机制不足，本研究建议：一是建立生态环境保护与能源基地转型发展相协调的激励机制，完善能源基地合理退出和准入的自然生态资源产权制度和定价机制，并设计更有效的水权交易和排污权交易等市场化激励手段；二是完善能源转型导向下的市场化手段和竞争性市场体系，不断健全煤炭、煤电去产能、优产能的市场化手段，加快推进油气勘探开发环节竞争性市场体系建设，并大力构建功能更完备、覆盖区域更广的现代电力市场；三是健全促进能源基地产、城、人共同转型发展的长效机制，加强能源产业政策和资源型城市转型政策统筹衔接，高度重视人的转型，完善就业政策和人才政策，并健全长效多元的投融资机制；四是探索建立各地区能源基地协同发展和联动转型机制，完善能源产业转型发展的协同机制，最大限度地发挥各能源基地合力，实行体制协同，破除行政壁垒，打破地域思维。

附录

黄河流域能源基地基本特征

黄河流域蕴藏丰富的煤炭、石油、天然气等化石能源资源，以及风能、太阳能等可再生能源资源，能源密度为全国两倍有余①。流域内已经建成九大煤炭基地、六大煤电基地、多个石油天然气生产基地和煤层气勘探开发基地，以及诸多风能太阳能开发基地。

一、黄河流域是“能源流域”，能源资源优势突出、品种齐全

（一）域内煤种全煤质好，分布高度集中

流域内煤炭基础储量占全国七成。21世纪初期，黄河流域域内煤炭资源基础储量保持在2400亿~2500亿吨。煤炭发展“黄金十年”期间，黄河流域煤炭资源采掘迎来高峰，流域内煤炭基础储量呈现一定程度下滑，近年来流域煤炭资源基础储量较为稳定，占全国比重保持在70%以上水平（见附图1）。另根据《全国煤炭资源潜力评价2018》② 数据，我国1000米以浅煤炭预测资源量4.5万亿吨，黄河流域八省区2.3万亿吨，占比51.1%。

黄河流域煤种齐全，煤质较好，地质赋存条件优越。山西、陕西、内蒙古地区占全国焦煤、无烟煤资源储量的80%左右。流域内煤炭资源多是低硫、低磷、低灰、中高发热量的“三低一高”优质动力煤和化工用煤，褐煤、焦煤、无烟煤分别达到1799.6亿吨、1203.9亿吨、3054.1亿吨，分别占全国比重的94.6%、61.5%、64.4%。其中流域内内蒙古褐煤、焦煤最多，无烟煤2/3左右蕴藏于山西（见附表1）。

---

① 能源密度为单位国土面积的煤炭、石油、天然气等主要品种折标后能源资源储量，经自然资源部（根据2018年国务院机构改革，国土部不再保留，组建自然资源部）《全国矿产资源储量通报》数据，初步统计计算，截至2017年底，全国能源密度为2.36万吨标准煤/千米^2，黄河流域能源密度为4.75万吨标准煤/千米^2。

② 中国煤炭地质总局勘查研究总院、中国矿业大学（北京）、中国煤炭地质总局第一勘探局、中国煤炭地质总局航测遥感局：《全国煤炭资源潜力评价2018》，2019年。

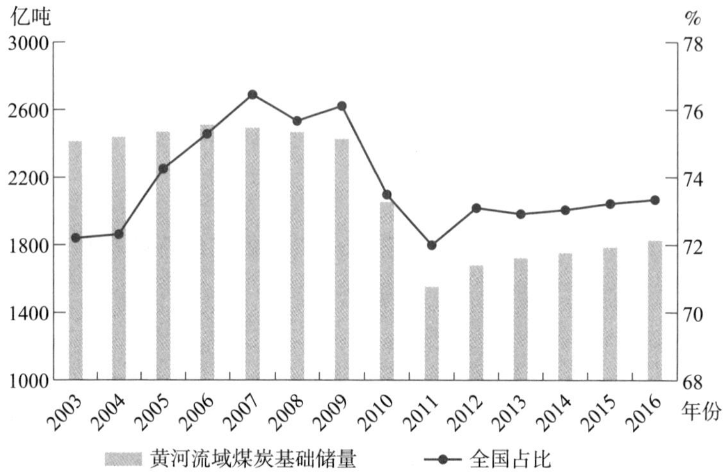

附图 1　黄河流域煤炭基础储量及全国占比情况

附表 1　黄河流域煤炭资源细分品种统计

地区	褐煤	焦煤	无烟煤
内蒙古/亿吨	1753.4	364.2	8.2
山西/亿吨	12.7	508.0	2018.6
陕西/亿吨	—	111.5	320.8
宁夏/亿吨	—	17.8	185.2
甘肃/亿吨	—	—	1.2
河南/亿吨	8.8	163.8	440.8
山东/亿吨	24.7	5.6	46.8
青海/亿吨	—	33.0	32.6
黄河流域合计/亿吨	1799.6	1203.9	3054.1
占全国比重/%	94.6	61.5	64.4

资料来源：中国煤炭地质总局勘查研究总院等《全国煤炭资源潜力评价 2018》。

流域内煤炭资源主要集中于黄河中段“几”字弯区。“几”字弯区内山西、陕西、内蒙古三省区煤炭查明资源储量合计占全国一半以上，其中内蒙古、山西和陕西分别约占全国的 1/4、1/5 和 1/10。流域内煤炭资源基础储量合计占全国比重超六成，其中山西、内蒙古和陕西分别约占全国的 1/3、1/5 和 1/20（见附表 2）。

附表 2　黄河流域各省区煤炭资源概述

地区	全国排名		煤炭资源概述
	预测储量	查明资源储量	
山西	2	1	山西煤炭资源约占全国的 1/3，作为黄河流域石炭二叠纪聚煤区的中心，除晋北有少量侏罗纪煤外，其他皆为石炭二叠纪煤。山西煤种齐全，以炼焦煤和无烟煤优势突出，炼焦煤查明储量约占全国的 50%，无烟煤查明储量约占全国的 40%
内蒙古	1	2	内蒙古的煤炭资源主要分为两大块：鄂尔多斯市的低变质烟煤；东部地区的褐煤。鄂尔多斯市拥有神府东胜煤田的北半部和准格尔煤田，神府东胜煤田的煤种为不粘煤，准格尔煤田的煤种是长焰煤。在内蒙古的煤炭查明储量中，低变质烟煤占 53%，褐煤占 45%，炼焦煤占 2%
陕西	4	3	陕西拥有神府东胜煤田的南半部和黄陇煤田两大侏罗纪煤基地，两者占陕西煤炭查明储量的 91%。煤种也主要是低变质烟煤，低硫低灰，属优质的动力煤。陕西的炼焦煤资源主要来自陕北石炭二叠纪煤田和渭北石炭二叠纪煤田
宁夏	5	5	宁夏的煤炭资源集中于东部，以侏罗纪煤为主，宁夏的煤炭查明储量中，低变质烟煤占 81%
甘肃	7	13	甘肃的煤炭查明储量相对集中于陇东，省内煤炭资源的约 95% 为侏罗纪煤，集中于陇东地区，已发现的主要是华亭煤田，在尚未查明的预测储量中，庆阳占了全省的 94%，但由于埋藏较深，目前仍停留在预测阶段，未来找煤潜力较大
河南	8	9	河南省煤炭资源主要分布于豫北、豫西和豫东地区。河南基地作为全国十四大煤炭基地之一，拥有鹤壁、焦作、义马、郑州、平顶山和永夏六大矿区。河南省煤种较全，以焦煤、无烟煤为主，分别占资源总量的 70.53%、28.98%。按煤炭用途看，河南涵盖炼焦煤、无烟煤和动力煤，炼焦煤主要分布在平顶山、安阳、鹤壁等地区，具有中低挥发分、较高粘结指数的特点，煤质较好；无烟煤主要产自焦作、郑州和永城地区；动力煤多集中于郑州及义马地区
山东	10	10	山东省煤炭资源比较丰富。截至 2015 年底，全省查明煤炭可采储量超过 280 亿吨，约可以满足静态开采 50 年，主要集中于鲁西南，其次是鲁中、胶济铁路沿线及济南以西的黄河两岸
青海	16	16	青海省煤炭资源查明资源储量 329 亿吨，其中基础储量约 40 亿吨，全省分布较为普遍，但具有开采价值的含煤地层，集中在祁连煤田和“柴北”的旺尕秀、欧龙布鲁克山南北坡一带。煤种基本齐全，并以焦煤居首位，约占总查明储量的一半，其次为长焰煤、不粘煤、瘦煤、气煤、无烟煤

（二）油气储量稳步上升，晋陕蒙优势突出

域内油气资源主要富集于三大盆地。黄河流域油气资源分布较广，西

至青海柴达木盆地，东至山东黄河入海口，资源量主要集中在柴达木盆地、鄂尔多斯盆地和渤海湾盆地[①]三大区域。其中“几字弯”区域油气资源储量在全国具有相对优势。

——石油资源方面。鄂尔多斯盆地和渤海湾盆地是全国最为主要的石油资源分布地，截至2015年底，黄河流域三大盆地石油累计探明地质储量173.3亿吨，全国占比接近半数，已探明但未开发石油资源40%以上汇聚于此，剩余技术可采量和经济可采量全国占比分别为43.6%和39.9%。上游柴达木盆地、中游鄂尔多斯盆地和下游渤海湾盆地剩余经济可采量分别为0.4亿吨、4.5亿吨和5.0亿吨。分省域来看，位于鄂尔多斯盆地的内蒙古、陕西和渤海湾盆地的山东等油气探明储量相对丰富（见附表3）。

附表3　2015年全国及黄河流域石油探明储量

地区	累计探明地质储量			剩余技术可采量	剩余经济可采量
	合计	已开发	未开发		
全国/万吨	3673800.5	2813449.6	860350.9	341255.3	250257.5
按盆地					
渤海湾盆地/万吨	1123233.5	925407.9	197825.7	77173.1	50044.2
鄂尔多斯盆地/万吨	547246.6	420935.6	126311.0	63608.3	45367.8
柴达木盆地/万吨	62972.1	43604.6	19637.6	7931.5	4428.8
三大盆地合计占比/%	47.2	49.4	40.0	43.6	39.9
按省区					
内蒙古/万吨	63414.2	44374.0	19039.6	8208.5	5611.2
山东/万吨	540044.8	469918.4	70126.4	31017.3	17417.1
河南/万吨	81506.9	71599.3	9907.6	4601.6	1360.0
陕西/万吨	370112.1	299273.5	70838.6	38445.3	27597.9
甘肃/万吨	177293.0	122833.8	54459.2	24109.8	16268.4
青海/万吨	63083.3	43604.6	19478.7	7953.7	4444.6
宁夏/万吨	18847.5	14968.4	3879.1	2370.6	189.1
八省区合计占比/%	35.8	37.9	28.8	34.2	29.1

资料来源：自然资源部《2015年全国油气矿产储量通报》。

——天然气资源方面。自然资源部《2015年全国油气矿产储量通报》

① 文中渤海湾盆地数据统计范围不包括渤海海域。

显示，黄河流域三大盆地累计探明地质储量和累计探明技术可采储量分别占全国的 39. 8%和 35. 8%，其中溶解气累计探明技术可采储量全国占比超过五成。分盆地来看，鄂尔多斯盆地气层气最为丰富，累计探明地质储量和累计探明技术可采储量分别为 35647 亿立方米和 19108 亿立方米，分别占全国的 32. 2%和 30. 3%；渤海湾盆地溶解气资源位居第一，累计探明地质储量和累计探明技术可采储量分别为 6130 亿立方米和 1963 亿立方米，分别占全国的 31. 2%和 33. 3%（见附表 4）。

附表 4　2015 年全国及黄河流域天然气探明储量

地区	累计探明地质储量			累计探明技术可采储量		
	气层气	溶解气	合计	气层气	溶解气	合计
全国/亿立方米	110501	19645	130147	62993	5886	68879
按盆地						
鄂尔多斯盆地/亿立方米	35647	3367	39015	19108	631	19439
渤海湾盆地/亿立方米	2774	6130	8905	1482	1963	3444
柴达木盆地/亿立方米	3612	275	3816	1219	556	1775
三大盆地合计占比/%	38. 0	49. 7	39. 8	34. 6	53. 5	35. 8
按省区						
内蒙古/亿立方米	18023. 7	133. 9	18157. 6	9386	28. 3	9414. 3
陕西/亿立方米	16192. 3	1936	18128. 3	9050	354	9404
青海/亿立方米	3612. 3	275	3887. 3	1967. 9	36	2003. 9
山东/亿立方米	588. 7	2331	2919. 7	239	609	848
甘肃/亿立方米	0. 1	1552	1552. 1	0	303	303
河南/亿立方米	457. 7	683	1140. 7	239. 2	258	497. 2
山西/亿立方米	883. 3		883. 3	422. 2		422. 2
八省区合计占比/%	36. 0	35. 2	35. 9	33. 8	27. 0	33. 2

资料来源：自然资源部《2015 年全国油气矿产储量通报》。

（三）风能资源开发潜力占全国一半以上

我国风能资源主要聚集于“三北”（东北、华北、西北）和“一带”（沿海及其岛屿地丰富带）①，黄河流域处于中纬度地带，受大气环流和季

① “三北”风能有效功率在 200~300 瓦/米^2，可利用小时数在 5000~7000 小时。“一带”有效功率在 200 平方米以上，可利用小时数在 7000~8000 小时。数据来源：朱瑞兆《中国风能分布》，2011 年。

风环流影响，流域内风能资源甚佳。根据国家气象局资料，全国陆地80米高度风能资源技术开发量达35.1亿千瓦，其中黄河流域八省区风能资源技术开发量为20.7亿千瓦，占全国陆上风能资源总量的约59%。此外，流域下游的山东省海上风能资源技术开发量约3603万千瓦，在沿海省市中居第三位。截至2019年底，黄河流域八省区风电总装机仅9813万千瓦，已开发规模不足风能资源量的5%，还有很大的开发利用空间（见附表5）。

附表5　各地区陆地风能资源储量

地区	可利用面积/万平方千米		技术开发量/万千瓦		潜在发电量/亿千瓦时	
	80米高度	90米高度	80米高度	90米高度	80米高度	90米高度
内蒙古	61.59	88.25	161016	232140	41352	72180
青海	7.52	16.23	14227	35676	3316	8948
甘肃	6.27	14.57	17626	35862	4003	9141
山东	4.17	8.54	4975	9575	1224	2947
山西	1.3	4.32	1565	4745	392	1395
陕西	1.28	5.3	2122	8046	474	2138
河南	1.24	7.76	1337	8120	306	2276
宁夏	2.05	3.23	3900	6074	905	1726
黄河流域合计占比/%	49.3	45.0	58.9	54.0	59.0	55.4
全国总计	173.23	329.4	351283	630204	88051	181820

资料来源：国家气象局。

在风能资源潜力方面，黄河流域省份展现出海陆两相风能资源潜力突出的比较优势。根据《中国可再生能源展望》数据，中国陆上风力发电资源潜力48.9亿千瓦，其中黄河流域各省区风力发电资源潜力25.1亿千瓦，占比51.4%。流域内内蒙古自治区风力发电资源潜力最大，达16.1亿千瓦，占全国陆上风力发电比重为32.9%。中国海上风力发电资源潜力2.1亿千瓦，流域内山东省海上风力发电潜力3603万千瓦，占全国海上风力发电比重为17.2%。从流域内部比较来看，内蒙古风能资源优势较大，风能可利用面积达88.25万平方千米，主要分布在从阴山山脉以北到大兴安岭以北的蒙东呼伦贝尔、兴安盟、赤峰、锡林郭勒盟一带。青海、甘肃紧随其后，风能可利用面积分别为 16.23 万平方千米和 14.57 万平方千米。内蒙古、青海、甘肃三省合计风能技术开发量和潜在发电量分别占全流域的90%左右。

（四）中上游地区太阳能资源优势明显

我国是全球太阳能资源丰富的国家之一，黄河流域内青海、甘肃、宁夏、内蒙古高原的总辐射量和日照时数均为全国最高，属世界太阳能资源丰富地区之一。《中国太阳能发展路线 2050》显示，黄河流域太阳能资源主要为Ⅰ类和Ⅱ类区域，其中内蒙古额济纳旗以西、甘肃酒泉以西、青海100°E 以西属于极丰富带（Ⅰ），年辐射总量在 1750 千瓦时/米^2 以上，年日照小时数在 2800～3000 小时；青海东部、宁夏南部、甘肃中部、内蒙古、山西北部等地属于很丰富带（Ⅱ），年辐射总量在 1400～1750 千瓦时/米^2，年日照小时数在 2800～3000 小时；甘肃东南部、山西南部、陕西北部、山东和河南等地属于丰富带（Ⅲ），年辐射总量在 1050～1400 千瓦时/米^2，年日照小时数在 2200～2800 小时。

（五）黄河流域还具备一定的水力资源

黄河流域的地势西高东低，西部河源地区平均海拔在 4000 米以上，由一系列高山组成，常年积雪，冰川地貌发育；中部地区海拔在 1000～2000 米，为黄土地貌，水土流失严重；东部主要由黄河冲积平原组成。根据《中国水力资源复查成果 2003》，黄河流域水力资源理论蕴藏量、技术可开发量、经济可开发量分别为 4331 万千瓦、3734 万千瓦和 3456 万千瓦，分别仅占全国水力资源总量的 6.2%、6.9%和 7.9%（见附表6）。从分地区情况看，黄河流域八省区水力资源理论蕴藏量、技术可开发量、经济可开发量分别为 6895 万千瓦、5143 万千瓦和 4177 万千瓦。截至 2019 年底，黄河流域八省区水电装机已达 3547 万千瓦，进一步扩大开发规模的潜力有限。

黄河流域内资源主要集中于中上游省区，青海、甘肃、陕西三省水力资源占全流域 80%左右。贵德至孟津区段，多经高山峡谷，水流迅急、坡降大，具备相当水力开发潜力。其中，贵德到刘家峡山谷极为深削，河宽50～70 米，最狭处不到 15 米，谷深 100～500 米，水流湍急，狭窄崖陡，蕴藏丰富的水力资源。

附表 6　全国及黄河流域水力资源对比　　单位：万千瓦

类别	理论蕴藏量	技术可开发量	经济可开发量
	平均功率	装机容量	装机容量
黄河水力资源	4331	3734	3456
全国水力资源	69440	54164	40180

资料来源：自然资源部《中国水力资源复查成果 2013》。

二、黄河流域能源基地开发早规模大，对保障我国能源安全举足轻重

（一）长期以来黄河流域能源开发有力支撑了国家经济社会发展

伴随我国能源供需保障、产能优化和功能调整的转换和演变，黄河流域能源基地开发经历了从东至西、从下游至上游、从开发化石能源至发展可再生能源的转变，长期以来对支撑地区和全国经济社会发展发挥了重要作用。1949—1979 年，黄河下游山东和河南建成全国重要能源基地，依托已有煤炭开发基础，分别以河南鹤壁、平顶山和山东兖州、巨野建设了河南煤炭基地和鲁西煤炭基地，为国民经济恢复发展提供了坚实保障。1980—2000 年，山西能源基地加快发展，到 1997 年全省各类煤矿发展到历史最高峰 10971 处，原煤产量达到 3. 3 亿吨，占全国煤炭产量的比例提高到 24. 9%，外调量增长到 1. 93 亿吨，煤炭产量和外调量分别占到全国的 1/4 和 3/4。2001—2012 年，黄河“几”字弯区域综合能源基地全面建设。“黄金十年”时期，流域内产量占全国比重提升至七成，产能逐步向“几”字弯靠拢，至 2010 年，流域内煤炭产能产量 90% 聚集于晋陕蒙宁，山东、河南能源基地逐步走向衰退期。另外，以环鄂尔多斯盆地为代表的中游地区加快油气开发利用进程，推进鄂尔多斯盆地、渤海湾盆地等陆上油气生产基地稳产或增产，建设沁水盆地和鄂尔多斯盆地东缘煤层气产业基地。2013 年至今，黄河中上游能源基地作用进一步提升，全流域年均对外净输送 24. 7 亿吨煤炭、1. 1 亿吨原油、500 亿立方米天然气和 17360 亿千瓦时电力。未来，流域内能源开发利用，将随着产能优化、技术创新、基础设施完善等因素不断提升而取得更大的进步，将对流域内各省区乃至国家高质量发展提供更加坚实的支撑作用。

（二）传统化石能源开发强度高、规模大

1. 九大煤炭基地占全国产能总量三分之二以上

黄河流域形成超大规模煤炭产能。依托区域内煤炭资源丰富的绝对先天优势，黄河流域各省区在过去相当一段时间内不断加大煤炭生产建设力度，以晋陕蒙区域为代表的流域内超大规模产能已然形成。截至 2019 年底，晋陕蒙三省区生产煤矿和建设煤矿年产能总计 29.1 亿吨，占全国的 64.8%。

流域内原煤产量总体呈现上升趋势（见附图 2）。20 世纪 90 年代至 2001 年，黄河流域煤炭产量相对稳定，总量维持在 5.5 亿~7.1 亿吨，流域煤炭产量占全国比重呈现缓慢下滑趋势，到 2000 年降至 39.6%的低位。2002—2012 年，煤炭生产迎来“黄金十年”，流域内煤炭生产开采量屡创新高。2013 年至今，随着我国煤炭优化产能工作不断落实，落后产能逐渐淘汰关闭，优质产能进一步扩大改建，其间黄河流域煤炭产量有所波动但总量占比呈现上升趋势。2019 年全流域煤炭产量突破 30 亿吨，占全国比重提升至 79.2%。

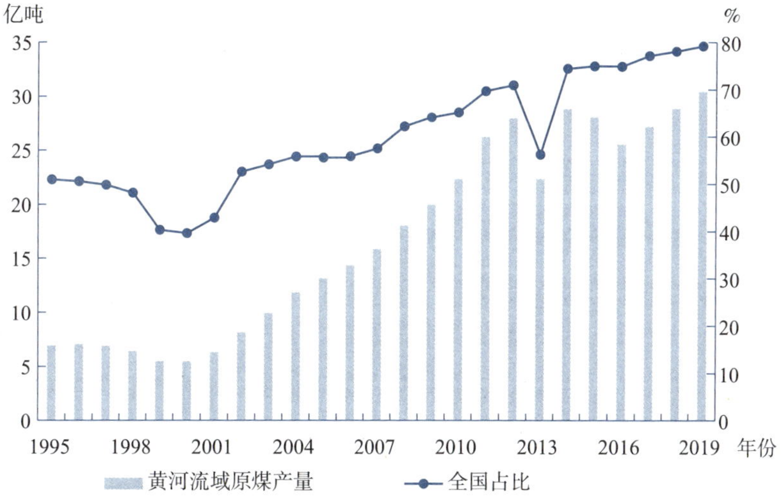

附图 2　1995—2019 年黄河流域原煤产量及全国占比

资料来源：国家统计局，Wind 数据库。

以陕西榆林、内蒙古鄂尔多斯、山西朔州为界的三角区域被誉为中国煤炭“金三角”，近年成为煤炭优化产能重点区域。煤炭“金三角”及腹

地煤炭产量占据全国煤炭总产量近 1/3，以 2013 年产量为例，鄂尔多斯、榆林、朔州三市的煤炭产量分别达到 5.76 亿吨、3.39 亿吨、2.20 亿吨，位居中国产煤市前三位。与此同时，随着供给侧结构性改革深入推进，2012 年开始的“上大压小、优化产能、集中生产”成为煤炭生产主要基调，作为全国煤炭主要资源富集和开发利用地带，黄河流域成为本轮煤炭去产能重点区域。2018 年，黄河流域化解过剩产能占全国化解过剩产能总量的 60%。2019 年已公布省区煤矿计划和实际化解过剩产能情况见附表 7。

附表 7　2019 年已公布省区煤矿计划和实际化解过剩产能情况

地区	计划退出数量/个	计划退出产能/（万吨/年）	实际退出数量/个	实际退出产能/（万吨/年）
山西	18	1895	18	1895
内蒙古	12	400	10	340
山东	4	162	4	162
河南	5	549	6	591
青海	2	60	2	60
甘肃	6	57	6	57
宁夏	—	—	—	—
陕西	—	210	9	278
黄河流域合计	47	3333	55	3383
全国	291	6977	412	8215

2. 六大煤电基地支撑流域内煤电发展占据全国核心地位

2014 年，国家推进九大以电力外送为主的千万千瓦级清洁高效大型煤电基地建设，其中内蒙古鄂尔多斯、陕西北部、宁夏东部以及山西的晋北、晋中、晋东等六大煤电基地坐落于黄河流域，此外，下游河南和山东也建立了强大的煤电保障体系，黄河流域煤电基地建设强力支撑了区域乃至全国电力需求。

黄河全流域煤电装机容量总量呈现出不断上升势态，流域内煤电全国占比维持在 1/3 以上。国家统计局和中国电力企业联合会公布数据显示，2019 年 6000 千瓦及以上电厂发电设备容量合计 43267 万千瓦，分别为 2000 年和 2010 年的 6.5 倍和 1.7 倍，2000—2019 年装机容量年均增长率达 10.54%（见附图 3）。近 20 年来，黄河流域煤电装机规模占全国比重相对稳定，“十三五”期间维持在 1/3 以上水平。2020 年，我国煤电装机预计达到 11.7 亿千瓦，其中黄河流域煤电基地煤电装机占全国 1/3。“十三五”期间计划开工煤电项目 2.6 亿千瓦，其中煤电基地机组占 62.7%；投产 2.65 亿千瓦，其中煤电基地机组占 55%。

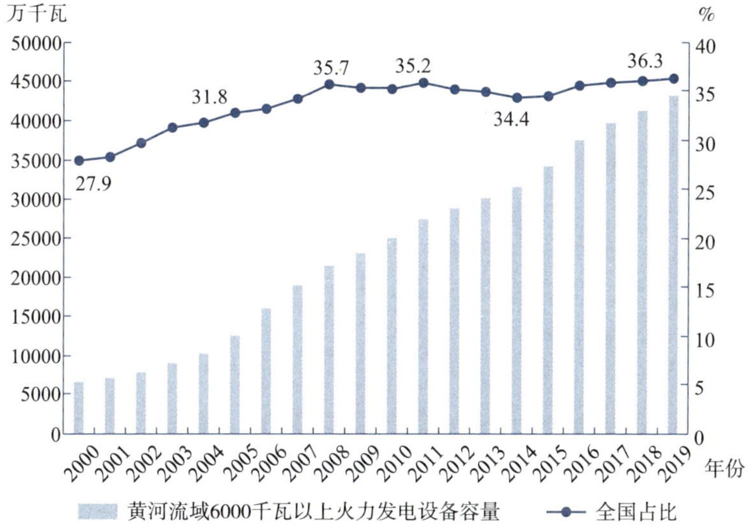

附图 3　黄河流域 6000 千瓦及以上火力发电设备容量及占全国比重

资料来源：国家统计局，中国电力企业联合会。

流域内各省煤电装机快速上升。从各省煤电装机容量来看，“十五”以来各省区煤电装机均呈现快速上升势头，流域内各省区煤电装机比重相对稳定，山东、内蒙古和河南位列第一至第三位。从 6000 千瓦及以上火力电厂发电设备容量统计数据变化来看，山东省 2000 年设备容量 1993 万千瓦，2019 年提升至 10713 万千瓦，涨了 5.38 倍；内蒙古 2000 年设备容量 850 万千瓦，2019 年提升至 8721 万千瓦，涨了 10.3 倍；河南 2000 年设备容量 1379 万千瓦，2019 年提升至 7050 万千瓦，涨了 5.1 倍（见附图 4）。

全流域火力发电占比全国近四成。从发电量数据来看，由于煤电机组相对较为稳定，全流域各省火力发电数据走势与装机容量大体一致。2019 年，黄河流域火力发电量 19355.7 亿千瓦时，占全国火力发电量的 37.08%，山东、内蒙古和河南三省区年火力发电量达 5169.4 亿千瓦时、4556.1 亿千瓦时和 2532.0 亿千瓦时，分别位居全国第一、第三和第五位（见附表 8）。

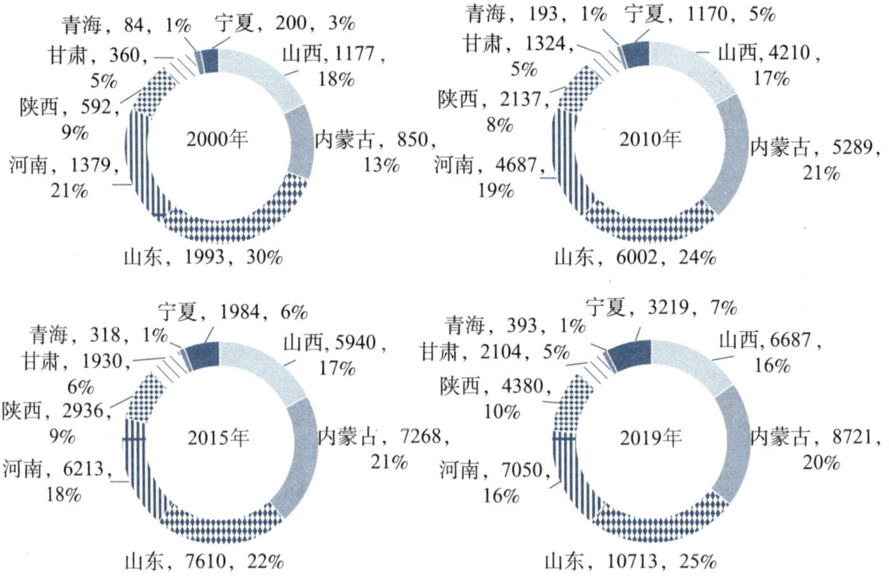

附图 4　黄河流域各省区 6000 千瓦及以上火力发电设备容量（万千瓦）及占比

资料来源：国家统计局，中国电力企业联合会。

附表 8　黄河流域各省区火力发电量及全国占比

地区	1995 年	2000 年	2005 年	2010 年	2015 年	2019 年
山西/亿千瓦时	498.9	607.3	1291.7	2104.0	2330.3	2930.5
内蒙古/亿千瓦时	277.1	432.1	1042.3	2226.6	3427.5	4556.1
山东/亿千瓦时	738.8	1005.1	1909.6	3003.6	4545.6	5169.4
河南/亿千瓦时	532.0	677.8	1346.8	2092.1	2499.0	2532.0
陕西/亿千瓦时	211.3	237.5	495.9	1024.9	1452.4	1859.1
甘肃/亿千瓦时	141.6	151.0	339.7	502.3	719.8	785.3
青海/亿千瓦时	17.9	26.1	55.6	97.2	122.0	106.7
宁夏/亿千瓦时	98.5	128.4	295.2	551.4	1017.1	1416.6
黄河流域占比/%	31.36	30.00	33.10	34.82	37.61	37.08
全国/亿千瓦时	8023.9	10884.9	20473.4	33319.3	42841.9	52201.5

资料来源：国家统计局，中国电力企业联合会。

3. 黄河流域已成我国稳油增气主要地区

黄河流域油气资源分布较广，已建成包括柴达木油气基地、鄂尔多斯油气基地、中原油田基地、渤海湾油气基地在内多个大型油气生产基地。

流域内油气产量整体稳定。21 世纪以来，黄河流域油气产量不断攀升，2014 年全流域油气产量突破 1.2 亿吨油当量，产量达峰。近年来，黄河流域油气生产基本稳定，油气产量基本在 1.15 亿吨左右，占全国比重维持在 35%上下（见附图 5）。

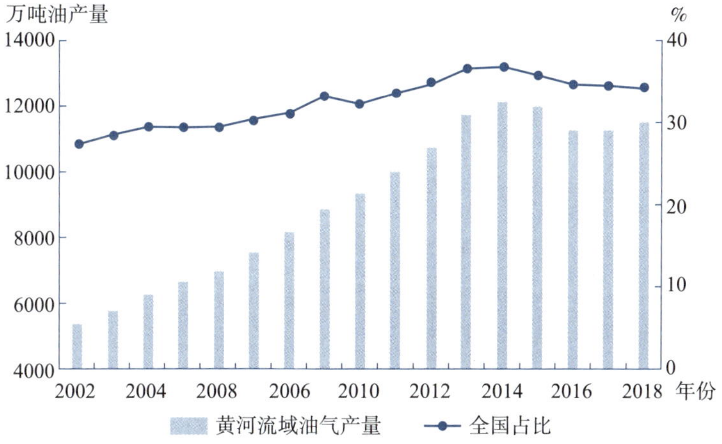

附图 5　黄河流域油气产量及全国占比

资料来源：国家统计局，Wind 数据库。

——石油方面。进入 21 世纪，黄河流域原油产量不断攀升，流域原油生产占全国总量比重也节节攀高。2000 年，黄河流域原油产量 4330.07 万吨，全国占比 26.6%。2014 年，流域原油产量达到最高值 7435.89 万吨，全国占比 35.2%。“十二五”末期，原油产量出现一定幅度下滑，全国占比一度跌至 32.8%。2019 年流域内各省区原油产量合计 6445 万吨，全国占比 34%左右（见附图 6）。

分省来看，近年来陕西和山东原油产量占流域比重始终维持较高水平，主要得益于鄂尔多斯盆地和渤海湾盆地油气资源顺利勘探开发。1999 年，山东、陕西两省原油产量占全流域比重分别为 63%、15%，2010 年山东、陕西两省原油产量占全流域比重分别为 41%、45%，2019 年山东、陕西两省原油产量占全流域比重更新至 35%、55%。20 年来，陕西省原油生产增长 5.5 倍，2019 年全省原油生产量达 3543 万吨，分别占全流域和全国原油生产总量的 55%和 11.7%，位居全国第一（见附图 7）。

——天然气方面。黄河流域天然气生产则呈现“先增后稳”的态势，2002—2012 年天然气产量增长 4.7 倍，2018 年天然气产量全国占比增至

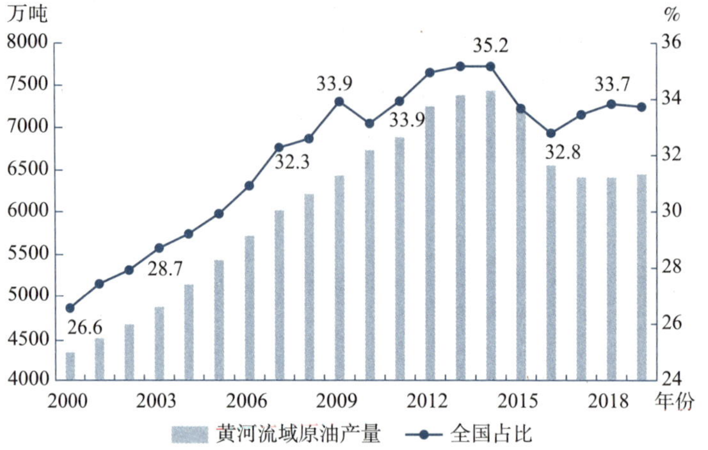

附图 6　黄河流域原油产量及全国占比

资料来源：国家统计局，Wind 数据库。

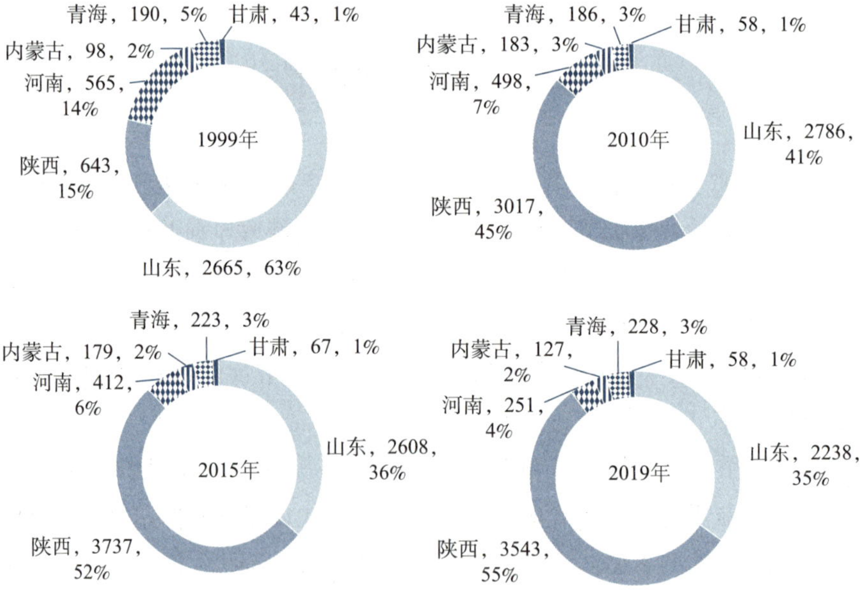

附图 7　黄河流域各省区原油产量（万吨）及占比

资料来源：国家统计局，Wind 数据库。

39.5%。2013 年至今，黄河流域天然气产量较为稳定，2018 年流域内各省区合计生产天然气 569.68 亿立方米，2019 年天然气产量有所增加，为 632.29 亿立方米，当前流域内天然气生产占全国生产总量比重保持在 36%

水平（见附图 8）。

分省来看，陕西省天然气生产在流域内乃至全国领先优势明显，山西省煤层气资源具备较大开发潜力。由于近年来鄂尔多斯特大油气田的大规模开发，陕西省天然气产量在流域内部乃至全国均保持绝对领先地位。2019 年陕西省天然气产量 473.4 亿立方米，占全流域和全国天然气产量比重分别为 74.87%和 26.87%。值得注意的是，山西省近年因煤层气大力开发，其天然气生产呈现异军突起态势，2019 年山西省天然气产量达 64.6 亿立方米，位居全国第六，流域内位居第二，仅次于陕西省，一改以往“贫油少气”的能源局面，随着山西省煤层气进一步勘探开发，黄河流域天然气资源将得到有效补充（见附表 9）。

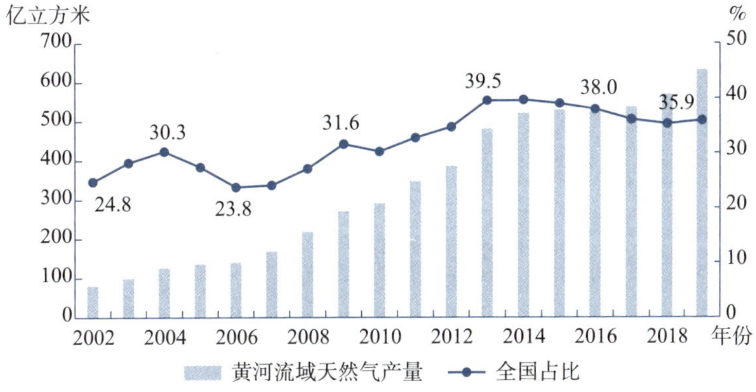

附图 8　黄河流域天然气产量及全国占比

资料来源：国家统计局，Wind 数据库。

附表 9　黄河流域各省区天然气生产量及全国占比

地区	2002 年	2005 年	2010 年	2015 年	2019 年
陕西/亿立方米	40.0	80.6	223.5	415.9	473.4
河南/亿立方米	19.4	20.1	6.7	4.2	3.0
山东/亿立方米	7.7	9.3	5.3	4.6	5.1
内蒙古/亿立方米	0.0	0.0	0.0	9.2	22.1
山西/亿立方米	2.1	3.2		43.1	64.6
宁夏/亿立方米	0.1	0.0	3.0	0.0	0
甘肃/亿立方米	0.9	0.8	0.2	0.1	0.1

续表

地区	2002年	2005年	2010年	2015年	2019年
青海/亿立方米	11.5	22.3	56.1	61.4	64.0
黄河流域合计/亿立方米	81.6	136.4	294.9	538.4	632.3
占全国比重/%	24.8	27.4	30.5	39.7	35.9

资料来源：国家统计局，Wind数据库。

4. 黄河流域也是我国能源化工产业集聚地区

黄河流域是我国重要煤化工产业聚集区域，流域内内蒙古煤化工基地、宁夏宁东煤化工基地、陕西榆林煤化工基地、山西煤化工基地在全国煤化工领域占据举足轻重的地位。

黄河流域是我国煤化工产业发展主要核心区域。根据中国宏观经济研究院不完全统计，2018年黄河流域煤制天然气、煤制烯烃、煤制油、煤制乙二醇投产产能分别占全国总量的34%、81%、100%、68%；在建和拟建产能分别占全国总量的47%、60%、63%、65%（见附表10）。黄河流域传统煤化工产业产能产量占全国比重稳定在一半以上。焦炭方面，2019年流域内各省区焦炭产量26444.95万吨，占全国56%，流域内山西省焦炭产量占比（36.7%）最高，山东（18.6%）、陕西（17.7%）、内蒙古（13.9%）分列第二到第四位。

附表10 2018年黄河流域及全国煤化工产能

类别	煤制天然气/亿立方米		煤制烯烃/万吨		煤制油/万吨		煤制乙二醇/万吨	
	黄河流域	全国	黄河流域	全国	黄河流域	全国	黄河流域	全国
投产	17.3	51.05	1014	1255	958	958	270	398
在建	82.7	203.95	1165	1935	600	910	525	725
拟建	480	998	1091	1831	1050	1700	1385	2195
全部	580	1253	3270	5021	2608	3568	2180	3318

资料来源：课题组收集整理。

石油化工产业主要分布在山东、陕西、甘肃等省份。黄河流域汽油、煤油、柴油等主要油气炼化产品产量合计占全国比重分别为30%、10%、

30%左右。分开来看，黄河流域油气炼化并不在全国重点部署范围内[①]，但流域整体油气炼化在全国依然保持显著重要的地位。其中山东省汽油生产量在流域内位居第一，2019 年山东省汽油生产量为 2321.1 万吨，分别占全流域和全国汽油生产量的 57.5%和 16.4%（见附表 11）。流域内煤油产量较小，但长期保持稳步增长态势。流域内煤油生产量由 2001 年的 121.9 万吨上升至 2019 年的 571.6 万吨（见附表 12）。流域内各省区柴油产量相对均衡，2019 年产量前三位分别是山东、陕西和甘肃（见附表 13）。

附表 11　黄河流域各省区汽油产量

地区	2001 年	2006 年	2011 年	2016 年	2018 年	2019 年
山西/万吨			2.8			
内蒙古/万吨		60.6	34.3	176.6	151.7	178.6
山东/万吨	273.7	500.3	1286.3	3252.2	2788.6	2321.1
河南/万吨	123.2	140.9	191.4	203.6	226.7	206.6
陕西/万吨	197.3	410.3	610.8	621.8	653.6	640.0
甘肃/万吨	166.4	239.1	398.6	388.3	418.9	433.5
青海/万吨	21.8	31.5	46.3	52.5	45.8	53.0
宁夏/万吨	35.4	58.2	46.5	259.0	195.4	205.8
黄河流域占比/%	19.7	25.8	32.1	38.3	32.3	28.6
全国/万吨	4154.7	5594.8	8158.1	12932.0	13887.7	14120.7

资料来源：国家统计局，Wind 数据库。

附表 12　黄河流域各省区煤油产量

地区	2001 年	2006 年	2011 年	2016 年	2018 年	2019 年
内蒙古/万吨				14.2	14.5	19.8
山东/万吨	45.1	31.7	92.2	257.9	305.3	270.0
河南/万吨	19.3	21.2	47.7	62.8	66.7	62.7
陕西/万吨	8.3		25.7	30.3	78.3	78.7
甘肃/万吨	49.2	48.6	31.7	82.0	112.3	115.4

① 中国七大世界级石化产业基地包括大连长兴岛、河北曹妃甸、江苏连云港、浙江宁波、上海漕泾、广东惠州和福建漳州古雷。

续表

地区	2001年	2006年	2011年	2016年	2018年	2019年
宁夏/万吨				19.6	24.1	25.0
黄河流域占比/%	15.4	10.6	10.5	11.7	12.6	10.8
全国/万吨	789.4	960.0	1879.7	3983.8	4770.3	5272.6

资料来源：国家统计局，Wind数据库。

附表13　黄河流域各省区柴油产量

地区	2001年	2006年	2011年	2016年	2018年	2019年
内蒙古/万吨		53.96	93.55	177.6	158	172.2
山东/万吨	564.04	1040.8	2463.52	4882.1	4000.1	3125
河南/万吨	209.94	265.47	274.26	143.8	222.5	204.2
陕西/万吨	277.59	605.03	853.32	744.2	697.5	676.9
甘肃/万吨	303.78	585.65	736.02	526.3	531.4	548.8
青海/万吨	24.96	47.51	73.02	63.5	61.2	65.6
宁夏/万吨	41.17	77.64	53.26	237.2	250.9	237.4
黄河流域占比/%	19.0	23.0	27.3	37.8	34.1	30.2
全国/万吨	7485.66	11655.54	16676.31	17917.66	17377.45	16638.3

资料来源：国家统计局，Wind数据库。

（三）可再生能源规模化发展已成为全国典型示范区

黄河流域风、光、水等可再生能源资源丰富。“十二五”以来，国家加快了黄河流域可再生能源基地建设进程，打造了青海风光基地、青海水电基地、晋北风光基地等诸多可再生能源基地。

1. 黄河流域风能开发利用占全国近半

从并网容量来看，全流域风能开发长期占全国45%~50%水平。2014年，流域内风电累计并网容量4727.44万千瓦，全国占比49.1%；截至2019年底流域内风电累计并网容量9813万千瓦，全国占比46.7%（见附图9）。其间风电累计并网容量翻番，年均增长率达16.0%。分区域看，内蒙古2013年以前风电装机并网容量约占全国1/4，2019年全区风电装机并网容量首次超过3000万千瓦，流域内占比达31%。甘肃省在“十二五”时期风电装机快速发展，进入“十三五”之后略有停顿，2019年装机容量位列全流域第二。2016年以来风电累计并网容量增量排名中河南、山东、山西位列前三，黄河下游省份未来风能利用值得期待。

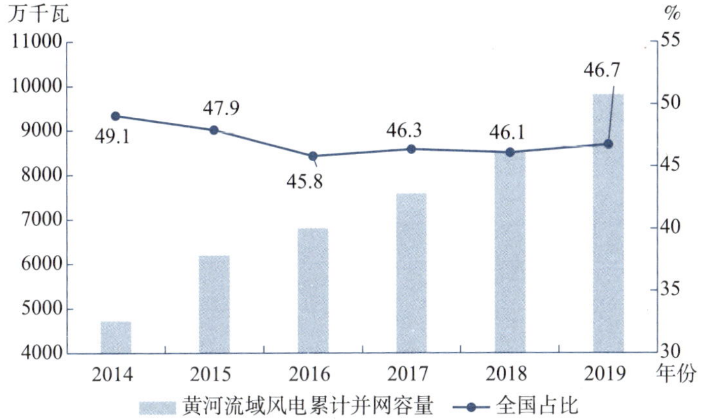

附图9　黄河流域风电累计并网容量及全国占比

资料来源：国家能源局，中国电力联合会。

从发电量来看，近年来黄河流域风力发电呈现电量增长、占比下降的基本态势。近年来，黄河流域风力发电量快速提升，但随着全国风能开发利用步伐整体加快，黄河流域风力发电增速稍落后于全国平均水平，其发电量占全国比重呈现缓慢下滑态势，2019 年流域累计风力发电 1766 亿千瓦时，占全国比重滑落至 43.5%（见附图 10）。分省区来看，内蒙古风力发电量仍居首位，2019 年风力发电 666 亿千瓦时，占流域和全国比重分别为 37.7%和 16.4%，“十三五”前四年风力发电增量超过 200 亿千瓦时。根据国家能源公布数据显示，2020 年上半年从新增装机布局来看，主要集中在山西、山东和宁夏等省区，分别为 71 万千瓦、49 万千瓦和 40 万千瓦。

需要关注的是，伴随着一定程度无序开发，黄河流域弃风现象相对严重。过去一段时间，流域内弃风率较高，部分省份弃风率甚至超过 50%。当前，弃风现象虽已得到有效遏制，但弃风现象仍旧普遍存在，2019 年全国弃风率超过 5%的 3 个地区中有 2 个位于黄河流域，其中甘肃弃风率 7.6%、弃风电量 18.8 亿千瓦时，内蒙古弃风率 7.1%、弃风电量 51.2 亿千瓦时。未来进一步有效控制弃风现象，将成为做好风能开发利用的关键举措。

2. 太阳能开发利用也占全国四成以上

黄河流域内总辐射量和日照时数优势显著，流域内各省区均较早部署

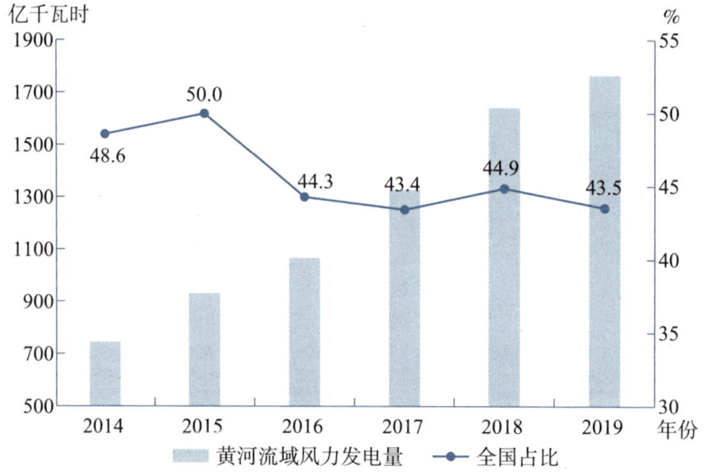

附图 10　黄河流域风力发电量及全国占比

资料来源：国家能源局，中国电力联合会。

太阳能开发利用。目前，青海海南海西、甘肃河西、蒙西等地区已建成了一批相当规模的太阳能光伏基地。截至 2019 年底，黄河流域八省区合计太阳能光伏装机 8745 万千瓦，还有很大的开发潜力（见附图 11）。

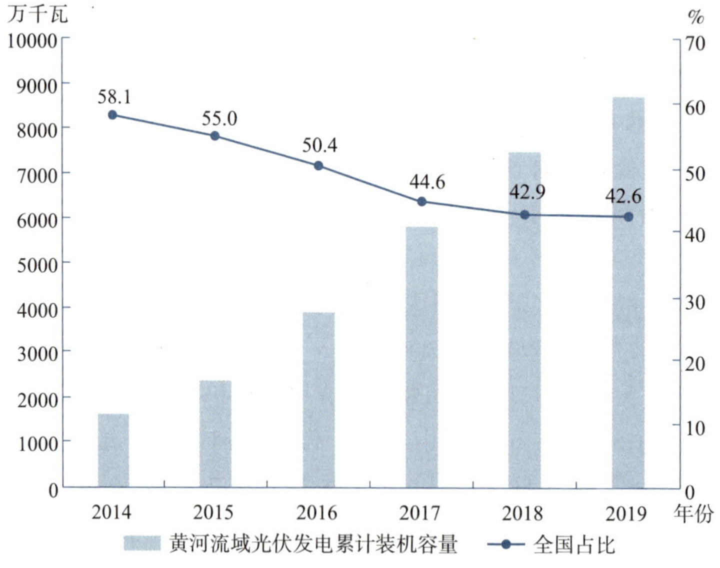

附图 11　黄河流域光伏发电累计装机容量及全国占比

资料来源：国家能源局、中国电力联合会。

从装机容量来看，黄河流域太阳能光伏开发利用进入快车道。2015年，黄河流域光伏装机容量总计2376万千瓦，全国占比55%。2019年，黄河流域光伏装机容量总计8708万千瓦。2015—2019年5年时间光伏装机容量增长3.7倍，年均增长约30%，当前流域内光伏装机占全国比重维持在40%以上水平。

从发展模式选择来看，上游光伏发展偏向集中式，中下游侧重布局分布式。近5年来，各省区光伏装机均呈现不断上涨趋势。但细分来看，上中下游光伏发展模式不尽相同。黄河流域上游地广人稀，太阳能资源优良，以青海、甘肃为代表的省份率先建设以集中式光伏电站为代表的开发模式，其中甘肃省集中式光伏开发潜力位列全国第三位，可开发潜力总量达12338万千瓦。2015年前后，随着技术的成熟、国家和地方政策的扶持，分布式光伏正式登上舞台，其中以山东和河南最具代表性。当前，流域内各省区光伏发电开发利用水准相当，但在开发模式上差异较大。流域内集中式光伏电站装机容量前三位是青海、内蒙古和山西，截至2019年底，三省区集中式光伏电站装机容量分别为1086万千瓦、1001万千瓦和857万千瓦；流域内分布式光伏装机容量前三位是山东、河南和山西，截至2019年底，三省分布式光伏装机容量分别为942万千瓦、454万千瓦和231万千瓦。

3. 水电开发利用主要集中于流域中上游

黄河流域水力资源开发较早，全流域共建成了各类水库3000多座，其中大中型水库170多座。2020年中共中央、国务院发布《关于新时代推进西部大开发形成新格局的指导意见》，明确指出“加强可再生能源开发利用，开展黄河梯级电站大型储能项目研究，培育一批清洁能源基地”。这将是未来黄河流域水力开发利用新契机。

——黄河上游水电基地。黄河上游水电开发总利用水头1118米，装机容量1554.73万千瓦，保证出力487.22万千瓦，年发电量507.93亿千瓦时。其中，青海省依托上游贵德到刘家峡蕴藏丰富的水力资源，梯级水电开发已初具规模，目前已加快李家峡、拉西瓦扩机工程，推进羊曲、玛尔挡水电站建设，争取2022年前，青海—河南特高压送电工程海南州配套建成水电装机486万千瓦。到2025年，海南州水电装机达到1088万千瓦，到2035年，水电装机超过1300万千瓦。

——黄河中游水电基地。黄河中游水电基地主要汇聚于北干流，主要是托克托县河口镇至禹门口（龙门）干流河段，该域段水能资源比较丰富，初步规划装机容量 596.8 万千瓦，保证出力 125.8 万千瓦，年发电量 192.9 亿千瓦时。目前，黄河中游水电基地已建成水电装机容量 162.8 万千瓦，筹建装机容量 434 万千瓦，无在建项目装机。

黄河中上游规划可开发容量超 3000 万千瓦、规划装机 2045 万千瓦，已建成主要梯级水电集群装机 1500 万千瓦，且大部分具备单年、多年调节能力。从技术可开发量来看，青海、甘肃和陕西三省水力资源占全流域水力资源比重分别为 47%、23%和 12%；从经济可开发量来看，三省水力资源占全流域水力资源比重分别为 37%、25%和 15%。但总体来看，流域水力开发剩余潜力不足，资源技术可开发量和经济可开发量占理论蕴藏量比重分别达到 86%和 80%，两项指标分别高于全国 8 个和 22 个百分点。水力发电装机和发电量占电力装机和发电量的比重仅为 6%和 5%，远低于全国 19.3%和 18.6%水平。黄河流域中上游部分大型水电站见附表 14。

附表 14　黄河流域中上游部分大型水电站情况

名称	位置	状态
三门峡水利枢纽	山西平陆、河南三门峡市交界处	1960 年投入使用
刘家峡水电站	甘肃永靖	1974 年投入使用
八盘峡水利枢纽	甘肃兰州	1980 年投入使用
龙羊峡水电站	青海共和	1992 年投入使用
李峡水利枢纽	青海化隆	1999 年投入使用
万家寨水利枢纽	山西偏关、内蒙古准格尔旗交界处	1999 年投入使用
小浪底水利枢纽	河南济源和孟津交界处	2001 年投入使用
公伯峡水电站	青海循化	2006 年投入使用
拉西瓦水电站	青海贵德、贵南两县交界处	2022 年投入使用

4. 其他能源资源开发前景巨大

——“绿氢”开发逐步登上历史舞台。2019 年 3 月，氢能首次进入政府工作报告，报告中明确提出“推进充电、加氢等设施建设”。国家层面已把氢能视为未来重要的科技创新领域。黄河流域一次能源资源和电力资源丰富，并形成了山西大同“氢都”等典型示范城市。但此“氢”乃属“灰氢”，电解水制氢过程中依然需要大量煤电作为支撑。当前，上游可再生能源开发利用形成有效规模，氢能产业发展具备较为突出的先天优势。以可再生能源作为支撑，能够为电解水制氢提供清洁电力保证，不仅能够增加本地电力消纳，还能够利用氢能的灵活性，构建多能互补新模式，更重要的是通过扩大氢能应用（如氢燃料电池），将助力终端用能部门去煤减碳，未来“绿氢”发展潜力值得期待。

——核能产业发展具备较好发展基础。黄河流域是我国铀资源丰富地区。以内蒙古为例，大营地区铀矿的发现结束了我国无世界级铀矿历史，彻底摘掉了我国“贫铀”的帽子，据初步估计铀矿储量达到 5 万吨。目前，内蒙古中西部已形成 3 个万吨至 10 万吨级铀资源基地，在鄂尔多斯盆地、二连盆地和巴音戈壁盆地发现和落实了 2 个超大型、4 个特大型、3 个大型和 2 个中型铀矿床。基于流域内优质基础条件，各省区着力规划核能产业发展。山东省依托能源市场需求和沿海地理优势，未来将有序部署核产业发展，海阳核电站、乳山核电站和荣成核电站后续建设工作将带动省内核电产业发展。青海省希望将核电作为常规电源支撑，并支持外送。甘肃省在探索核能开发利用的进程中也具备相当基础条件，主要依托中核四〇四厂和五〇四厂核能技术作为开发基础。

——高温地热资源主要蕴藏于青海。我国地热资源比较丰富，地热资源热容量 2282MW_t，年直接可利用能量 37908TJ/a。青海省位于全球地中海—喜马拉雅地热带，其主要热储层为厚度数百米至数千米的第三系砂岩、砂砾岩，浅层地温能、中深层地热能、干热岩等地热能种类齐全，广泛分布在海南州、海东市、西宁市、玉树州和海西州等地。据不完全统计，全省盆地沉积型地热可采资源量达 7.38 亿吨标准煤/年。

——流域内生物质资源开发潜力较大。生物质能是唯一可转化成多种能源产品的新能源，是全球继石油、煤炭、天然气之后的第四大能源。作为黄河流域能源资源循环开发利用的重要应用领域，各省区生物质能开发利用进程也在不断推进。山东省在生物质能开发利用上处于流域乃至全国领先位置，截至 2017 年底，山东省以 43 个项目位列全国第一。作为全国能源革命排头兵的山西省近年来生物质能发展迅速，全国首家生物质新材料产业研究院在太原启用，2018 年将打造 6 个秸秆综合利用“样板县”。上游地区生物质能开发潜力亦较大，以甘肃为例，集中在张掖、定西、庆阳、天水、平凉、陇南和甘南地区，截至2017年底，全省生物质发电装机达8.8万千瓦。

（四）能源基地外运通道体系建设比较完善

1. 建成了“北煤南运”“西煤东调”的煤运体系

随着铁路加速提运成为铁路发展主要基调，煤炭铁路运输基础网络不断完善，极大地支撑了我国跨区煤炭运输需求。铁路输运系统在“八纵八横”骨架网络基础上形成了“大秦线”（山西大同—河北秦皇岛港）和“朔黄线”（山西神池—河北黄骅港）煤运专线，并以此升级为“三西”外运通道，极大缓解了我国煤炭生产地与消费地相剥离的矛盾，根据近年来全国煤炭跨区铁路运输数据可知，“山西、陕西、内蒙古”调出量约占全国跨大区间调出总量的80%。未来，随着我国煤炭产能进一步向中游环“几”字弯省区聚拢，区域内煤运体系预计将承担国家70%以上煤炭运输。“三西”煤炭外送通道能力见附表15。

——“三西”北通路。以运输动力煤为主，重点担负晋北、蒙西和陕北煤炭基地至京津冀、东北华东，以及秦皇岛、唐山、天津、黄骅等港口下水煤炭的运输，是“三西”煤炭外运的主要通路。2019年北通路完成煤运量8.51亿吨，同比增加1600万吨，占“三西”煤炭外运总量的68.6%，煤运北通路总的输送能力利用率达90%。

——“三西”中通路。以运输焦煤和无烟煤为主，主要担负晋东、晋中至华东、中南地区以及至青岛港的煤炭运输。2019年中通路完成煤运量1.13亿吨，增加300万吨，占“三西”煤炭外运总量的91%，输运能力利用率达92%。中通路运距最短，运费节省效果明显，大幅度缓解了运营运力紧张局面。

——“三西”南通路。以运输肥煤和无烟煤为主，主要担负晋中至中南、华东及至日照、连云港等港口的煤炭运输。2019年南通路完成煤运量2.75亿吨，增加3700万吨，输运能力利用率为75%。南通路主要增量为瓦日线，以及西康线运输陕煤至华西南地区外运量，其余各线增幅较小。

——浩吉铁路专线。浩吉铁路专线北起乌审旗浩勒报吉，南至江西吉安。作为中国“北煤南运”战略运输通道，2019年9月28日，浩吉铁路全线通车投入运营。途经蒙西鄂尔多斯（塔然高勒、高头窑、纳林希里、上海庙、呼吉尔特、纳林河）矿区、陕北榆林（榆神矿区三期、榆横矿区北区、榆横矿区南区、韩城）矿区、宁夏东部矿区、山西省南部（中煤王家岭、乡宁）矿区，绝大部分为新开发矿区。浩吉铁路专线计划 2020 年运输量 6000 万吨，之后迅速达到 1 亿吨以上规模并实现稳定增长。这将全力支撑“到 2020 年，全国煤炭铁路运输能力达到 30 亿吨”煤炭运输发展目标。

附表 15 “三西”煤炭外送通道能力 单位：万吨

项目		线路名	2019 年运煤量	2020 年能力		2025 年预测	
				货运	煤运	货运	煤运
“三西”外运通道	北通路	丰沙大线	1736	7500	5700	10000	7000
		大秦线	43400	45000	45000	45000	45000
		集通线	870	4000	2500	7000	5000
		朔黄线	30450	35000	35000	450000	450000
		京原线	465	2800	1500	2800	1900
		蒙冀线	7800	10000	7000	15000	12000
		浩吉线	400	15000	14000	20000	17000
		小计	85121	119300	110700	134800	124900
	中通路	石太线	9178	10000	8000	10000	8000
		邯长线	2073	7000	6000	10000	8000
		和邢线				3000	2600
		小计	11251	17000	14000	23000	18600
	南通路	太焦线	6528	8000	7000	8000	7000
		侯月线	7217	18000	15500	20000	17000
		瓦日线	6100	7000	6000	13000	11000
		陇海线	1956	10000	5000	10000	5000
		宁西线	2137	7000	5000	10000	7500
		西康线	3559	5000	3500	7000	5000
		小计	27497	55000	42000	68000	52500
合计			123869	191300	166700	225800	196000

2. 建成了完善的油气骨干管网设施体系

我国已建成规模较大的油气管道系统，基本形成连通海外、覆盖全国、横跨东西、纵贯南北、区域管网紧密跟进的油气骨干管网布局。黄河流域是我国油气输送的关键核心通道，其油气管网全力支撑国家“西油东运、北油南运、西气东输、北气南下”油气输送战略。

——西气东输、西油东运。依托进口资源，以及塔里木盆地、准噶尔盆地、鄂尔多斯盆地等石油天然气资源，逐步完善西气东输、川气东送、陕京等天然气干线系统。增强天然气跨区城输送能力，重点满足我国中东部地区用气需求。加快建设西气东输三线、陕京四线、新疆煤制气外送管道，新建西气东输四线、五线，川气东遂二线等主干管道。结合煤制气项目进展，建设鄂尔多斯等地区煤制气外输管道。

——北气南下、北油南运。统筹衔接陆上重要天然气进口通道建设情况，配套新建中俄东线黑河—华北—华东等天然气管道。结合煤制气项目进展，适时建设蒙东煤制气外输管道等。构建新疆—兰州、蒙西—兰州、兰州—成都—重庆，兰州—郑州—长沙的运输通道，实现成品油从西北向西南、华中地区输送。

流域内各省区油气管道主要由中石油和中石化经营管理，其中中石油陆续建成投产了西气东输一线、二线、三线和陕京管道系统等一批重点工程，构建包括西北油气战略通道在内的四大油气通道，油气骨干管网总里程超过 10 万千米。陕京线强力保障了京津冀地区油气需求，2018 年全年输气超 400 亿立方米，完成承担京、津、冀、晋、陕五省保供任务。

3. 建成以特高压为代表的电力外运输送体系

黄河上游省市 750 千伏主网架基本形成，中下游省市已建立起较为完善的各级电网。黄河流经省市电网横跨我国西北、华北、华中电网，主网架电压等级涉及 750 千伏和 500 千伏，其中流域内青海、甘肃、宁夏、陕西隶属于西北电网，目前已基本形成 750 千伏主网架；流域内内蒙古、山西、山东隶属于华北电网，河南隶属于华中电网，五省市已建立起以 500 千伏为主网架的各级电网。

截至 2018 年底，黄河流域八省区 220~750 千伏输电线路回路长度达到 18.8 万千米，全国占比超过 29.9%，其中上游青海、甘肃、宁夏、内蒙古四省区 220~750 千伏输电线路回路 8.4 万千米，中下游山西、陕西、河南、山东 220~750 千伏输电线路回路 10.4 千米。黄河流域八省区 220~750 千伏变电设备容量达 11.3 亿千伏安，全国占比超过 25.2%，其中上游四省区 220~750 千伏变电设备容量 4.3 亿千伏安，中下游四省份各级电网发展较快，变电设备约为 7.0 亿千伏安（见附表 16）。黄河流域各省区已建成特高压交直流线路 11 条，在建 3 条，合计输送能力超过 1.2 亿千瓦，其中，特高压直流外送线路 7 条，主要以风光火打捆外送为主，合计输送能力超过 6200 万千瓦；特高压交流线路 7 条，部分已与华北、华东电网特高压线路形成环网，输送能力超过 5900 万千瓦，以煤电和风光火打捆输送为主（见附表 17）。

附表 16　黄河流经省份 220~750 千伏输电线路回路长度和变电容量

地区	输电线路回路长度/千米						变电设备容量/万千伏安
	750 千伏	±660 千伏	500 千伏	±400 千伏	330 千伏	220 千伏	
青海	3011	—	—	1217	6521	—	5592
甘肃	5557	—	—	—	11167	835	9413
宁夏	2376	106	—	—	2336	2311	7245
内蒙古	—	—	14320	—	—	34103	20645
山西	—	305	8958	—	—	17052	13781
陕西	2752	308	565	—	10845	327	6805
河南	—	—	7940	—	140	19549	20378
山东	—	415	9075	—	—	25983	29284

资料来源：课题组收集整理。

附表 17　黄河流经省份特高压电网建设情况

起点	落点	电压等级/千伏	额定容量/万千瓦	投产时间	送电类型
宁夏银川	浙江绍兴	±800	800	2016 年 11 月 1 日	风光火打捆
甘肃酒泉	湖南湘潭	±800	800	2017 年 6 月 1 日	风光火打捆
山西朔州	江苏淮安	±800	800	2017 年 6 月 1 日	风光火打捆
内蒙古锡盟	江苏泰州	±800	1000	2017 年 7 月 1 日	风光火打捆
内蒙古通辽	山东潍坊	±800	1000	2017 年 12 月 1 日	东北富余电量
内蒙古鄂尔多斯	山东临沂	±800	1000	2017 年 12 月 1 日	风光火打捆
青海	河南	±800	800	在建	风光火打捆
陕西榆横	山东潍坊	1000	1000	已建	煤电外送
内蒙古锡盟	山东济南	1000	1000	已建	风光火打捆

续表

起点	落点	电压等级/千伏	额定容量/万千瓦	投产时间	送电类型
内蒙古准格尔	天津	1000	1000	已建	风光火打捆
蒙西	晋中	1000	800	已建	煤电外送
山西长治	湖北荆门	1000	500	已建	煤电外送
张家口张北	保定雄安	1000	600	在建	风光外送
山东潍坊	河北石家庄	1000	1000	在建	煤电外送

资料来源：课题组收集整理。

三、黄河流域能源基地类型多样、特色明显

黄河流域各能源基地发展包罗万象且各有不同，独具黄河特色“规模化能源基地集群”已形成落地。准确定义分类黄河流域各基地类型，分类分型研判其发展模式和方向，因类施策做好能源基地转型发展规划至关重要。

（一）能源基地分型归类理论体系综述

能源基地是指以发展能源及相关产业为基础和特色的地区，其功能内涵包括能源的生产、加工、转换、输配、贸易和相应的服务。对于能源资源分布地带和与之开发利用有关的地区分类、分型、分策研究，往往集中在对资源型城市的科学识别和分类引导，分析其发展规律特征、问题挑战和转型模式等方面。

1. 学术界对资源型地区类型划分的思路

学界对资源型地区的科学识别研究经历了从简单到复杂、从定性到定量的进程演变。

——按资源主导类型划分。在以往的资源型地区分类中，按照影响城市经济社会发展的主导资源类型进行分类是资源型地区类型划分的基本方法。刘云刚梳理了资源型地区在城市职能分类中的所属类别，并将资源型地区分为煤炭型、石油型、金属型、非金属型和森林型 5 种类型，同时讨论了不同类型城市在职能演化上的倾向。赵海云和张以诚从定性和定量的角度对矿业城市的概念进行了分析，提出了矿业城市的界定标准“支柱-

10-15-传统”，即矿业是支柱产业、矿业产值在工业总产值所占比例不低于10%、矿业职工在城市全部就业人口中不低于15%、传统矿业经济功能仍然发挥巨大作用。

——按产业发展周期划分。资源型地区发展“S”形曲线，资源型地区的类型可以划分为幼年期城市、中年期城市和老年期城市，一般情况下以具有大规模工业采矿历史和开采强度作为计算标准。王青云从发生学和功能学两个方面来界定资源型地区。从发生学角度看，资源型地区一定是因自然资源的开采而兴起或发展壮大的城市；从功能学角度看，资源型地区一定要承担为国家输出资源性产品的功能。资源型地区概念的外延要比矿业城市宽。韩凤芹等从资源型地区的生命周期性出发，用储采比、采掘业或资源相关产业规模变化、就业水平变化等指标将资源型地区分为成长型资源城市、稳定型资源城市和枯竭型资源城市。此外，也有学者根据资源城市对资源采掘活动的依赖程度进行分类，将城市分为轻度、中度和重度依赖型。

2. 政府对资源型地区划分的政策应用

政府对资源型地区发展的分类引导政策经历了从宏观到微观、从单指标到多指标的发展过程。

——按区域位置类型划分。国土空间规划中，通常体现在以地理维度对资源型地区总体定位作为划分依据，根据所在区域整体发展特点因类施策。如全国层面的东北振兴、中部崛起、西部大开发政策中，针对老工业基地重点转型帮扶；在区域层面的京津冀、长三角、粤港澳一体化建设政策中，针对重化工业基地整体搬迁和改造；在流域层面，如长江经济带高质量发展，对沿江传统能源化工进行产能西移等。

——按政策细分类型划分。除上述三种划分类型，从国家政策规划来看，近年来，国家对不同能源基地功能类型，开展了详尽的分型归类工作，以分类引导为导向逐步提升政策有效针对性。2008年国务院《关于促进资源型地区可持续发展的若干意见》提出加大对资源型地区尤其是资源枯竭城市可持续发展的支持力度，尽快建立有利于资源型地区可持续发展的体制机制。2009年国务院分两批正式确定了全国44个资源枯竭型城市（市辖区、林区、矿区、特区、经济技术开发区）。2013年，国务院出台了《全国资源型地区可持续发展规划》，对资源型地区可持续发展任务进行了系统部署，对全国262座资源型地区的范围和类别首先进行了识别与划分，首次明确各地“成长型、成熟型、衰退型和再生型”四种类型分属情况。2016年发改委等部门颁布《关于支持老工业城市和资源型地区产业转型升级的实施意见》明确对设立产业转型升级示范区和示范园区，促进产业向高端化、集聚化、智能化升级支持办法和转型重点任务。

（二）黄河流域能源基地分型归类应用研究

黄河流域能源品类齐全，能源开发已具备相当规模。为能够清晰准确地对黄河流域各能源基地因类施策、分类引导，进行科学系统分型归类显得意义非常。

1. 从区域位置类型划分

从流域层面划分角度来看，黄河流域上中下游根据资源禀赋、市场需求、社会环境等方面不同而截然不同。黄河上游能源基地侧重新能源开发利用，如青海风光基地，其能源开发初具规模，产业链上下游尚处于待完善阶段；黄河中游能源基地，侧重于传统化石能源开发利用，如山西煤炭基地，其能源开发较为成熟，已形成完善能源供需体系；黄河下游能源基地开发较早，当前其能源开发引致的经济社会和生态环境之间的耦合关联备受关注，如鲁西煤炭基地。按区域地理层面划分能源基地能够打破行政壁垒，最大程度凸显区域性能源开发利用特色。但跨省（区）市的地理区域分布，带来较多行政管理成本，亦不便于对该区域进行有效资源整合利用，能源基地归类的信息完整度可能得不到有效保障。

黄河干流分为上、中、下游，其中河源至内蒙古托克托县的河口镇为上游，内蒙古河口镇至河南郑州市的桃花峪为中游，郑州桃花峪至入海口为下游。本研究根据流域特征，考虑到省区之间能源资源分布特征的相似性，以及省区能源开发与区域资源环境承载力的相近关系，与流域分界有所差异，将黄河流域能源基地分为上游、“几”字弯区域、下游能源基地。其中，上游能源基地覆盖青海、甘肃两省；“几”字弯区域能源基地覆盖宁夏、内蒙古、陕西、山西四省区；下游能源基地覆盖河南、山东两省。

2. 从资源主导类型划分

从资源主导类型划分角度来看，可根据能源资源品类划分为化石能源基地和可再生能源基地。化石能源基地可细分为煤炭基地（如宁东煤炭基地、黄陇煤炭基地）、油气基地（如柴达木盆地油气基地、鄂尔多斯盆地油气基地等）、能源化工基地（如兰州油气炼化基地、榆林煤化工基地等）、煤电基地（如陕北煤电基地、宁东煤电基地等）。可再生能源基地可细分为水能基地、风能基地和太阳能基地等，具体如青海水电基地、青海风光基地、甘肃风光基地、蒙西风光基地等。按行业层面划分能源基地，能够较为清晰归类基地类型，便于垂直化管理。但实际情况是，各基地能源分布和开发利用并不单一，能源品种间关联得不到体现，能源基地具体特征信息可能被掩盖。

本研究根据能源资源特征，将黄河流域能源基地划分为化石能源基地和可再生能源基地两大类。其中，化石能源基地包括煤炭、石油天然气、煤层气、煤电、煤化工、石油化工等各类基地；可再生能源基地包括水、风、光等各类基地。

3. 从产业发展周期划分

从产业发展周期划分角度来看，能够体现基地发展进程，便于分类施策，需注意的是各省（区）能源发展和基地发展诉求往往并不一致。

本研究根据产业发展周期特征，可将黄河流域内能源基地划分为成长型、稳定型和衰退型能源基地。其中，成长型能源基地绝大部分为可再生能源基地，处于产业发展初期，未来发展空间巨大；稳定型和衰退型能源基地皆为化石能源基地，有的处于开发中期，未来一段时期可保持当前开发强度，有的开发强度已很大，未来规模将逐步衰竭。黄河流域各能源基地所处历史发展阶段不一。成长型基地汇聚未来发展潜力和方向，如青海风光基地；稳定型基地意味着能源开发利用的步伐稳定，已形成较为系统的能源供需体系，如各大煤炭基地；衰退型基地表示能源逐渐枯竭，能源产业对当地经济社会支撑力度逐步减弱，如鲁西煤炭基地、河南中原油气基地。

（三）黄河流域能源基地主要类型划分

结合本章关于黄河流域能源基地一般性分析研究，本研究将综合考虑黄河流域总体定位、区位特征、资源禀赋及开发强度、生态环境约束等因素，对流域内能源基地进行“三区、两类、三型”划分。具体划分结果见附表 18。

附表 18　黄河流域能源基地类型特征分类

<table>
<tr><th>按区域位置</th><th>按能源品类</th><th>按产业发展周期</th><th>主要能源基地名录</th></tr>
<tr><td rowspan="3">上游
（青海、甘肃）</td><td rowspan="2">化石能源</td><td>稳定型</td><td>陇东煤炭基地、兰州炼化基地</td></tr>
<tr><td>衰退型</td><td>玉门油气基地</td></tr>
<tr><td>可再生能源</td><td>成长型</td><td>青海水电基地、青海风光基地、甘肃风光基地</td></tr>
<tr><td rowspan="4">“几”字弯
（山西、陕西、内蒙古、宁夏）</td><td rowspan="2">化石能源</td><td>成长型</td><td>鄂尔多斯盆地油气基地、鄂尔多斯东缘煤层气基地、沁水盆地煤层气基地</td></tr>
<tr><td>稳定型</td><td>宁东煤炭基地、黄陇煤炭基地、陕北煤炭基地、神东煤炭基地、晋北煤炭基地、晋中煤炭基地、晋东煤炭基地；鄂尔多斯煤电基地、陕北煤电基地、宁东煤电基地、晋北煤电基地、晋中煤电基地、晋东煤电基地；宁东煤化工基地、鄂尔多斯煤化工基地、山西煤化工基地、榆林煤化工基地</td></tr>
<tr><td rowspan="2">可再生能源</td><td>衰退型</td><td>内蒙古乌海煤炭基地</td></tr>
<tr><td>成长型</td><td>晋北风光基地、蒙西风光基地</td></tr>
<tr><td rowspan="2">下游
（河南、山东）</td><td>化石能源</td><td>衰退型</td><td>鲁西煤炭基地、河南煤炭基地、胜利油田基地、河南中原油气基地</td></tr>
<tr><td>可再生能源</td><td>成长型</td><td>山东（海上）风电基地</td></tr>
</table>

资料来源：国家与地方能源发展规划；课题组整理。

参考文献

［1］习近平．在黄河流域生态保护和高质量发展座谈会上的讲话［J］．求是，2020（10）．

［2］国家统计局能源统计司．中国能源统计年鉴（1980—2020）［M］．北京：中国统计出版社．

［3］国家发展改革委丛书编写组．建设现代能源体系［M］．北京：中国计划出版社，中国市场出版社，2020．

［4］习近平．在第七十五届联合国大会一般性辩论上的讲话［N］．人民日报，2020-09-23．

［5］中共中央，国务院．关于完整准确全面贯彻新发展理念做好碳达峰碳中和工作的意见［EB/OL］．（2021-09-22）．

［6］北极星．拆除风机责任谁来担？风电建设与生态环境保护冲突事件频出［EB/OL］．（2018-10-26）．［2019-12-01］．http：//news.bjx.com.cn/html/20181026/936932.shtml．

［7］邓玉勇，刘辉．山东省煤炭产业新旧动能转换研究及对策［J］．煤炭经济研究，2018，38（8）：18-23．

［8］董战峰，等．生态文明体制改革宏观思路及框架分析［J］．环境保护，2015（19）：15-19．

［9］高海录．生态脆弱区煤炭开采地质环境效应与评价技术研究［J］．当代化工研究，2020（8）：105-106．

［10］关连松．新能源分布式光伏发电的前景及面临的问题浅析［J］．百科论坛电子杂志，2019（21）：348-349．

［11］桂青．陆上风电场建设对生态环境的影响及缓解措施［J］．能源与节能，2012（4）：57-59．

［12］郭琳琳．生态红线内矿业权退出的问题及对策［J］．中国国土资源经济，2018（2）：19-23．

［13］国家计委宏观经济研究院课题组．我国资源型地区的界定与分类［J］．宏观经济研究，2002（11）：37-39.

［14］哈聪娣．宁东能源化工基地生态产业链优化设计研究［J］．科技展望，2016（35）：230-231.

［15］韩凤芹，万寿琼．分类促进我国资源型地区可持续发展［J］．经济研究参考，2014（54）：5-11.

［16］宏观经济研究院国地所课题组．横向生态补偿的实践与建议［J］．宏观经济管理，2015（2）：46-48.

［17］胡振琪，肖武，赵艳玲．再论煤矿区生态环境"边采边复"［J］．煤炭学报，2020，45（1）：351-359.

［18］黄侃，樊栓保．闭矿后矿井的资源化利用［J］．中国煤炭，2000，26（3）：19-21.

［19］金政伟，李瑞龙，王亮，等．煤化工业园区循环经济模式构建研究［J］．中国资源综合利用，2020，38（7）：33-35.

［20］孔凡杜．滕县煤矿区矿山地质环境综合评价研究［J］．山东国土资源，2017，33（1）：59-64.

［21］李佳洺，余建辉，张文忠．中国采煤沉陷区空间格局与治理模式［J］．自然资源学报，2019，34（4）：867-880.

［22］李祎，杨丹，张沛喆．现有煤炭绿色化开采技术现状及特点［J］．陕西煤炭，2020，39（Z1）：146-148，158.

［23］梁慧．煤炭资源开发环境影响因素及污染因子探讨分析研究［J］．环境科学与管理，2019，44（7）：191-194.

［24］两位生态学博导四问祁连山生态保护［EB/OL］．http：//cnews. chinadaily. com. cn/2017-01/22/content_ 28026162. htm.

［25］刘合，赵喆，张国生，等．石油资源型城市转型的思考与探索——以大庆市（大庆油田）为例［J］．大庆石油地质与开发，2019，38（5）：18-22.

［26］刘璐．典型煤化工废水中特征污染物的迁移转化及废水毒性削减研究［D］．北京：中国科学院大学（中国科学院过程工程研究所），2017.

［27］刘晓春，张晓娜．基于供给侧改革视角的东营市工业的转型升级研究［J］．内蒙古科技与经济，2019（2）：37-38.

［28］刘云刚．中国资源型地区的职能分类与演化特征［J］．地理研究，2009，28（1）：153-160.

［29］刘云刚．中国资源型地区界定方法的再考察［J］．经济地理，2006，26（6）：940-944.

［30］马丽，李宇，金凤君．我国主要煤炭基地的生态脆弱性评价与类型分析［J］．能源环境保护，2009，23（4）：56-60.

［31］马林东，葛智平，张世才，等．基于高耗能企业参与电网内风电消纳的主动调峰技术［J］．电力建设，2013，34（10）：102-106.

［32］蒙永辉，颜堂，罗梅，等．论山东省矿山地质环境现状及存在问题［J］．山东国土资源，2018，34（9）：36-41.

［33］聂娜．基于“新发展理念”的黄河流域高质量发展路径研究［J］．攀登，2020，39（2）：131-135.

［34］祁连山非法采煤获利百亿至今未停［EB/OL］．http：//www.xinhuanet.com/fortune/2020-08/04/c_1126321031.htm.

［35］山东采煤塌陷地综合治理专项规划（2019—2030年）［A］.

［36］山东煤炭工业中长期发展规划（2016—2030年）［A］.

［37］沈志明．煤制气污水处理及回用技术的工艺及其优化研究［D］．武汉：武汉工程大学，2017.

［38］宋晓．鹤壁八矿采煤沉陷区土地适宜性评价及复垦方案研究［D］．焦作：河南理工大学，2012.

［39］田治宗，李泽平，邓宇．新形势下黄河流域管理体制机制探讨［J］．中国防汛抗旱，2020，30（4）：17-19.

［40］王成金，张梦天，程佳佳．煤炭生产基地的发展阶段识别与演变——以济宁煤炭基地为例［J］．自然资源学报，2016，31（1）：77-89.

［41］王金南．黄河流域生态保护和高质量发展战略思考［J］．环境保护，2020.

［42］王丽珊．陕北地区能源产业存在的问题与对策研究［J］．广西质量监督导报，2019（2）：116-117.

［43］王青云．看资源型地区如何转型［J］．发展，2003（8）：20-21.

［44］王伟．煤矿开采对地下水环境的影响及保护对策研究［J］．环境科学与管理，2017，42（10）：51-54.

［45］王文龙，罗希，崔靖．校地融合助推资源型城市转型的路径分析——基于徐州市潘安湖采煤塌陷地治理的实践［J］．煤炭经济研究，2019，39（9）：33-37．

［46］王晓红，荆青青，周英杰，等．山东省采煤沉陷遥感动态监测［J］．国土资源遥感，2017，29（3）：203-210．

［47］王芷清，许辰晖．探究大庆油田的转型升级［J］．商情，2020（23）：282-283．

［48］魏后凯，年猛，李玏．"十四五"时期中国区域发展战略与政策［J］．中国工业经济，2020（5）：5-22．

［49］吴文盛，刘小磊．中国矿业权重叠问题探析［J］．石家庄经济学院学报，2014（2）：55-58．

［50］肖劲松，李宏军．我国资源型地区的界定与分类探析［J］．中外能源，2009，14（11）：15-20．

［51］徐勇，王传胜．黄河流域生态保护和高质量发展：框架、路径与对策［J］．中国科学院院刊，2020，35（7）：875-883．

［52］许雪婷，蔡冠清，郝芳华，等．能源基地水资源利用现状及其承载力分析——以山西省为例［J］．环境污染与防治，2016，38（6）：69-74．

［53］袁永波，苏继俊．河南省煤炭产业转型升级发展研究［J］．工业经济论坛，2017，4（1）：53-58．

［54］翟威锋，陈春艳．新时代开展工业领域电力需求侧管理工作的思考与建议［J］．能源与环境，2018（5）：93-94．

［55］赵海云，张以诚．中国矿业城市界定标准几个问题的探讨［J］．资源·产业，2004（2）：38-41．

［56］赵康杰，赵玉娟．资源型地区的界定与分类：以山西为例［J］．中国城市经济，2011（12）：40-43．

［57］致公党中央调研组．资源枯竭型地区经济转型升级发展研究［J］．中国发展，2020，20（2）：1-5．

［58］中国宏观经济研究院．黄河流域生态保护和高质量发展重大问题研究报告［R］．2019．

［59］中央财经大学绿色金融国际研究院．我国排污权交易市场的发展情况、问题和政策建议［EB/OL］．https：//mp. weixin. qq. com/s/

5Pb9vNgz7I9br2z2ZfQP4A.

［60］周侃，盛科荣，樊杰，等．我国相对贫困地区高质量发展内涵及综合施策路径［J］．中国科学院院刊，2020，35（7）：895-906.

［61］朱超，史志斌．煤炭绿色智能开发利用战略选择［J］．煤炭经济研究，2017，37（2）：6-16.

［62］BP. Statistical review of world energy 2019［R］．2019.

［63］国务院发展研究中心“十八大以来生态文明体制改革的进展、问题与建议”课题组．生态文明体制改革进展与建议［M］．北京：中国发展出版社，2018.

［64］Hernandez R R，Easter S B，Murphy-Mariscal M L，et al. Environmental impacts of utility-scale solar energy［J］．Renewable & Sustainable Energy Reviews，2014，29（7）：766-779.

［65］IEA. World energy outlook 2019［M］．Paris：IEA，2019.